엣센스
초등한자사전

· 초등한자교육연구회 엮음 ·

민중서림

　한때의 유행으로만 여겨졌던 한자 학습의 열기가 이제는 조기 영어 학습의 열기만큼이나 뜨거워져 그 중요성이 날로 커가고 있다. 이것은 일시적 유행이 아니라 시대의 흐름이 반영된 것이다.

　텔레비전이나 라디오 등의 대중매체를 조금이라도 접해 본 사람이라면 세계의 관심이 동아시아에 집중되고 있음을 알 수 있을 것이다. 그 동아시아 중심에 한국, 중국, 일본이 위치해 있고 이들 나라는 모두 한자를 사용한다는 공통점을 가지고 있다. 이 세 나라는 이런 공통점을 가지고 앞으로 한자 문화권 간의 상호 이해 증진과 조화로운 발전을 위해 협력의 동반자가 되어야 한다. 이와 더불어 한자에 대한 관심과 중요성도 계속 높아질 것이다.

　이런 시대 흐름에 맞추어 유아용이나 중·고등학생을 위한 한자 사전들이 많이 나오고 있다. 하지만 초등학생을 위한 사전은 거의 없는 형편이다. 그래서 초등학생을 위한 '초등한자사전'을 펴내게 되었다.

교육인적자원부에서는 중학교 수준에서 900자, 고등학교 수준에서 900자, 합하여 1800자를 학교에서 배워야 할 기초 한자로 정해 놓고 있다. 여기서는 중학교 교육용 기초 한자 900자 중 서울특별시 교육청에서 권장한 초등학교 한문 교육용 기초 한자 600자 정도를 실었고, 요즘 한자 실력의 척도가 되고 있는 한자능력급수시험 준4급까지의 배정 한자를 보충하였다. 초등학교 때의 한자 학습은 중학교, 나아가서는 고등학교까지의 한자 학습을 준비하는 기초 단계가 되므로 한자에 흥미를 느낄 수 있도록 하는 데 중점을 두었다.

　이 사전에 실린 한자어는 여러 초등학교 교과서에 실린 단어 중에서 골라 사용하였고, 일상생활에서 자주 사용하는 한자어로 용례를 구성하였다. 그러므로 한자 학습뿐만 아니라 다른 교과 학습의 기초 능력 신장에도 도움을 줄 것이다.

　이 사전을 통해 단순히 글자 몇 개 더 익힌다는 생각보다는 한자 학습을 통해 한자로 이루어진 우리의 전통 문화를 계승·발전시키고, 이웃 나라들의 문화를 폭넓게 이해할 수 있는 시야를 갖게 되기 바란다.

2005년 1월
민중서림 초등한자교육연구회

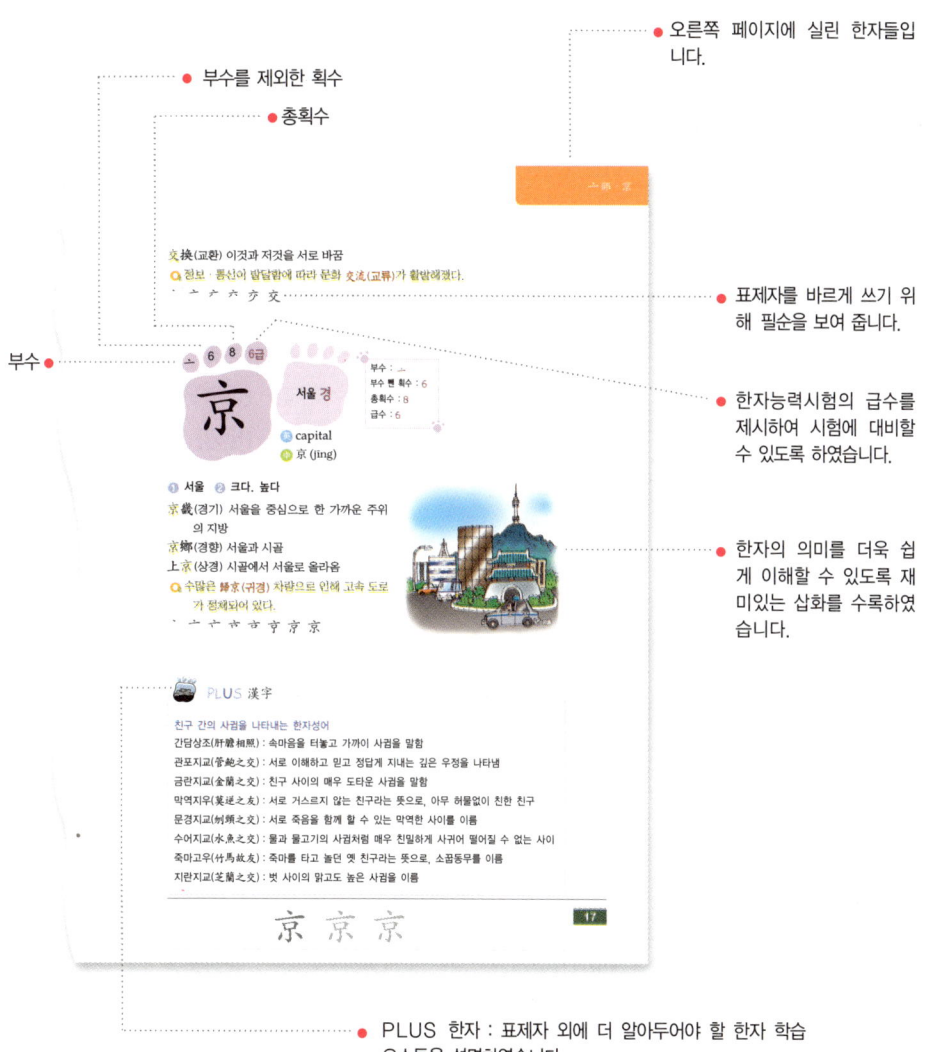

● 오른쪽 페이지에 실린 한자들입니다.

● 부수를 제외한 획수

● 총획수

● 부수

● 표제자를 바르게 쓰기 위해 필순을 보여 줍니다.

● 한자능력시험의 급수를 제시하여 시험에 대비할 수 있도록 하였습니다.

● 한자의 의미를 더욱 쉽게 이해할 수 있도록 재미있는 삽화를 수록하였습니다.

● PLUS 한자 : 표제자 외에 더 알아두어야 할 한자 학습 요소들을 설명하였습니다.

STORY 한자 : 일상의 언어 생활에서 널리 쓰이는 한자 성어를 선별하여 배경 고사와 함께 수록하였습니다.

부수색인

① 획

一	(한일)	8
丨	(뚫을곤)	12
丶	(점)	12
乙	(새을)	13
亅	(갈고리궐)	14

② 획

二	(두이)	14
亠	(돼지해밑)	16
人	(사람인)	18
儿	(어진사람인)	35
入	(들입)	38
八	(여덟팔)	40
冂	(멀경)	44
冫	(이수변)	44
凵	(위터진입구)	46
刀	(칼도)	47
力	(힘력)	52
匕	(비수비)	58
匚	(터진에운담)	59
十	(열십)	60
厂	(민엄호)	64
厶	(마늘모)	64
又	(또우)	66

③ 획

口	(입구)	68
囗	(큰입구)	81
土	(흙토)	86
士	(선비사)	91
夂	(천천히걸을쇠)	92
夕	(저녁석)	92
大	(큰대)	95
女	(계집녀)	98
子	(아들자)	102
宀	(갓머리)	106
寸	(마디촌)	116
小	(작을소)	118
尸	(주검시)	119
山	(메산)	121
巛	(개미허리)	122
工	(장인공)	122
己	(몸기)	124
巾	(수건건)	125
干	(방패간)	128
广	(엄호)	130
廴	(민책받침)	133
弋	(주살익)	134
弓	(활궁)	134
彡	(터럭삼)	137
彳	(두인변)	138

④ 획

心	(마음심)	142
戈	(창과)	154
戶	(지게호)	155
手	(손수)	157
攴	(등글월문)	162
文	(글월문)	170
斗	(말두)	170
斤	(날근변)	171
方	(모방)	172
日	(날일)	175
曰	(가로왈)	182
月	(달월)	184
木	(나무목)	188
欠	(하품흠)	202
止	(그칠지)	203
歹	(죽을사변)	206
殳	(갖은등글월문)	207
毋	(말무)	208
比	(견줄비)	209
毛	(터럭모)	210
氏	(각시씨)	210
气	(기운기)	211
水	(물수)	212
火	(불화)	228
爪	(손톱조)	231
父	(아비부)	232
牛	(소우)	232
犬	(개견)	234

⑤ 획

| 玉 | (구슬옥) | 235 |

生 (날생)	238
用 (쓸용)	240
田 (밭전)	240
疒 (병질엄)	245
癶 (필발머리)	246
白 (흰백)	247
皿 (그릇명)	249
目 (눈목)	250
矢 (화살시)	253
石 (돌석)	254
示 (보일시)	255
禾 (벼화)	260
穴 (구멍혈)	264
立 (설립)	266

6획

竹 (대죽)	268
米 (쌀미)	272
糸 (실사)	273
网 (그물망)	280
羊 (양양)	282
羽 (깃우)	284
老 (늙을로)	285
耳 (귀이)	287
肉 (고기육)	290
臣 (신하신)	291
自 (스스로자)	292
至 (이를지)	292
臼 (절구구)	294
舟 (배주)	295
艮 (그칠간)	296
色 (빛색)	296

艸 (초두)	297
虍 (범호)	302
血 (피혈)	304
行 (다닐행)	305
衣 (옷의)	307
襾 (덮을아)	309

7획

見 (볼견)	310
角 (뿔각)	312
言 (말씀언)	314
豆 (콩두)	326
貝 (조개패)	327
赤 (붉을적)	334
走 (달릴주)	334
足 (발족)	336
身 (몸신)	337
車 (수레거)	338
辰 (별진)	340
辶 (책받침)	340
邑 (고을읍)	349
酉 (닭유)	352
里 (마을리)	352

8획

金 (쇠금)	355
長 (긴장)	357
門 (문문)	358
阜 (언덕부)	360
隹 (새추)	363
雨 (비우)	365
靑 (푸를청)	368

非 (아닐비)	368

9획

面 (낯면)	369
韋 (다룬가죽위)	370
音 (소리음)	370
頁 (머리혈)	371
風 (바람풍)	374
飛 (날비)	375
食 (밥식)	376
首 (머리수)	378
香 (향기향)	378

10획

馬 (말마)	379
骨 (뼈골)	380
高 (높을고)	380

11획

魚 (물고기어)	381
鳥 (새조)	382

12획

黃 (누를황)	384
黑 (검을흑)	384

14획

鼻 (코비)	385

15획

齒 (이치)	386

一部 · 一 七

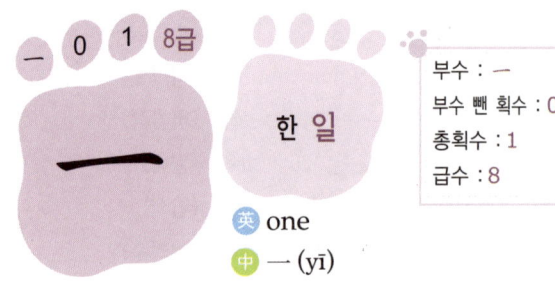

한 일

英 one
中 一 (yī)

부수 : 一
부수 뺀 획수 : 0
총획수 : 1
급수 : 8

❶ 한. 하나. 한 번 ❷ 첫째 ❸ 오로지 ❹ 온. 모두

一流(일류) 첫째 가는 지위
一般(일반) ① 보통 사람들 ② 전체에 두루 해당하는 것
一定(일정) 고정되어 움직이지 않음
🔍 이 책을 읽는 데 一週日(일주일)이 걸렸다.

一

일곱 칠

英 seven
中 七 (qī)

부수 : 一
부수 뺀 획수 : 1
총획수 : 2
급수 : 8

일곱. 일곱 번

七面鳥(칠면조) 꿩과의 새. 머리와 목에는
  털이 없고 여러 색으로 변함
七旬(칠순) 나이 일흔 살

一 一 一   七 七 七

七顚八起(칠전팔기) 일곱 번 넘어져도 여덟 번 일어난다는 뜻으로, 몇 번 실패해도 다시 일어나 힘을 다해 싸움

Q 七月七夕(칠월칠석)에는 견우와 직녀가 만난다는 전설이 있다.

一 七

석 삼

부수 : 一
부수 뺀 획수 : 2
총획수 : 3
급수 : 8

英 three
中 三 (sān)

❶ 석. 셋. 세 번 ❷ 거듭

三角形(삼각형) 세 개의 변으로 이루어진 다각형
三多島(삼다도) 여자·돌·바람 3가지가 많은 섬이라는 뜻에서, '제주도'를 일컫는 말
作心三日(작심삼일) 어떤 일을 아무리 결심해도 사흘을 가지 못한다는 뜻으로, 결심이 굳지 못함을 이르는 말

Q 이번 여름 방학에는 三寸(삼촌) 댁에 놀러가기로 했다.

一 二 三

 PLUS 漢字

한자의 제자 원리 1

상형(象形) 문자 : 사물의 모양을 본뜬 글자 예 山, 川, 日, 月, 目, 口 등
지사(指事) 문자 : 눈에 보이지 않는 추상적인 개념을 선이나 점으로 나타낸 글자
　　　　　　예 上, 下, 一, 二, 中, 本 등
회의(會意) 문자 : 이미 만들어진 두 개 이상의 글자를 모아서 새로운 뜻을 나타내는 글자
　　　　　　예 明, 好, 林, 信, 家, 學 등

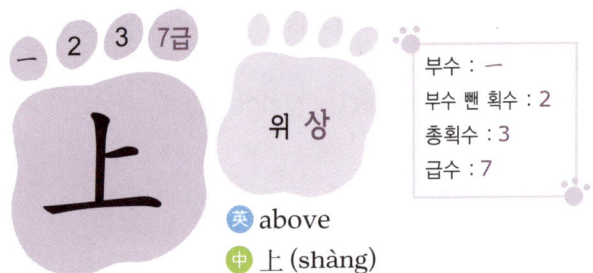

부수 : 一	
부수 뺀 획수 : 2	
총획수 : 3	
급수 : 7	

英 above
中 上 (shàng)

❶ 위. 겉 ❷ 앞. 첫째 ❸ 임금 ❹ 높다 ❺ 옛날 ❻ 오르다 ❼ 바치다

上古(상고) 오랜 옛날
上級(상급) ① 윗등급. 높은 계급 ② 윗학급
上半期(상반기) 어느 기간을 둘로 나누었을 때, 그 앞쪽의 반

Q 맛도 좋고 건강에도 좋다면 그야말로 錦上添花(금상첨화)이다.

丨 卜 上

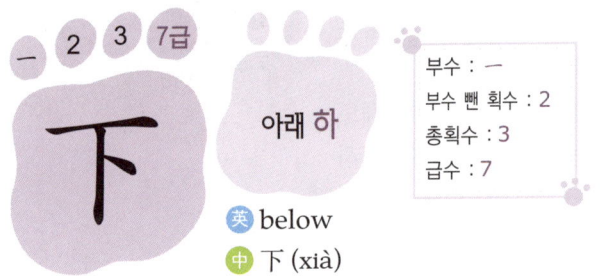

부수 : 一	
부수 뺀 획수 : 2	
총획수 : 3	
급수 : 7	

英 below
中 下 (xià)

❶ 아래. 밑 ❷ 아랫사람 ❸ 다음. 나중 ❹ 내리다. 내려가다 ❺ 낮추다

下人(하인) 남의 집에서 부림을 받는 사람
莫上莫下(막상막하) 낫고 못하고를 가리기 어려울 만큼 서로 차이가 없음
部下(부하) 남의 밑에 딸리어 그의 명령에 따라 움직이는 사람

Q 착륙을 위해 비행기가 下降(하강)하기 시작했다.

一 丁 下

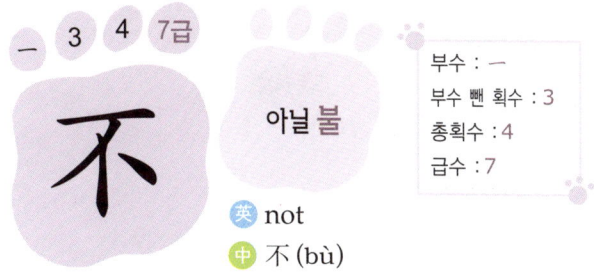

부수 : 一
부수 뺀 획수 : 3
총획수 : 4
급수 : 7

英 not
中 不 (bù)

① 아니다. 아니하다 ② 못하다 ③ 하지 말라

不可能(불가능) 할 수 없음
不足(부족) 어떤 한도에 모자람. 넉넉하지 않음
不便(불편) ① 편리하지 못하고 거북스러움 ② 병으로 몸이 편하지 못함
정전이 오래 지속되자 주민들의 不滿(불만)이 터져 나왔다.

一 ア 不 不

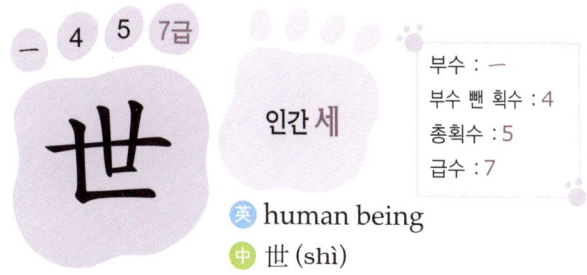

부수 : 一
부수 뺀 획수 : 4
총획수 : 5
급수 : 7

英 human being
中 世 (shì)

① 인간. 세상 ② 세대 ③ 평생 ④ 때 ⑤ 많이

世界(세계) ① 지구 위의 인류 사회 전체 ② 같은 종류끼리의 모임이 이루는 사회
世代(세대) ① 여러 대(代) ② 한 시대(약 30년) ③ 세상 ④ 한 시대 사람들
處世(처세) 사람과 어울려 세상을 살아가는 일
남몰래 이웃을 돕던 사람의 선행이 世上(세상)에 널리 알려졌다.

一 十 卅 卅 世

| 3 | 4 | 8급 |

中

가운데 중

부수 : |
부수 뺀 획수 : 3
총획수 : 4
급수 : 8

英 middle
中 中 (zhōng, zhòng)

❶ 가운데 ❷ 안. 속 ❸ 사이 ❹ 범위 ❺ 진행(중) ❻ 맞다

中心(중심) ① 한가운데 ② 매우 중요한 지위 ③ 줏대
中止(중지) 일을 하는 중간에서 그만둠
命中(명중) 겨냥한 곳에 바로 맞힘

많은 비로 인해 경기가 中斷(중단) 되었다.

| 口 口 中

| 、 | 4 | 5 | 7급 |

主

주인 주

부수 : 、
부수 뺀 획수 : 4
총획수 : 5
급수 : 7

英 lord
中 主 (zhǔ)

中 中 中   主 主 主

❶ 주인 ❷ 임금 ❸ 우두머리 ❹ 중심이 되다 ❺ 주장하다 ❻ 자기 자신

主客(주객) ① 주인과 손님 ② 주되는 사물과 그에 딸린 사물
主將(주장) 운동 경기에서 팀의 우두머리
主體(주체) 사물의 주되는 부분. 중심이 되는 것
利己主義(이기주의) 남이야 어찌 되건 자기의 이익만을 챙기는 사고 방식이나 태도
Q. 민주주의 국가에서 主權(주권)은 국민에게 있다.

丶 亠 三 主 主

'乙'이 한자의 오른쪽에 쓰일 때는 'ㄴ'의 형태를 취한다.

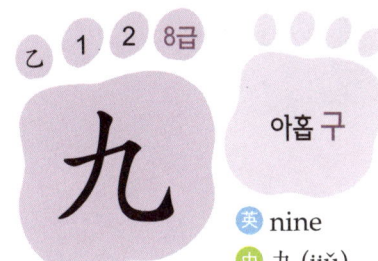

乙 1 2 8급

아홉 구

부수 : 乙
부수 뺀 획수 : 1
총획수 : 2
급수 : 8

英 nine
中 九 (jiǔ)

❶ 아홉 ❷ 많음 ❸ 수효의 끝남 ❹ 모으다

九萬里(구만리) 아득히 먼 거리의 비유
九死一生(구사일생) 죽을 고비를 여러 번 겪고 겨우 살아남
十中八九(십중팔구) 열 가운데 여덟이나 아홉이 해당됨. 거의 다 그러함을 나타내는 말
Q. 그녀는 사람을 잘 속이는 것이 마치 九尾狐(구미호) 같아.

丿 九

九 九 九

事 일 사

英 business
中 事 (shì)

부수 : 亅
부수 뺀 획수 : 7
총획수 : 8
급수 : 7

❶ 일. 작업 ❷ 사업. 업무 ❸ 사건 ❹ 섬기다

事實(사실) ① 실제로 있었던 일 ② 진실로. 정말로
事業(사업) ① 어떤 목적을 위해 이익을 바라지 않고 하는 사회 활동 ② 이익을 얻기 위해 벌이는 지속적인 경제 활동
恥事(치사) 창피하고 남부끄러운 일

Q. 네게 어려움이 생기면 萬事(만사)를 제쳐두고 달려가마.

一 丆 丆 百 耳 写 写 事

二 두 이

英 two
中 二 (èr)

부수 : 二
부수 뺀 획수 : 0
총획수 : 2
급수 : 8

❶ 두, 둘 ❷ 두 번 ❸ 둘째, 다음 ❹ 두 가지

二毛作(이모작) 한 해에 같은 땅에서 두 번 다른 종류의 작물을 거두어 들이는 일
二分(이분) 둘로 나눔
二次(이차) ① 두 번째 ② 어떤 사물이나 현상의 부수적인 것
Q 그는 내용물을 보호하기 위해 二重(이중)으로 포장했다.

一 二

부수 : 二
부수 뺀 획수 : 2
총획수 : 4
급수 : 8

다섯. 다섯 번

五感(오감) 보고, 듣고, 냄새 맡고, 맛보고, 만져 보는 다섯 가지 감각
五里霧中(오리무중) 짙은 안개 속에 있어 방향을 알 수 없음과 같이 무슨 일에 대해 알 길이 없음을 이르는 말
五線紙(오선지) 음악에서 악보를 그리기 위해 다섯 줄씩 가로로 그린 종이
Q 대보름날에는 五穀(오곡)으로 밥을 지어 먹는다.

一 丁 开 五

PLUS 漢字

한자의 제자 원리 2

형성(形聲) 문자 : 뜻을 나타내는 요소와 음을 나타내는 요소를 합하여 만든 글자
　　　예) 花, 淸, 記, 攻, 劍, 校 등
전주(轉注) 문자 : 글자의 모양은 그대로 두고 뜻과 음을 새로 추가한 글자
　　　예) 樂(즐길 락 / 음악 악 / 좋아할 요), 更(고칠 경 / 다시 갱) 등
가차(假借) 문자 : 뜻과는 관계 없이 음을 빌어 표기하는 글자. 주로 외래어 등을 표기하기
　　　위한 방법으로 쓰임 예) 아세아(亞細亞 ← Asia), 독일(獨逸 ← Deutschland) 등

五 五 五

二部 · 亡 交

한자의 정리를 위해 부수로 설정된 글자로 단독으로는 쓰이지 않는다.

亠 1 3 5급

망할 망

부수 : 亠
부수 뺀 획수 : 1
총획수 : 3
급수 : 5

英 ruin
中 亡 (wáng)

❶ 망하다 ❷ 달아나다 ❸ 잃다 ❹ 죽다

亡國(망국) ① 망하여 없어진 나라 ② 나라를 망침
逃亡(도망) 피하여 달아남
死亡(사망) 사람이 죽음

Q. 그는 새치기를 하다가 사람들 앞에서 亡身(망신)을 당했다.

丶 亠 亡

亠 4 6 6급

사귈 교

부수 : 亠
부수 뺀 획수 : 4
총획수 : 6
급수 : 6

英 associate
中 交 (jiāo)

❶ 사귀다 ❷ 섞이다. 오고 가다 ❸ 바꾸다. 바뀌다

交代(교대) 서로 번갈아 대신함
交通(교통) ① 서로 오고 가는 일 ② 사람·물건·자동차 등이 오고 가는 일

16

亡 亡 亡   交 交 交

交換(교환) 이것과 저것을 서로 바꿈

Q 정보 · 통신이 발달함에 따라 문화 交流(교류)가 활발해졌다.

丶 亠 亠 六 亥 交

서울 경

부수 : 亠
부수 뺀 획수 : 6
총획수 : 8
급수 : 6

英 capital
中 京 (jīng)

❶ 서울　❷ 크다. 높다

京畿(경기) 서울을 중심으로 한 가까운 주위의 지방

京鄕(경향) 서울과 시골

上京(상경) 시골에서 서울로 올라옴

Q 수많은 歸京(귀경) 차량으로 인해 고속 도로가 정체되어 있다.

丶 亠 亠 古 亨 京 京

 PLUS 漢字

친구 간의 사귐을 나타내는 한자성어

간담상조(肝膽相照) : 속마음을 터놓고 가까이 사귐을 말함

관포지교(管鮑之交) : 서로 이해하고 믿고 정답게 지내는 깊은 우정을 나타냄

금란지교(金蘭之交) : 친구 사이의 매우 도타운 사귐을 말함

막역지우(莫逆之友) : 서로 거스르지 않는 친구라는 뜻으로, 아무 허물없이 친한 친구

문경지교(刎頸之交) : 서로 죽음을 함께 할 수 있는 막역한 사이를 이름

수어지교(水魚之交) : 물과 물고기의 사귐처럼 매우 친밀하게 사귀어 떨어질 수 없는 사이

죽마고우(竹馬故友) : 죽마를 타고 놀던 옛 친구라는 뜻으로, 소꿉동무를 이름

지란지교(芝蘭之交) : 벗 사이의 맑고도 높은 사귐을 이름

'人'이 한자의 왼쪽에 쓰일 때는 '亻'의 형태를 취한다.

사람 인

부수 : 人
부수 뺀 획수 : 0
총획수 : 2
급수 : 8

英 man
中 人 (rén)

❶ 사람. 인간 ❷ 백성 ❸ 인품. 인격

人氣(인기) 어떤 대상에게 쏠리는 사람들의 관심
人物(인물) ① 쓸모 있는 사람. 뛰어난 사람 ② 사람의 됨됨이 ③ 사람의 얼굴 모양
人質(인질) 자기 목적을 이루려고 힘이나 무력으로 무고한 사람을 붙들어 놓는 일. 또는 붙들린 사람

어른을 만나면 공손하게 人事(인사)를 해야 한다.

丿 人

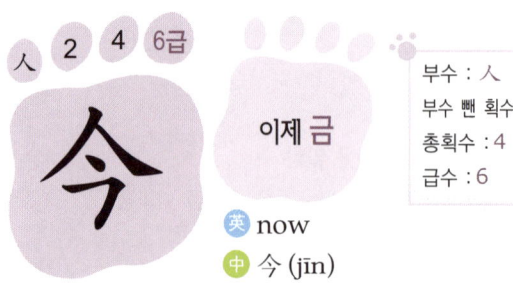

이제 금

부수 : 人
부수 뺀 획수 : 2
총획수 : 4
급수 : 6

英 now
中 今 (jīn)

❶ 이제. 오늘. 바로 ❷ 이. 이에

今方(금방) 이제 곧. 지금 막
今始初聞(금시초문) 이제야 비로소 처음으로 들음
只今(지금) 바로 이 때. 이제

Q 今年(금년) 농사는 그 어느 때보다 풍년이 예상된다.
丿 人 人 今

人 2 4 4급

仁

어질 인

부수 : 人
부수 뺀 획수 : 2
총획수 : 4
급수 : 4

英 humanity
中 仁 (rén)

❶ 어질다. 자애롭다 ❷ 가엾게 여기다 ❸ 동정

仁義(인의) 어질고 의로움
殺身成仁(살신성인) 옳은 일을 위해 자기 목숨을 버림
Q 우리 담임 선생님은 매우 仁慈(인자)하신 분이다.
丿 亻 仁 仁

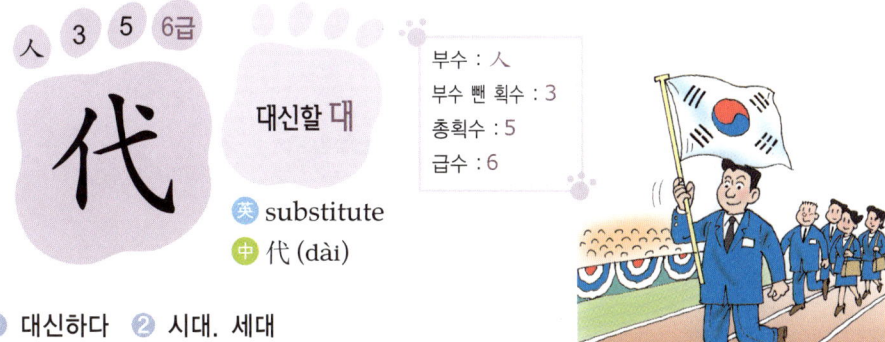

人 3 5 6급

代

대신할 대

부수 : 人
부수 뺀 획수 : 3
총획수 : 5
급수 : 6

英 substitute
中 代 (dài)

❶ 대신하다 ❷ 시대. 세대

代理(대리) 남을 대신하여 일을 처리함
代身(대신) ① 남을 대리함 ② 새 것이나 다른 것으로 바꿔 채움
代表(대표) ① 개인이나 단체를 대신하여 의견을 말하거나 일을 함 ② 전체를 표시
할 만한 한 가지 사물 또는 한 부분
Q 이 계획은 실현이 불가능하니 代案(대안)을 마련해야 한다.
丿 亻 亻 代 代

人部 · 令 仕

人 3 5 5급

명령할 령

英 order
中 令 (lìng)

부수 : 人
부수 뺀 획수 : 3
총획수 : 5
급수 : 5

❶ 명령. 명령하다 ❷ 우두머리 ❸ 좋다. 아름답다

假令(가령) 이를테면. 예를 들면
巧言令色(교언영색) 남의 환심을 사려고 아첨하는 교묘한 말과 알랑거리는 태도
發令(발령) 법령을 공포하거나 명령을 내림
號令(호령) ① 큰 소리로 꾸짖음 ② 지휘하여 명령함

Q 돈키호테는 산초에게 말을 끌고 오라고 命令(명령)했다.

丿 人 𠆢 今 令

人 3 5 5급

벼슬 사

英 official
中 仕 (shì)

부수 : 人
부수 뺀 획수 : 3
총획수 : 5
급수 : 5

❶ 벼슬. 벼슬하다 ❷ 섬기다

仕途(사도) 벼슬길
出仕(출사) 벼슬을 하여 관아에 나감

Q 그는 주말마다 양로원에서 奉仕(봉사) 활동을 한다.

丿 亻 仁 仕 仕

令 令　　　　仕 仕

人 3 5 5급

신선 선

부수 : 人
부수 뺀 획수 : 3
총획수 : 5
급수 : 5

英 hermit
中 仙 (xiān)

❶ 신선. 선인 ❷ 고상한 사람

仙境(선경) ① 신선이 산다는 곳 ② 경치가 좋고 세상살이의 근심이 없는 곳
仙人掌(선인장) 사막 지대에 많이 나는 상록 식물
神仙(신선) 도를 닦아서 신통력을 얻은 사람

나무꾼은 仙女(선녀)의 날개옷을 감추었다.

ノ 亻 亻 仙 仙

人 3 5 5급

써 이

부수 : 人
부수 뺀 획수 : 3
총획수 : 5
급수 : 5

英 by
中 以 (yǐ)

❶ ~써. ~로써 ❷ ~부터 ❸ 까닭

以來(이래) 그 뒤로. 그 때부터 지금까지
以心傳心(이심전심) 말이나 글에 의하지 않고 마음에서 마음으로 전함
以外(이외) 일정한 범위의 밖

이 자동차는 다섯 사람 以上(이상)은 탈 수 없도록 규정되어 있다.

丨 レ レ 以 以

| 부수 : 人 |
| 부수 뺀 획수 : 3 |
| 총획수 : 5 |
| 급수 : 5 |

다를 타

英 other
中 他 (tā)

❶ 다르다 ❷ 남 ❸ 겹치다

他律(타율) 자기 의지에 따른 것이 아니라 남의 명령이나 구속에 따라 행동하는 일
他意(타의) ① 다른 생각. 딴마음 ② 다른 사람의 뜻
其他(기타) 그 밖. 그 밖의 다른 것

그는 自他(자타)가 공인하는 우리 학교 최고의 육상 선수이다.

丿 亻 彳 仲 他

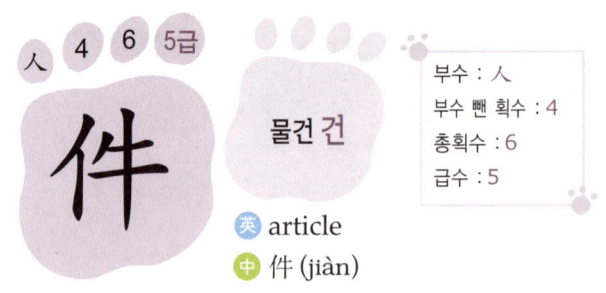

| 부수 : 人 |
| 부수 뺀 획수 : 4 |
| 총획수 : 6 |
| 급수 : 5 |

물건 건

英 article
中 件 (jiàn)

❶ 물건. 일. 사건 ❷ 구분하다 ❸ 벌. 가지

件數(건수) 사물·사건의 수
物件(물건) 일정한 모양을 갖추고 있는 모든 것
與件(여건) 주어진 조건

지금은 제가 바쁘니까 用件(용건)만 간단히 말씀해 주십시오.

丿 亻 彳 仁 件 件

他 他   件 件

人 4 6 4급

칠 벌

부수 : 人
부수 뺀 획수 : 4
총획수 : 6
급수 : 4

英 attack
中 伐 (fá)

① 치다. 정벌하다 ② 베다

伐草(벌초) 무덤의 잡풀을 베어서 깨끗이 함
殺伐(살벌) 행동이 거칠고 무시무시함
征伐(정벌) 적이나 죄 있는 무리를 군대로 침

Q 무분별한 伐木(벌목)으로 산림이 황폐해졌다.

丿 亻 仁 代 伐 伐

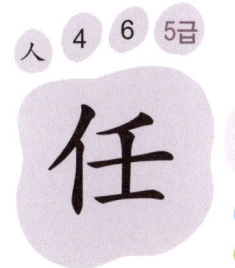

人 4 6 5급

맡길 임

부수 : 人
부수 뺀 획수 : 4
총획수 : 6
급수 : 5

英 charge
中 任 (rèn)

① 맡기다 ② 마음대로 하다 ③ 일. 임무

任期(임기) 임무를 맡아 보는 일정한 기간
任命(임명) 관직에 명함. 어떤 일을 맡김
任意(임의) 자기의 마음대로 하는 일
責任(책임) 도맡아서 꼭 해야 할 일

Q 이 일을 성공하기 위해 각자 맡은 任務(임무)에 충실해야 한다.

丿 亻 仁 仁 任 任

伐 伐   任 任

쉴 휴

부수 : 人
부수 뺀 획수 : 4
총획수 : 6
급수 : 7

英 rest
中 休 (xiū)

❶ 쉬다 ❷ 아름답다. 좋다

休養(휴양) 피로나 병의 회복을 위하여 편히 쉼
休日(휴일) 일을 쉬고 노는 날
休學(휴학) 얼마 동안 학업을 쉼
連休(연휴) 쉬는 날이 이틀 이상 겹쳐, 잇따라 노는 일

Q 적당한 休息(휴식)은 일의 능률을 높인다.

丿 亻 仁 什 休 休

자리 위

부수 : 人
부수 뺀 획수 : 5
총획수 : 7
급수 : 5

英 position
中 位 (wèi)

❶ 자리. 위치 ❷ 품위. 품격

單位(단위) ① 비교·계산하는 데 기본이 되는 것 ② 어떤 조직을 이루는 가장 기본적인 사물
方位(방위) 어떠한 방향의 위치
地位(지위) ① 있는 자리 ② 사회적인 신분에 따르는 어떠한 자리나 계급

Q 우리 학교는 시내 한복판에 位置(위치)해 있다.

丿 亻 亻 伫 佇 位 位

지을 **작**

英 make
中 作 (zuò)

부수 : 人
부수 뺀 획수 : 5
총획수 : 7
급수 : 6

❶ 짓다. 만들다 ❷ 일하다. 이루다

作用(작용) 동작하는 힘. 힘이 미쳐 영향을 줌
作品(작품) ① 만든 물건 ② 그림·조각·시·
　　　　　노래·소설 등 예술 활동으로 만든 창작물
動作(동작) 몸과 손발을 움직이는 일

Q. 당신의 어릴 적 장래 희망도 作家(작가)였습
　 니까?

丿 亻 亻 亻 作 作 作

낮을 **저**

英 low
中 低 (dī)

부수 : 人
부수 뺀 획수 : 5
총획수 : 7
급수 : 4

❶ 낮다 ❷ 숙이다. 구부리다

低溫(저온) 낮은 온도
低音(저음) 낮게 내는 소리. 낮은 음
低調(저조) ① 낮은 가락 ② 능률이나 성적이 오르지 아니함

Q. 오늘 날씨가 지난 10년 간 最低(최저) 온도를 기록했다.

丿 亻 亻 亻 作 低 低

人部 · 住 來

人 5 7 7급

住　살 주

英 dwell
中 住 (zhù)

부수 : 人
부수 뺀 획수 : 5
총획수 : 7
급수 : 7

① 살다. 머물다　② 거처　③ 멈추다. 세우다

住居(주거) 일정한 곳에 자리 잡고 삶
住民(주민) 그 땅에 사는 사람
移住(이주) 다른 곳 · 나라에 옮겨 가서 삶

衣食住(의식주)는 사람이 살아가는 데 가장 기본이 되는 요소이다.

丿 亻 亻 亻 住 住 住

人 6 8 7급

來　올 래

英 come
中 来 (lái)

부수 : 人
부수 뺀 획수 : 6
총획수 : 8
급수 : 7

① 오다　② 다가오다

來年(내년) 올해의 다음 해
去來(거래) 돈을 꾸고 갚거나 물건을 사고 파는 일
苦盡甘來(고진감래) 고생 끝에 즐거움이 옴
未來(미래) 아직 오지 아니한 앞날

선녀와 나무꾼은 가장 유명한 傳來(전래) 동화 중 하나이다.

一 厂 厂 厼 厼 來 來 來

26　住 住　　　來 來

人 6 8 6급

例

법식 례

부수 : 人
부수 뺀 획수 : 6
총획수 : 8
급수 : 6

英 example
中 例 (lì)

❶ 법식. 관습 ❷ 보기. 예

例文(예문) 예로써 드는 문장
例事(예사) 보통 있는 일. 흔히 있는 일
例示(예시) 예를 들어 보임

Q. 한 가구의 지출은 수입에 比例(비례)한다.

丿 亻 仁 仃 伤 佤 例 例

人 6 8 6급

使

하여금 사

부수 : 人
부수 뺀 획수 : 6
총획수 : 8
급수 : 6

英 employ
中 使 (shǐ)

❶ 하여금. 하게 하다 ❷ 시키다 ❸ 사신. 심부름 하다

使命(사명) 마땅히 해야 할 책임. 또는 맡겨진 임무
使臣(사신) 임금이나 나라의 명령으로 외국에 심부름을 가는 신하
行使(행사) ① 부려서 씀 ② 권리나 권력·힘 따위를 실제로 사용하는 일

Q. 물건을 使用(사용)한 후 제자리에 갖다 놓으시오.

丿 亻 亻 乍 乍 乍 使 使

例 例   使 使

부수 : 人
부수 뺀 획수 : 7
총획수 : 9
급수 : 4

지킬 보

英 keep
中 保 (bǎo)

❶ 지키다. 보호하다 ❷ 돕다 ❸ 기르다 ❹ 맡다. 책임지다 ❺ 시중들다

保健(보건) 건강을 잘 지켜 나가는 일
保溫(보온) 속에 있는 물건의 온도를 일정하게 유지함
保證(보증) ① 어떤 사물에 대하여 틀림없음을 책임짐 ② 빚을 쓴 사람이 못 갚을 때 대신 갚을 것을 약속함

Q. 상하기 쉬운 음식은 서늘한 곳에 保管(보관)해야 한다.

丿 亻 亻 ㄅ 亻口 亻呆 亻呆 保

부수 : 人
부수 뺀 획수 : 7
총획수 : 9
급수 : 4

풍속 속

英 custom
中 俗 (sú)

❶ 풍속. 풍습 ❷ 바라다. 원하다 ❸ 잇다. 계승하다

俗談(속담) 옛적부터 내려오는 교훈·풍자 등의 뜻이 담긴 짧은 말
俗語(속어) 통속적인 저속한 말
風俗(풍속) 예로부터 내려오는 생활의 모든 습관

Q. 우리는 내일 民俗村(민속촌)으로 소풍을 간다.

丿 亻 亻 ㄅ 亻ㄣ 俗 俗 俗

保 保   俗 俗

人 7 9 6급

믿을 신

부수 : 人
부수 뺀 획수 : 7
총획수 : 9
급수 : 6

英 trust
中 信 (xìn)

❶ 믿다. 진실 ❷ 분명히 하다 ❸ 알다
❹ 표지. 증표

信用(신용) 믿고 의심하지 아니함
信號(신호) 서로 떨어져 있는 곳에서 손짓이
　　　나 부호를 써서 뜻을 통하는 방법
通信(통신) 우편·전신·전화 등으로 소식을
　　　전하는 일

🔍 친구 간에는 서로 信義(신의)를 지켜야 한다.

人 7 9 7급

편할 편
오줌 변

부수 : 人
부수 뺀 획수 : 7
총획수 : 9
급수 : 7

英 convenient / excretion
中 便 (biàn / pián)

❶ 편하다 ❷ 소식. 편지 ❸ 오줌. 똥

便安(편안) 몸과 마음이 거북하지 않아 편하고 좋음
便所(변소) 대·소변을 보는 곳
方便(방편) 목적을 위해 이용되는 일시적인 수단

🔍 우리 동네는 교통이 便利(편리)하다.

人部・個 倍

부수 : 人
부수 뺀 획수 : 8
총획수 : 10
급수 : 4

英 piece
中 个 (gè)

❶ 낱 ❷ 개

個性(개성) 개인이 지니고 있는 특별한 성질
個數(개수) 한 개 두 개로 세는 물건의 수효
個人(개인) 나라나 사회를 이루고 있는 하나하나의 사람
別個(별개) 서로 다른 것. 관계가 없는 것

個人(개인)이 모여 사회를 이룬다.

丿 亻 亻 们 们 個 個 個 個 個

부수 : 人
부수 뺀 획수 : 8
총획수 : 10
급수 : 5

英 double
中 倍 (bèi)

❶ 곱. 갑절 ❷ 더하다. 증가하다

倍數(배수) 어떤 수의 갑절이 되는 수
倍率(배율) 망원경·현미경 따위로 물체를 볼 때, 실제 크기와 보이는 크기의 비율
倍增(배증) 갑절로 늚. 갑절로 늘림
勇氣百倍(용기백배) 격려나 응원 따위로 힘이나 용기를 더 냄

한 달만에 길이가 두 倍(배)로 길어졌다.

丿 亻 亻 亻 伫 伫 倍 倍 倍 倍

個 個   倍 倍

英 cultivate
中 修 (xiū)

① 닦다 ② 다스리다 ③ 고치다

修鍊(수련) 정신이나 학문 기술 따위를 닦아 단련함
修飾(수식) ① 겉모양을 꾸밈 ② 문장에서 어떤 말의 앞에서 그 말의 뜻을 꾸미거나 한정하는 일
補修(보수) 낡거나 상한 것 따위를 보충하여 고침

Q 화장실 修理(수리)가 끝날 때까지는 불편해도 참을 수밖에 없다.

丿 亻 仈 仒 仒 攸 攸 修 修 修

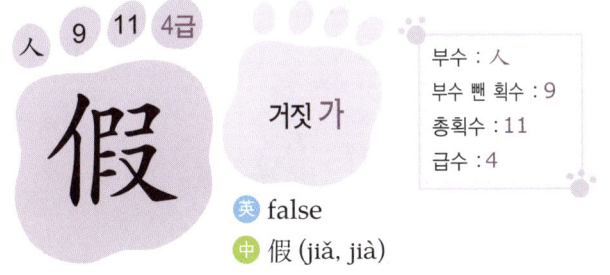

英 false
中 假 (jiǎ, jià)

① 거짓. 가짜 ② 임시 ③ 빌리다

假面(가면) ① 나무·흙·종이 따위로 만든 얼굴의 형상 ② 본심을 감추고 거짓으로 꾸민 겉
假名(가명) 가짜 이름
假定(가정) 사실에 관계 없이 임시로 그렇다고 생각함

Q 假飾(가식) 없는 행동은 상대에게 믿음을 준다.

丿 亻 亻 亻 伊 伊 伊 假 假 假 假

人部・健 偉

人 9 11 5급

굳셀 건

英 strong
中 健 (jiàn)

부수 : 人
부수 뺀 획수 : 9
총획수 : 11
급수 : 5

① 굳세다 ② 튼튼하다

健實(건실) 건전하고 착실함
健壯(건장) 몸이 크고 굳셈
健全(건전) ① 건실하고 완전함 ② 건강하고 병이 없음

健康(건강)에 관한 관심이 날로 커지고 있다.

丿 亻 亻 亻⁻ 亻⁼ 亻ヨ 亻⾐ 亻ⴺ 健 健

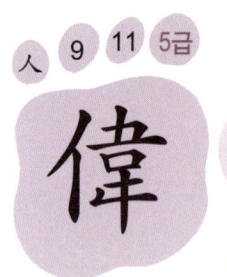

人 9 11 5급

클 위

英 great
中 伟 (wěi)

부수 : 人
부수 뺀 획수 : 9
총획수 : 11
급수 : 5

크다. 뛰어나다

偉業(위업) 위대한 사업이나 업적
偉容(위용) 훌륭하고 뛰어난 모습
偉人(위인) 위대한 일을 한 사람

세종대왕은 한글 창제라는 偉大(위대)한 업적을 남겼다.

丿 亻 亻 亻⁻ 亻⾐ 亻⾐ 偉 偉 偉 偉

健 健   偉 偉

人部・停 備

人 9 11 5급

머무를 정

부수 : 人
부수 뺀 획수 : 9
총획수 : 11
급수 : 5

英 stay
中 停 (tíng)

① 머무르다 ② 그만두다. 쉬다

停留場(정류장) 사람이 오르내리도록 버스나 전차가 머무르는 곳

停滯(정체) 사물이 움직이지 아니하고 한 군데에 머물러 쌓이거나 막힘

停學(정학) 학생이 교칙을 어겼을 때 일시적으로 등교를 정지시키는 학교의 처벌

Q 이번에 停車(정차)할 역은 서울역입니다.

丿 亻 亻 亠 亠 亻 亻 亻 亻 停 停

人 10 12 4급

갖출 비

부수 : 人
부수 뺀 획수 : 10
총획수 : 12
급수 : 4

英 prepare
中 备 (bèi)

① 갖추다. 갖추어지다 ② 준비 ③ 모두. 다

備品(비품) 건물이나 시설 따위에 갖추어 두는 물품

豫備(예비) 미리 준비함

整備(정비) ① 뒤섞이거나 흩어진 것을 가다듬어 바로 갖춤 ② 차량 비행기 따위에 고장이 있는지 보살피고 수리함

Q 상대편의 守備(수비)가 철저해서 아직 한 골도 넣지 못했다.

丿 亻 亻 亠 亻 伊 伊 伊 俌 俌 備 備

停 停　　　備 備

33

人部 · 傳 價

人 11 13 5급

傳

전할 전

英 transmit
中 传 (chuán, zhuàn)

부수 : 人
부수 뺀 획수 : 11
총획수 : 13
급수 : 5

❶ 전하다 ❷ 말하다. 서술하다 ❸ 보내다. 옮기다

傳達(전달) 말·연락 사항 따위를 말 또는 서류로 전함
傳統(전통) 옛날부터 이어 내려오는 관습이나 행동 따위의 양식
宣傳(선전) 어떤 일이나 생각·주장 등을 널리 알리고 이해를 구하는 일

Q 올바른 의미 傳達(전달)을 위해 또박또박 말하는 습관을 들여야 한다.

丿 亻 𠂉 𠂆 伂 佴 俥 偅 傳 傳 傳 傳

人 13 15 5급

價

값 가

英 value
中 价 (jià)

부수 : 人
부수 뺀 획수 : 13
총획수 : 15
급수 : 5

❶ 값 ❷ 수

價値(가치) ① 값어치 ② 보람
定價(정가) ① 정해진 값 ② 값을 매김
評價(평가) ① 값어치를 따져 결정함 ② 수준·능력 등을 측정함

Q 가뭄으로 인해 농작물의 價格(가격)이 오를 것으로 예상된다.

丿 亻 𠂉 𠂆 伂 俨 價 價 價 價
價 價 價

人 13 15 5급

억 억

부수 : 人
부수 뺀 획수 : 13
총획수 : 15
급수 : 5

英 hundred million
中 亿 (yì)

❶ 억 ❷ 많은 수

億萬年(억만년) 무궁한 세월
億萬長者(억만장자) 재산이 아주 많은 사람

유산을 물려받아 하루 아침에 億臺(억대) 부자가 되었다.

億 億 億

한자의 정리를 위해 부수로 설정된 글자로 단독으로는 쓰이지 않는다.

儿 2 4 5급

으뜸 원

부수 : 儿
부수 뺀 획수 : 2
총획수 : 4
급수 : 5

英 principal
中 元 (yuán)

❶ 으뜸 ❷ 처음. 시작 ❸ 근본. 근원 ❹ 기운

元金(원금) ① 밑천. 본전 ② 빌려 준 돈에 이자를 붙이지 않은 본래의 돈
元素(원소) ① 더 이상 나눌 수 없는 물질 ② 집합을 이루는 낱낱의 것
元祖(원조) ① 한 겨레의 맨 처음 조상 ② 어떤 일을 처음 시작한 사람

길을 잃고 한참을 걸었지만 元來(원래) 위치로 돌아와 있었다.

一 二 テ 元

元 元

35

儿部 · 兄 光

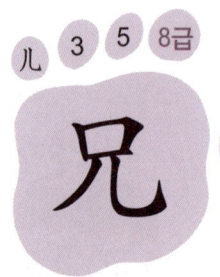

儿 3 5 8급

兄 형 형

- 부수 : 儿
- 부수 뺀 획수 : 3
- 총획수 : 5
- 급수 : 8

英 elder brother
中 兄 (xiōng)

❶ 맏이. 형(언니) ❷ 벗을 높여 부르는 말

兄夫(형부) 언니의 남편
兄嫂(형수) 형의 아내
妹兄(매형) 손위 누이의 남편
義兄弟(의형제) 의로 맺은 형제

🔑 兄弟(형제)간에는 우애 있게 지내야 한다.

丨 ㄇ ㅁ 尸 兄

儿 4 6 6급

光 빛 광

- 부수 : 儿
- 부수 뺀 획수 : 4
- 총획수 : 6
- 급수 : 6

英 light
中 光 (guāng)

❶ 빛. 빛나다 ❷ 영화. 영예 ❸ 경치. 풍경

光景(광경) 벌어진 일의 형편이나 모양
光明(광명) ① 밝고 환함 ② 밝은 빛 ③ 희망
光線(광선) 빛. 빛의 줄기

🔑 光復節(광복절)은 빼앗겼던 나라를 되찾은 뜻깊은 날이다.

丨 ㅣ ㅗ ㅛ 乎 光

兄 兄   光 光

| 부수 : 儿 |
| 부수 뺀 획수 : 4 |
| 총획수 : 6 |
| 급수 : 8 |

먼저 선

英 first
中 先(xiān)

❶ 먼저. 옛. 이전. 미리 ❷ 앞서다

先輩(선배) ① 학문·경험·나이 따위가 자기보다 많거나 나은 사람 ② 자기가 나온 학교를 먼저 졸업한 사람

先祖(선조) 먼 대의 조상

先進國(선진국) 문화나 산업 기술·경제 등이 앞선 나라

Q 결승점을 100 미터 앞두고 드디어 先頭(선두)로 나섰다.

丿 ㅗ 止 生 步 先

| 부수 : 儿 |
| 부수 뺀 획수 : 4 |
| 총획수 : 6 |
| 급수 : 5 |

가득할 충

英 fill
中 充(chōng)

❶ 가득하다. 채우다 ❷ 막다

充滿(충만) 가득하게 참

充實(충실) ① 몸이 굳세고 튼튼함 ② 내용·설비 따위가 알참

充血(충혈) 몸의 어느 한 부위에 피가 지나치게 많아진 상태

Q 3일이면 이 일을 끝내기에 充分(충분)한 시간이다.

丶 ㅗ 云 云 ㄞ 充

先 先　　充 充

儿部·兒 / 入部·入

부수 : 儿
부수 뺀 획수 : 6
총획수 : 8
급수 : 5

英 child
中 儿 (ér)

❶ 아이. 아기 ❷ 젊은 남자의 애칭

兒童(아동) ① 어린아이. 어린이 ② 초등학교에 다니는 어린이

幼兒(유아) 나이가 어린 아이

Q 이렇게 좋은 부모님한테서 태어나다니 나는 참 幸運兒(행운아)야.

丿 𠂉 𠂊 𦥑 臼 兒 兒

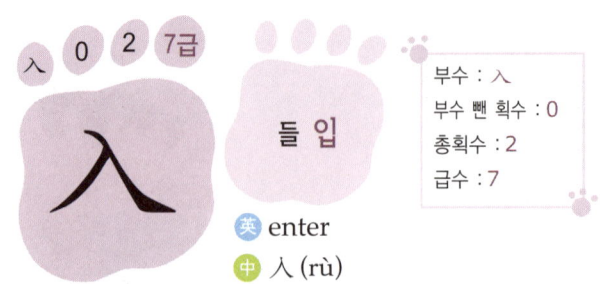

부수 : 入
부수 뺀 획수 : 0
총획수 : 2
급수 : 7

英 enter
中 入 (rù)

❶ 들다. 들어가다 ❷ 빠지다

入口(입구) 들어가는 문
入力(입력) 컴퓨터에서 문자나 숫자를 기억시키는 일
入院(입원) 환자가 병을 고치기 위해 한동안 병원에 들어가 치료를 받는 일

Q 책읽기에 沒入(몰입)하여 점심때가 지난 것도 몰랐다.
ノ 入

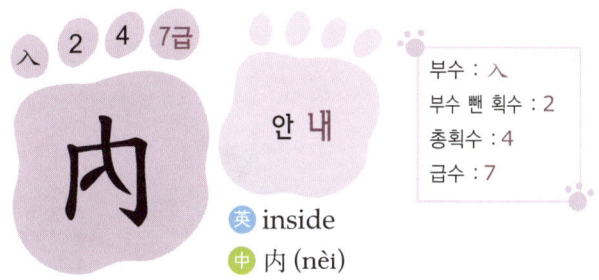

부수 : 入
부수 뺀 획수 : 2
총획수 : 4
급수 : 7

❶ 안. 속 ❷ 대궐. 조정 ❸ 아내. 부녀자 ❹ 드러나지 않다

內服(내복) 속에 입는 옷
內容(내용) 속에 있는 것. 속의 자세한 사실
外柔內剛(외유내강) 겉은 부드럽고 순한 듯하나 속은 꿋꿋하고 곧음
Q 그는 內省的(내성적)인 성격으로 인해 친구가 많지 않다.
丨 冂 冂 內

부수 : 入
부수 뺀 획수 : 4
총획수 : 6
급수 : 7

❶ 온전하다 ❷ 모두

全校(전교) 한 학교의 전체
全世界(전 세계) 세계의 전체
完全(완전) 결점이나 모자람이 없음
Q 오늘은 장마 전선의 영향으로 全國(전국)에 비가 오겠습니다.
ノ 入 入 仐 仒 全

入部・雨 / 八部・八

入 6 8 4급

두 량

英 both
中 两 (liǎng)

부수 : 入
부수 뺀 획수 : 6
총획수 : 8
급수 : 4

두. 둘. 짝

兩面(양면) ① 두 면. 양쪽의 면 ② 두 가지 방면
兩親(양친) 아버지와 어머니

Q 사고 당사자 兩側(양측)의 주장이 너무 다르다.

一 ㄏ 厂 币 币 兩 兩 兩

여덟팔 부

八 0 2 8급

여덟 팔

英 eight
中 八 (bā)

부수 : 八
부수 뺀 획수 : 0
총획수 : 2
급수 : 8

여덟. 여덟 번

八道江山(팔도강산) 우리 나라의 전 국토를 이르는 말
八不出(팔불출) 몹시 어리석은 사람을 가리키는 말
八字(팔자) 사람의 한평생의 운수

Q 공부도 잘 하고, 운동도 잘 하고 그는 八方美人(팔방미인)이야.

ノ 八

- 英 public
- 中 公 (gōng)

❶ 공평하다　❷ 공적(인 것). 여러　❸ 귀인. 상대를 높이는 말

公開(공개) 여러 사람에게 널리 보임
公明正大(공명정대) 마음이 바르고 떳떳함
公演(공연) 여러 사람 앞에서 음악·무용·연극 따위를 하는 일
 휴일을 맞아 公園(공원)은 사람들로 북적거렸다.

丿 八 公 公

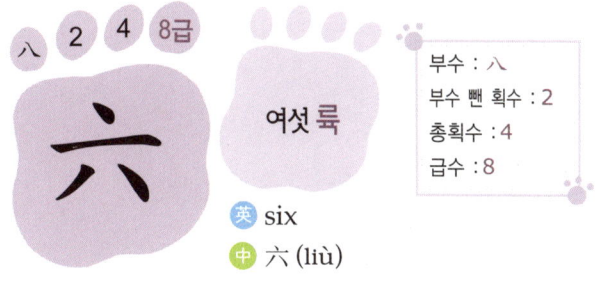

- 英 six
- 中 六 (liù)

여섯. 여섯 번

六角形(육각형) 여섯 개의 직선으로 싸인 평면형
六大洲(육대주) ① 아시아 주·아프리카 주·유럽 주·오세아니아 주·남아메리카 주·북아메리카 주의 여섯 주 ② 전세계라는 뜻
六旬(육순) ① 예순 날 ② 예순 살
 五六月(오뉴월) 감기는 개도 안 걸린다.

丶 一 六 六

| 부수 : 八 |
| 부수 뺀 획수 : 4 |
| 총획수 : 6 |
| 급수 : 6 |

함께 공

英 together
中 共 (gòng)

함께. 같이. 한가지로 하다

共感(공감) 남의 의견에 대하여 자기도 그러하다고 느낌
共同(공동) 여러 사람이 일을 같이 함
共存(공존) 두 가지 이상의 일이나 물건이 함께 있음

Q. 나와 내 친구는 共通點(공통점)이 많다.

一 十 卄 艹 共 共

| 부수 : 八 |
| 부수 뺀 획수 : 5 |
| 총획수 : 7 |
| 급수 : 5 |

군사 병

英 soldier
中 兵 (bīng)

① 군사. 병졸 ② 무기 ③ 전쟁

兵法(병법) 군사 작전의 방법
兵士(병사) 계급이 낮은 군인
兵役(병역) 국민의 의무로서, 일정한 기간 동안 군대에서 복무하는 일

Q. 황산벌 전투에서 신라와 백제의 兵力(병력) 차이는 매우 컸다.

丿 丆 斤 斤 丘 兵 兵

共 共   兵 兵

| 부수 : 八 |
| 부수 뺀 획수 : 6 |
| 총획수 : 8 |
| 급수 : 5 |

英 equip
中 具 (jù)

① 갖추다 ② 그릇

具備(구비) 빠진 것 없이 고루 다 갖춤
工具(공구) 기계 따위를 만들거나 조작하는 데 쓰는 기구
道具(도구) 일에 쓰이는 여러 가지 연장

Q 어머니께서 家具(가구)의 먼지를 털고 계시다.

丨 冂 冂 月 目 且 具 具

| 부수 : 八 |
| 부수 뺀 획수 : 6 |
| 총획수 : 8 |
| 급수 : 5 |

英 law
中 典 (diǎn)

① 법. 기준 ② 책 ③ 예. 의식

典型的(전형적) 본보기가 될 만한 (것)
古典(고전) 오랜 세월 동안 많은 사람들에게 높이 평가되고 사랑받는 책 또는 작품
法典(법전) 여러 종류의 법을 체계를 세워서 정리하여 엮은 책

Q 모르는 단어가 있으면 事典(사전)을 찾아보시오.

丨 冂 曰 由 曲 曲 典 典

英 again
中 再 (zài)

❶ 두. 두 번 ❷ 거듭. 다시

再起(재기) 능력이나 힘을 모아서 다시 일어남
再現(재현) 다시 나타남. 또는 다시 나타냄
再活用(재활용) 못 쓰게 된 물건의 용도를 바꾸거나 가공하여 다시 이용하는 것

나는 再昨年(재작년)에 학교를 졸업했다.

一 厂 冂 冃 再 再

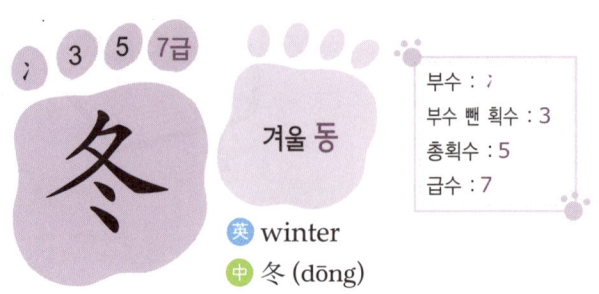

英 winter
中 冬 (dōng)

❶ 겨울 ❷ 동면하다

冬眠(동면) 뱀·개구리·곰 등의 동물이 겨울 동안 땅 속이나 굴 속 등에서 잠자는 것
冬至(동지) 24절기의 하나. 연중 낮이 가장 짧고, 밤이 가장 긴 날
嚴冬雪寒(엄동설한) 눈이 오고 몹시 추운 겨울
Q 스키는 冬季(동계) 올림픽의 한 종목이다.

丿 ク 夂 冬 冬

찰 랭

英 cold
中 冷 (lěng)

부수 : 冫
부수 뺀 획수 : 5
총획수 : 7
급수 : 5

❶ 차다. 쌀쌀하다 ❷ 깔보다. 업신여기다

冷待(냉대) 쌀쌀하게 대접함
冷藏庫(냉장고) 식료품 등을 상하지 않도록 낮은 온도에서 보관하기 위한 상자 모양의 장치
冷情(냉정) 마음이 매정하고 쌀쌀함
Q 생선을 冷凍(냉동)하면 오래 보관할 수 있다.

丶 冫 冫 冷 冷 冷 冷

 PLUS 漢字

한자성어(漢字成語)
예전부터 흔히 인용되어 온 말을 성어(成語)라고 한다. 한자성어는 당연히 한자로 이루어진 성어를 말한다. 한자성어는 다시 고사성어(古事成語)와 사자성어(四字成語)로 나누어 부르기도 하는데, 고사성어는 옛 이야기가 얽혀 있는 성어를 말하고, 사자성어는 4자로 이루어진 성어를 뜻한다.

凵部 · 凶 出

한자의 정리를 위해 부수로 설정된 글자로 단독으로는 쓰이지 않는다.

凵 2 4 5급

凶 흉할 흉

부수 : 凵
부수 뺀 획수 : 2
총획수 : 4
급수 : 5

英 wicked
中 凶 (xiōng)

❶ 흉하다. 언짢다 ❷ 흉악하다 ❸ 해치다 ❹ 흉년 들다

凶器(흉기) 사람을 죽이거나 상처를 입히는 도구
凶年(흉년) 농사가 잘 되지 못한 해
凶惡(흉악) ① 성질이 거칠고 사나움 ② 생김새가 험악하고 무섭게 생김
　그들은 무엇인가 凶計(흉계)를 꾸미고 있다.

ノ ㄨ 凶 凶

凵 3 5 7급

出 날 출

부수 : 凵
부수 뺀 획수 : 3
총획수 : 5
급수 : 7

英 come out
中 出 (chū)

❶ 나다. 출생하다 ❷ 나가다. 떠나다 ❸ 뛰어나다

出世(출세) 사회적으로 높은 지위에 오르거나 유명하게 됨
出張(출장) 볼일을 위해 임시로 다른 곳으로 나감
出版(출판) 책·그림 따위를 책으로 만들어 세상에 내 놓음
　선생님께서 出席(출석) 인원을 확인하신다.

丨 屮 屮 出 出

刀部·分 切

'刀'가 한자의 오른쪽에 쓰일 때는 'ㅣ'의 형태를 취하는 경우가 많다.

刀 2 4 6급

나눌 분

부수 : 刀
부수 뺀 획수 : 2
총획수 : 4
급수 : 6

英 divide
中 分 (fēn, fèn)

❶ 나누다. 가르다. 구별하다 ❷ 길이·무게·시간 따위의 단위 ❸ 신분·직분

分校(분교) 한 학교의 학생 일부를 따로 떼어 가르치기 위해 다른 곳에 세운 학교
過分(과분) 분수에 넘침

옳고 그름을 分別(분별)할 줄 알아야 한다.

丿 八 分 分

刀 2 4 5급

끊을 절
온통 체

부수 : 刀
부수 뺀 획수 : 2
총획수 : 4
급수 : 5

英 cut / all
中 切 (qiē / qiè)

❶ 끊다. 베다 ❷ 절박하다 ❸ 정성스럽다 ❹ 온통. 전부

切迫(절박) ① 매우 가까이 닥침 ② 다급하여 여유가 없음
切實(절실) ① 마음 속 깊이 파고듦 ② 아주 긴요함
適切(적절) 꼭 알맞음

앞으로 그런 짓은 一切(일절) 하지 마라.

一 七 切 切

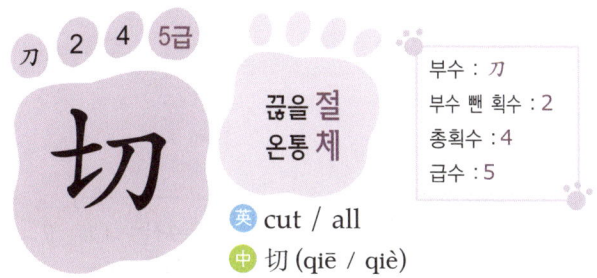

47

刀部 · 列 利

| 부수 : 刀 |
| 부수 뺀 획수 : 4 |
| 총획수 : 6 |
| 급수 : 4 |

벌일 렬

英 arrange
中 列 (liè)

① 벌이다. 늘어놓다 ② 여러 ③ 줄. 차례. 등급

列強(열강) 여러 강한 나라들
列車(열차) 기관차에 객차·화차 등을 연결하여 짐이나 사람을 실어 나르는 차량
序列(서열) 순서를 좇아 늘어섬. 또는 그 순서
내가 좋아하는 것을 일일이 列擧(열거)하자면 끝이 없다.

一 ア 歹 歹 列 列

| 부수 : 刀 |
| 부수 뺀 획수 : 5 |
| 총획수 : 7 |
| 급수 : 6 |

이로울 리

英 benefit
中 利 (lì)

① 이롭다 ② 날카롭다 ③ 편리하다 ④ 이자
⑤ 이기다

利益(이익) 물질적·정신적으로 보탬이 된 것
利子(이자) 돈을 빌린 사람이나 예금 따위로 돈을 맡은 은행 등이 그 대가로 주는 돈
勝利(승리) 싸움이나 경기 등에서 이김
모든 국민은 법에 따라 평등한 權利(권리)를 가진다.

一 二 千 千 禾 利 利

列 列　　　利 利

刀部 · 別 初

刀 5 7 6급

別

다를 별

英 different
中 別 (bié)

부수 : 刀
부수 뺀 획수 : 5
총획수 : 7
급수 : 6

❶ 다르다　❷ 헤어지다　❸ 나누다. 분별하다

別名(별명) 본이름 외에 그 사람의 생김새 · 행동 · 성질 따위로 특징을 따서 남들이 지어서 부르는 이름

別種(별종) ① 다른 씨앗 ② 다른 종류 ③ 별스러운 사람을 속되게 이르는 말

性別(성별) 남성 · 여성과 암컷 · 수컷의 구별

재산의 많고 적음에 따라 사람을 差別(차별)하면 안 된다.

丶 口 口 号 另 別 別

刀 5 7 5급

初

처음 초

英 beginning
中 初 (chū)

부수 : 刀
부수 뺀 획수 : 5
총획수 : 7
급수 : 5

처음. 비로소

初期(초기) 처음이 되는 시기
初章(초장) 3장으로 된 시조에서 첫째 장
正初(정초) ① 정월의 처음 며칠 ② 그 해의 맨 처음

우리 어머니는 初步(초보) 운전자입니다.

丶 亠 衤 衤 衤 初 初

別 別　　　初 初

| 刀 | 6 | 8 | 5급 |

到 이를 도

부수 : 刀
부수 뺀 획수 : 6
총획수 : 8
급수 : 5

英 reach
中 到 (dào)

❶ 이르다 ❷ 빈틈없다

到達(도달) 정한 곳에 다다름
到處(도처) 가는 곳
用意周到(용의주도) 마음의 준비가 두루 미쳐 빈틈이 없음

Q 정오가 지나서야 목적지에 到着(도착)했다.

一 丆 工 艺 至 至 到 到

| 刀 | 7 | 9 | 7급 |

前 앞 전

부수 : 刀
부수 뺀 획수 : 7
총획수 : 9
급수 : 7

英 front
中 前 (qián)

앞. 먼저. 일찍이

前科者(전과자) 이전에 형벌을 받은 사실이 있는 사람
前無後無(전무후무) 전에도 없었고 앞으로도 없음
前半戰(전반전) 운동 경기에 있어서 전체 시간을 똑같이 나눈 경우, 앞의 절반의 경기

Q 3시 前後(전후)에 회의가 끝날 것이다.

丶 丷 广 产 方 前 前 前 前

刀部・則

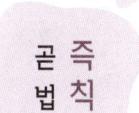

곧 즉
법 칙

부수 : 刀
부수 뺀 획수 : 7
총획수 : 9
급수 : 5

英 at once / rule
中 则 (zé)

❶ 곧 ❷ 법. 법칙 ❸ 본받아 따르다

反則(반칙) 법칙이나 규정에 어그러짐
法則(법칙) 꼭 지켜야 하는 규칙
原則(원칙) 여러 가지 경우에 공통되는 근본적인 법칙

 시작에 앞서 規則(규칙)을 정하자.

丨 冂 冂 月 目 貝 貝 則 則

PLUS 漢字

부수(部首)

한자는 한 글자가 하나의 뜻을 나타내는 표의문자이기 때문에 그 수가 많아질 수밖에 없다. 그래서 한자들을 체계적으로 분류하고 정리하기 위해 한자의 모양에서 공통된 부분을 갖는 글자끼리 한 데 모았는데, 이 때 공통된 모양을 부수라고 한다. 이 때문에 부수는 한자의 중심 의미를 지니고 있다. 부수는 전체 214개가 쓰이고 있으며, 위치에 따라 변(邊 : 글자의 왼쪽), 방(傍 : 글자의 오른쪽), 머리(글자의 위쪽), 발(글자의 아래쪽), 받침(글자의 왼쪽에서 아래쪽까지), 엄호(글자의 왼쪽에서 위쪽까지), 몸(글자의 바깥쪽), 제부수(글자 전체) 등으로 부르기도 한다. 몇몇 글자는 부수로 쓰일 때 글자의 모양을 달리해서 쓰이기도 한다. 대부분의 옥편은 부수별로 글자를 모아 놓았기 때문에 부수를 알면 한자를 찾아보기가 쉽다.

則 則 則

力部·力 加

力 0 2 7급

力

힘 력

英 strength
中 力 (lì)

부수 : 力
부수 뺀 획수 : 0
총획수 : 2
급수 : 7

힘. 힘쓰다

力量(역량) 능히 해낼 수 있는 힘
國力(국력) 나라의 힘
學力(학력) 공부를 한 정도. 배운 실력. 학문의 실력
• 자신의 꿈을 이루기 위해서는 끊임없이 努力(노력)해야 한다.

ㄱ 力

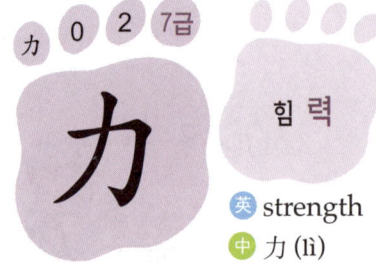

加 3 5 5급

加

더할 가

英 add
中 加 (jiā)

부수 : 力
부수 뺀 획수 : 3
총획수 : 5
급수 : 5

① 더하다 ② 들다

加入(가입) 단체나 조직에 들어감
參加(참가) 어떤 모임이나 단체에 참여함
追加(추가) 나중에 더하여 보탬

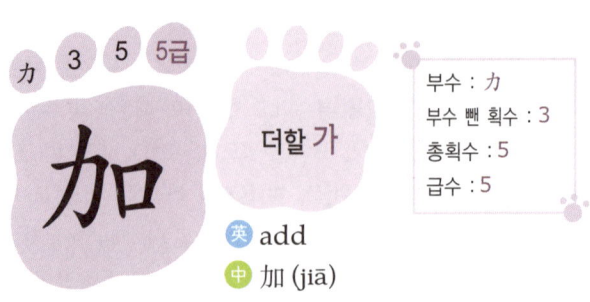

Q. 물을 加熱(가열)하면 수증기가 된다.

㇐ 力 ヵ 加 加

부수 : 力
부수 뺀 획수 : 3
총획수 : 5
급수 : 6

공 공

英 merits
中 功 (gōng)

❶ 공 ❷ 명예. 자랑하다 ❸ 이용하다

功勞(공로) 애를 써서 이룬 공
功名心(공명심) 공을 세워 이름을 떨치려는 마음
功績(공적) 애써 이룩한 좋은 실적
Q. 계속 시도한 끝에 결국은 成功(성공)했다.

㇐ 丅 工 巧 功

부수 : 力
부수 뺀 획수 : 5
총획수 : 7
급수 : 4

도울 조

英 help
中 助 (zhù)

돕다. 거들다

助手(조수) 어떤 사람의 일을 도와 주는 사람
助演(조연) 연극·영화에서 주연의 연기를 돕는 일
補助(보조) 모자라는 것을 보태어 도와 줌
Q. 친구의 助言(조언)은 내게 큰 도움이 되었다.

丨 冂 冃 月 且 助 助

功 功　　　助 助

力 7 9 4급

힘쓸 면

英 make efforts
中 勉 (miǎn)

부수 : 力
부수 뺀 획수 : 7
총획수 : 9
급수 : 4

힘쓰다. 부지런하다

勉學(면학) 배움에 힘씀
勤勉(근면) 부지런하게 힘씀
Q 勤勉(근면)과 성실은 성공의 필수 조건이다.

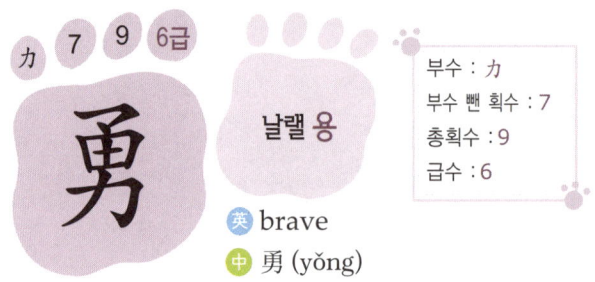

力 7 9 6급

날랠 용

英 brave
中 勇 (yǒng)

부수 : 力
부수 뺀 획수 : 7
총획수 : 9
급수 : 6

날래다. 용맹하다

勇敢(용감) 용기가 있어 씩씩하고 기운차며 겁이 없음
勇猛(용맹) 씩씩하고 사나움
勇士(용사) 용기 있는 사나이
武勇談(무용담) 싸움에서 용감하게 싸워 공을 세운 이야기
Q 부모님의 격려에 勇氣(용기)를 얻었다.

力部・動 務

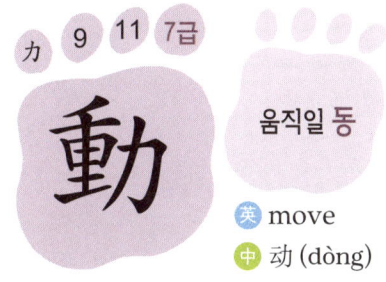

| 부수 : 力 |
| 부수 뺀 획수 : 9 |
| 총획수 : 11 |
| 급수 : 7 |

움직일 동

英 move
中 动 (dòng)

움직이다. 어지럽다

動物(동물) 스스로 움직이고 감각과 신경 따위 기능을 갖춘 생물로 식물과 구분하여 이르는 말. 새·짐승·물고기 따위를 통틀어 이르는 말

感動(감동) 깊이 느끼어 마음이 움직임

反動(반동) ① 어떤 힘에 대하여 그 반대 방향으로 일어나는 힘 ② 어떤 움직임의 힘에 반대하여 일어나는 움직임이나 힘

Q 自動車(자동차)는 인간의 생활을 무척 편리하게 해 주었다.

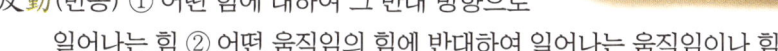

務

힘쓸 무

| 부수 : 力 |
| 부수 뺀 획수 : 9 |
| 총획수 : 11 |
| 급수 : 4 |

英 endeavor
中 务 (wù)

① 힘쓰다 ② 일. 직무

公務(공무) ① 여러 사람에 관한 일 ② 국가 또는 공공 단체의 일

勤務(근무) 일터에 나가 일함

事務(사무) 맡아 보는 일

Q 권리와 義務(의무)는 동전의 앞뒷면과 같다.

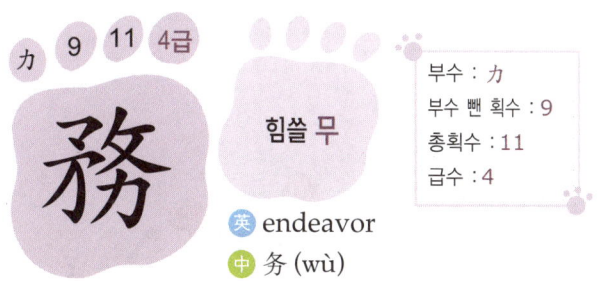

力部 · 勞 勝

力 10 12 5급

勞 수고로울 로

英 toil
中 劳 (láo)

① 수고롭다. 일하다. 지치다   ② 위로하다

勞動(노동) 마음과 힘을 써서 일함
慰勞(위로) 수고나 괴로움을 잊게 하여 마음을 편하게 함
疲勞(피로) 지쳐서 고단함

Q 그는 過勞(과로)해서 충분한 휴식이 필요하다.

부수 : 力
부수 뺀 획수 : 10
총획수 : 12
급수 : 5

丶 丷 丷 丷 丷 丷 𴰵 𴰶 𴰷 𴰸 勞 勞

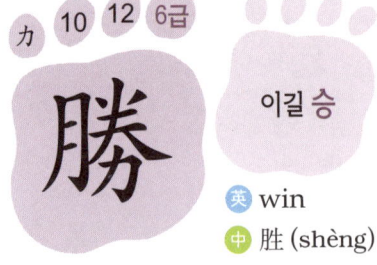

力 10 12 6급

勝 이길 승

英 win
中 胜 (shèng)

① 이기다   ② 낫다. 경치가 좋다

決勝(결승) 마지막 승패를 결정함
氣勝(기승) 억척스럽고 굳세어서 좀처럼 남에게 굽히지 않음
必勝(필승) 꼭 이김

Q 후회가 없도록 勝負(승부)에 최선을 다할 것이다.

부수 : 力
부수 뺀 획수 : 10
총획수 : 12
급수 : 6

丿 几 月 月 月 ⺼ 肝 肸 胖 朕 勝 勝

56 勞 勞   勝 勝

力部 · 勤 勢

力 11 13 4급

勤 부지런할 근

부수 : 力
부수 뺀 획수 : 11
총획수 : 13
급수 : 4

英 diligent
中 勤 (qín)

❶ 부지런하다 ❷ 근무하다

勤勞(근로) ① 일에 힘씀 ② 일정한 시간 동안 일을 함
勤務(근무) 일터에 나가 일함. 일을 맡아 함
出勤(출근) 일터로 일하러 감

❓ 지독한 감기로 학교를 결석해서 皆勤賞(개근상)을 받을 수 없게 되었다.

一 ㅜ 艹 艹 苎 芦 苩 莒 莗 堇 董 勤 勤

力 11 13 4급

勢 형세 세

부수 : 力
부수 뺀 획수 : 11
총획수 : 13
급수 : 4

英 force
中 势 (shì)

❶ 형세 ❷ 기세. 권세

勢道政治(세도 정치) 왕의 신임을 받는 사람이 나라 일을 자기 마음대로 하던 정치
勢力(세력) 권세와 힘
大勢(대세) ① 세상의 일이나 하는 일의 돌아가는 형편 ② 큰 권세
時勢(시세) ① 그 때의 형세. 세상의 형편. 시대의 추세 ② 그 때의 물건값

❓ 커다란 개가 금방이라도 달려들 氣勢(기세)로 앞을 가로막고 있었다.

一 十 土 耂 未 去 坴 坴 坴 埶 埶 勢 勢

勤 勤   勢 勢

57

匕部·化 北

匕 2 4 5급

化

될 화

부수 : 匕
부수 뺀 획수 : 2
총획수 : 4
급수 : 5

英 change
中 化 (huà, huā)

① 되다 ② 교화하다. 본받다 ③ 변화하다

化石(화석) 아주 오랜 옛날에 살던 생물의 주검, 또는 그 생활의 흔적 등이 암석 속에 남아 있는 것

化合(화합) 두 가지 이상의 물질이 화학적으로 반응·결합하여 새로운 물질이 되는 현상

變化(변화) 사물의 모양이나 성질 등이 달라짐

文化(문화)는 서로 다를 뿐이지 어느 것이 낫다고 할 수 없다.

ノ 亻 亻 化

匕 3 5 8급

北

북녘 북
달아날 배

부수 : 匕
부수 뺀 획수 : 3
총획수 : 5
급수 : 8

英 north / run away
中 北 (běi)

① 북녘 ② 달아나다

北極(북극) ① 지구의 가장 북쪽에 위치한 아주 추운 곳 ② 자석이 가리키는 북쪽의 끝
北上(북상) 북쪽을 향하여 올라감

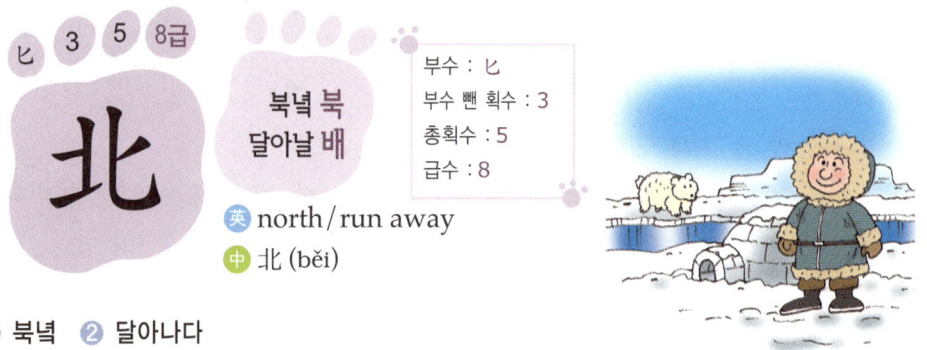

58 化 化 化   北 北 北

敗北(패배) ① 싸움에 짐 ② 져서 도망감

Q 비록 분단되어 있지만 北韓(북한)은 우리와 같은 민족이다.

一 + + 北 北

구분할 구

英 divide
中 区 (qū)

부수 : 匚
부수 뺀 획수 : 9
총획수 : 11
급수 : 6

❶ 구분하다 ❷ 지경. 갈라놓은 지역

區間(구간) 일정한 두 곳의 사이
區別(구별) ① 종류에 따라 갈라놓음 ② 차별함
區分(구분) 따로 갈라 나눔

Q 여기서부터는 출입 금지 區域(구역)입니다.

一 丁 斤 斤 斤 品 品 品 品 區

 PLUS 漢字

모양이 비슷한 한자 1

北(북녘 북) – 此(이 차) – 比(견줄 비)   奉(받들 봉) – 泰(클 태)
官(벼슬 관) – 宮(집 궁)   客(손 객) – 容(얼굴 용)
思(생각 사) – 恩(은혜 은)   情(뜻 정) – 淸(맑을 청)
新(새 신) – 親(친할 친)   日(날 일) – 曰(가로 왈) – 目(눈 목)
時(때 시) – 侍(모실 시) – 待(기다릴 대) – 持(가질 지) – 特(특별할 특) – 詩(시 시)

十部・十 千

부수 : 十
부수 뺀 획수 : 0
총획수 : 2
급수 : 8

열 십

英 ten
中 十 (shí)

❶ 열 ❷ 전부

十里(십리) 거리의 한 단위. 보통 4km 정도의 거리
十進數(십진수) 수를 10배 할 때마다 한 자리씩 위로 올라가는 수
聞一知十(문일지십) 한 가지를 들으면 열을 미루어 앎

고향을 떠난 지 어느덧 十年(십 년)이 지났다.

一 十

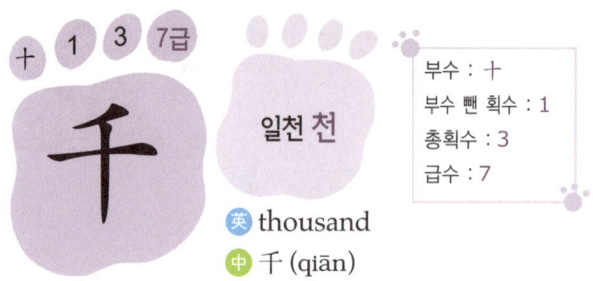

부수 : 十
부수 뺀 획수 : 1
총획수 : 3
급수 : 7

일천 천

英 thousand
中 千 (qiān)

❶ 일천 ❷ 여럿. 많다

千里眼(천리안) 먼 데서 일어난 일도 잘 알아맞히는 능력
千萬年(천만년) 썩 멀고 오랜 세월
千字文(천자문) 옛날에 한문을 처음 배울 때 쓰던 책

사고가 났는데도 다치지 않아 千萬多幸(천만다행)이다.

一 二 千

十 2 4 7급

낮 오

英 noon
中 午 (wǔ)

부수 : 十
부수 뺀 획수 : 2
총획수 : 4
급수 : 7

① 낮 ② 일곱째 지지

午前(오전) 밤 12시부터 낮 12시까지의 사이
端午(단오) 명절의 하나. 음력 5월 5일. 여자는 창 포물에 머리를 감고 그네를 뛰며, 남자는 씨름을 하며 즐기는 민속의 날
正午(정오) 낮 12시

Q 午後(오후)가 되자 하늘이 개었다.

丿 ㅗ ㅗ 午

十 3 5 6급

반 반

英 half
中 半 (bàn)

부수 : 十
부수 뺀 획수 : 3
총획수 : 5
급수 : 6

① 반. 절반 ② 조각

半萬年(반만년) 만 년의 반. 즉, 오천 년을 나타내는 말
過半數(과반수) 반이 넘는 수
折半(절반) 하나를 반으로 나눔. 또는 그 반

Q 그의 말에 대해 아직도 半信半疑(반신반의)하고 있다.

丶 丿 ㅗ ㅗ 半

午 午   半 半

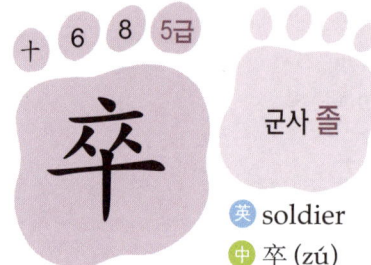

| 부수 : 十 |
| 부수 뺀 획수 : 6 |
| 총획수 : 8 |
| 급수 : 5 |

英 soldier
中 卒 (zú)

❶ 군사 ❷ 갑자기. 별안간 ❸ 마치다. 죽다

卒倒(졸도) 심한 충격을 받거나 과로·빈혈·일사병
　　　 등으로 갑자기 정신을 잃고 넘어지는 일
卒兵(졸병) 계급이 낮은 병사
烏合之卒(오합지졸) ① 까마귀가 모인 것처럼 무질
　　　 서한 병졸 ② 갑자기 모여 훈련을 받지 않은 군사
　　　 ③ 규율도 통일성도 없는 군중

卒業(졸업)은 끝이 아니라 새로운 시작이다.

丶 亠 亠 卞 卒 卒 卒 卒

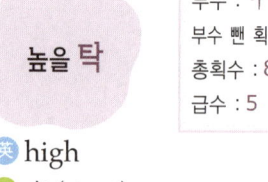

| 부수 : 十 |
| 부수 뺀 획수 : 6 |
| 총획수 : 8 |
| 급수 : 5 |

英 high
中 卓 (zhuó)

❶ 높다 ❷ 탁자

卓球(탁구) 나무 대의 중앙에 네트를 치고 마주
　　　 서서 라켓으로 작은 공을 쳐 넘기는 경기
卓越(탁월) 남보다 훨씬 뛰어남
教卓(교탁) 교실에서 교사가 책 따위를 놓는 교단
　　　 앞의 탁자

많은 사람이 들어올 수 있도록 卓子(탁자)를 한쪽으로 치웠다.

丨 卜 ㅏ 占 卢 卓 卓 卓

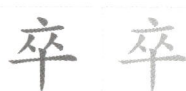

| 부수 : 十 |
| 부수 뺀 획수 : 6 |
| 총획수 : 8 |
| 급수 : 4 |

화할 협

英 harmony
中 协 (xié)

❶ 화하다 ❷ 힘을 합하다. 돕다

協議(협의) 여러 사람이 모여 의논함
協定(협정) 의논하여 결정함
協助(협조) 힘을 모아 서로 도움

Q 우리 반 학생 모두가 協同(협동)하여 환경 미화에 힘쓰고 있다.

一 十 十' 十" 十为 协 协 協

| 부수 : 十 |
| 부수 뺀 획수 : 7 |
| 총획수 : 9 |
| 급수 : 8 |

남녘 남

英 south
中 南 (nán)

남녘. 남쪽

南極(남극) 지구의 남쪽 끝
南大門(남대문) 서울을 둘러싼 4대문 중의 하나.
　　　　　숭례문(崇禮門)
南海岸(남해안) ① 남쪽 바닷가 ② 우리 나라의
　　　　　남쪽 바다에 닿은 경상 남도와 전라 남도의
　　　　　바닷가

Q 예로부터 빛이 잘 들게 하려고 집을 南向(남향)으로 지었다.

一 十 十 广 内 内 南 南 南

厂部・原 / 厶部・去

한자의 정리를 위해 부수로 설정된 글자로 단독으로는 쓰이지 않는다.

厂 8 10 5급

原 근원 원

英 source
中 原 (yuán)

부수 : 厂
부수 뺀 획수 : 8
총획수 : 10
급수 : 5

❶ 근원. 근본 ❷ 벌판

原價(원가) ① 처음 사들일 때의 값 ② 상품을 완성시킬 때까지 들어간 값
原料(원료) 물건을 만드는 바탕이 되는 재료
原理(원리) ① 사물이 이루어지는 근본 이치 ② 바탕이 되는 근거

오늘 수업 시간에 原稿紙(원고지) 사용법에 대해 배웠다.

一 厂 厂 厂 厂 厂 原 原 原 原

厶 3 5 5급

去 갈 거

英 leave
中 去 (qù)

부수 : 厶
부수 뺀 획수 : 3
총획수 : 5
급수 : 5

原 原 原　　　去 去 去

❶ 가다. 지나다 ❷ 버리다. 없애다

去頭截尾(거두절미) 앞뒤의 필요 없는 부분은 빼고 가장 중요한 것만 말함
除去(제거) 덜어 없앰
撤去(철거) 건물·시설 따위를 걷어 치워 버림
過去(과거)의 잘못을 거울삼아 더 나은 미래를 개척하자.

一 十 土 去 去

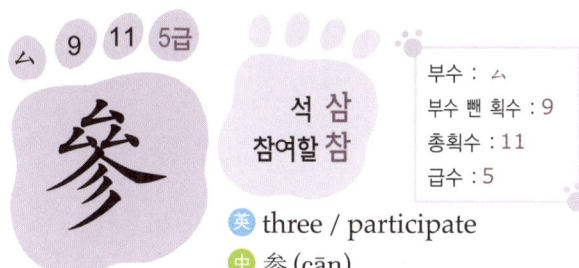

석 삼
참여할 참

부수 : 厶
부수 뺀 획수 : 9
총획수 : 11
급수 : 5

英 three / participate
中 参 (cān)

❶ 석. 셋 ❷ 참여하다 ❸ 뵈다 ❹ 헤아리다. 견주다

參見(참견) 남의 일에 간섭함
參考(참고) ① 살펴서 생각함 ② 도움이 될 만한 자료로 삼음
參席(참석) 어떤 자리에 나감
여러분의 적극적인 參與(참여)를 바랍니다.

ㄥ ㄥ ㄥ ㄥ 丆 夃 叐 参 参

 PLUS 漢字

갖은자

갖은자란 한자에서 흔히 쓰이는 글자보다 획이 더 많고 구성을 달리한 글자를 이르는 말이다. 주로 숫자에서 많이 보인다. 갖은자는 원래 글자의 위조를 막기 위해서 생겼다고 한다. 一(한 일)의 경우를 보면 획을 하나 더 그어 二(두 이)를 만들거나 둘을 더 그어 三(석 삼)을 만들 수 있을 뿐 아니라 세로획을 보태 十(열 십)을 만들 수도 있다. 그래서 임의로 고칠 가능성이 있는 숫자들은 갖은자를 만들어 원래의 의미가 그대로 전달되도록 한 것이다. 一 → 壹, 二 → 貳, 三 → 參, 十 → 拾 등을 예로 들 수 있다.

又部 · 反 友

又 2 4 6급

反

돌이킬 반

英 react
中 反 (fǎn)

부수 : 又
부수 뺀 획수 : 2
총획수 : 4
급수 : 6

❶ 돌이키다 ❷ 되풀이하다 ❸ 반대하다

反復(반복) 같은 일을 되풀이함
反省(반성) 자기가 한 일에 잘못이나 모자람이 없는지 스스로 돌이켜 생각함
反抗(반항) 따르지 아니하고 거슬러서 대듦
  反對(반대)하는 사람은 많지 않았다.

一 厂 丆 反

又 2 4 5급

友

벗 우

英 friend
中 友 (yǒu)

부수 : 又
부수 뺀 획수 : 2
총획수 : 4
급수 : 5

❶ 벗. 벗하다 ❷ 우애 있다

友邦(우방) 서로 가까이 지내는 나라
友愛(우애) ① 형제 사이의 사랑 ② 벗 사이의 따뜻한 마음

友好(우호) 개인이나 나라 사이가 서로 좋음
Q. 그와 나는 영원한 友情(우정)을 약속했다.
一 ナ 方 友

英 receive
中 受 (shòu)

부수 : 又
부수 뺀 획수 : 6
총획수 : 8
급수 : 4

❶ 받다 ❷ 입다. 당하다 ❸ 응하다. 들어 주다
受難(수난) ① 재난을 당함 ② 어려운 처지에 부닥침
受動(수동) 남의 힘을 받아서 움직임
受信(수신) ① 우편물·전보 따위의 통신을 받음
② 유·무선 통신에서 그 신호를 받음
Q. 그는 나의 부탁을 흔쾌히 受諾(수락)했다.
一 ㄱ ㄳ ㄸ ㅍ ㅍㅡ 呇 受

 STORY 漢字

반포지효(反哺之孝) : 까마귀 새끼가 다 자라면 어미를 먹여 살린다는 데서, 자식이 자라서 어버이가 길러 준 은혜에 보답하는 효성을 뜻함. 중국 진나라 때 이밀이라는 사람은 왕이 자신에게 높은 관직을 내리지만 늙으신 할머니를 봉양하기 위해 관직을 사양했다. 왕은 이밀의 충성심이 부족하다고 여기고 매우 화를 냈다. 그러자 이밀은 자신을 까마귀에 비유하면서 "까마귀도 어미새의 은혜에 보답하는데, 아무쪼록 할머니께서 돌아가시는 날까지만 모시게 해 주십시오."라고 하였다.

反 돌이킬 반   哺 먹일 포   之 어조사 지   孝 효도 효

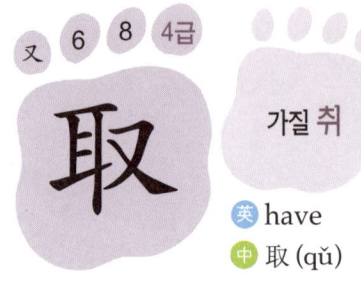

又 6 8 4급

取 가질 취

부수 : 又
부수 뺀 획수 : 6
총획수 : 8
급수 : 4

英 have
中 取 (qǔ)

가지다. 취하다

取扱(취급) 일을 처리함. 다루어 처리함
取得(취득) 자기 것으로 함. 손 안에 넣음
進取(진취) 어려움을 무릅쓰고 자신 있게 힘껏 앞으로 나아감

Q 비로 인해 경기가 取消(취소)되었다.

一 T F F E 耳 取 取

口部 입구부

口 0 3 7급

口 입 구

부수 : 口
부수 뺀 획수 : 0
총획수 : 3
급수 : 7

英 mouth
中 口 (kǒu)

❶ 입 ❷ 말하다 ❸ 구멍. 어귀

口實(구실) 핑계삼을 일
口傳(구전) 입으로 전함. 말로 전해 내려옴
異口同聲(이구동성) 여러 사람의 말이 한결같음

Q. 만일에 대비해 非常口(비상구)의 위치를 알아 두어야 한다.

丨 冂 口

口 2 5 5급

옳을 가

英 right
中 可 (kě)

부수 : 口
부수 뺀 획수 : 2
총획수 : 5
급수 : 5

❶ 옳다. 찬성하다 ❷ 허락하다 ❸ 가히

可觀(가관) ① 볼 만함 ② 말과 행동이 꼴답지 않아 비웃을 만함
可否(가부) ① 옳은가 그른가의 여부 ② 표결에서 찬성과 반대
許可(허가) 허락함. 들어 줌

Q. 우리가 힘을 합하면 可能(가능)한 일이다.

一 丆 ㄇ 可 可

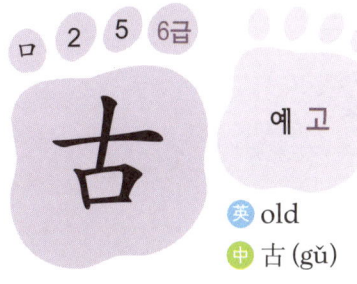

口 2 5 6급

예 고

英 old
中 古 (gǔ)

부수 : 口
부수 뺀 획수 : 2
총획수 : 5
급수 : 6

❶ 옛 ❷ 예스럽다 ❸ 오래 되다

古代(고대) 옛날. 오래 전의 시대
古木(고목) 오래 묵은 나무. 나이 많은 나무
古鐵(고철) 제 기능을 다하지 못하여 버리게 된 쇠붙이

Q. 내가 어릴 때 타던 자전거가 이제는 古物(고물)이 되었다.

一 十 十 古 古

可 可   古 古

| 부수 : 口
| 부수 뺀 획수 : 2
| 총획수 : 5
| 급수 : 4

글귀 구

英 phrase
中 句 (jù)

❶ 글귀 ❷ 굽다. 구부러지다

句節(구절) ① 한 토막의 글이나 말 ② 글의 마디
文句(문구) 글의 구절
詩句(시구) 시의 구절

Q 그 시는 句句節節(구구절절)이 심금을 울린다.

′ 勹 勹 句 句

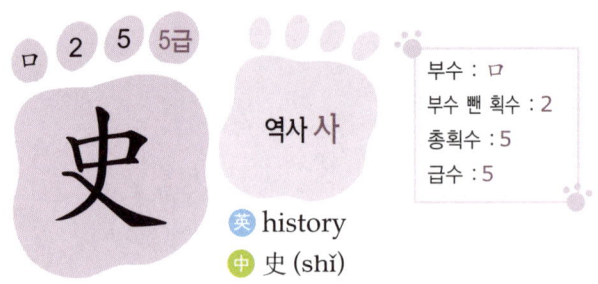

| 부수 : 口
| 부수 뺀 획수 : 2
| 총획수 : 5
| 급수 : 5

역사 사

英 history
中 史 (shǐ)

❶ 역사. 기록된 문서 ❷ 사관(史官)

史官(사관) 옛날, 나라의 중요한 일을 기록하던 벼슬
史劇(사극) 역사 속의 사실을 바탕으로 하여 만든 연극
史蹟(사적) 역사에 남은 자취
國史(국사) ① 한 나라의 역사 ② 우리 나라의 역사

Q 그의 위대한 업적은 歷史(역사)에 길이 남을 것이다.

丶 口 口 史 史

口部 · 右 各

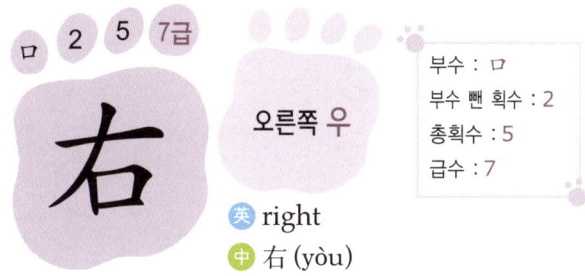

口 2 5 7급

오른쪽 우

부수 : 口
부수 뺀 획수 : 2
총획수 : 5
급수 : 7

英 right
中 右 (yòu)

① 오른쪽 ② 숭상하다 ③ 돕다

右水使(우수사) 조선 때, 우수영의 우두머리 벼슬
右向右(우향우) 바로 서 있는 상태에서 몸을 오른쪽으로 90° 틀어 돌아서라는 구령
右回轉(우회전) 차 따위가 오른쪽으로 돎
Q 화장실은 右側(우측)에 있습니다.

ノ ナ 才 右 右

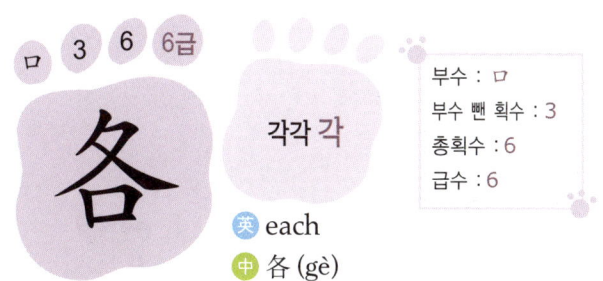

口 3 6 6급

각각 각

부수 : 口
부수 뺀 획수 : 3
총획수 : 6
급수 : 6

英 each
中 各 (gè)

① 각각. 따로따로 ② 여러 ③ 서로

各國(각국) 각 나라. 여러 나라들
各其(각기) 저마다 각각
各別(각별) 유다름. 특별함
Q 연회장은 各樣各色(각양각색)의 옷차림을 한 사람들로 가득했다.

ノ ク 夂 冬 各 各

右 右   各 各

71

口 3 6 5급

길할 길

英 lucky
中 吉 (jí)

부수 : 口
부수 뺀 획수 : 3
총획수 : 6
급수 : 5

① 길하다. 운이 좋다 ② 좋다 ③ 복. 행복

吉卦(길괘) 좋은 일이 있을 듯한 점괘
吉凶(길흉) 좋은 일과 언짢은 일
不吉(불길) 재수나 운수가 좋지 않음

Q 옛날에는 吉日(길일)을 택해 결혼을 했다.

一 十 士 吉 吉 吉

口 3 6 7급

한가지 동

英 same
中 同 (tóng)

부수 : 口
부수 뺀 획수 : 3
총획수 : 6
급수 : 7

① 한가지. 함께. 같다 ② 화(和)하다

同甲(동갑) 같은 나이
同苦同樂(동고동락) 괴로움과 즐거움을 같이함
同病相憐(동병상련) ① 같은 병의 환자끼리 서로 가엾게 여김 ② 어려운 사람끼리 동정하고 도움

Q 내일 초등 학교 同窓(동창) 모임이 있다.

丨 冂 冂 冋 同 同

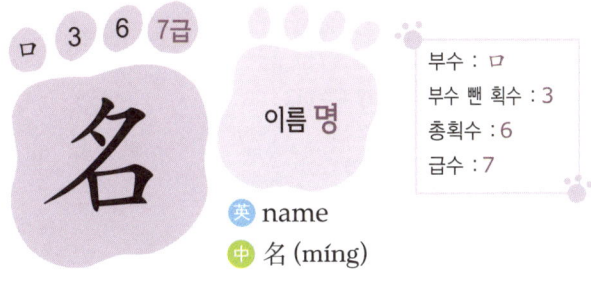

口 3 6 7급

名 이름 명

부수 : 口
부수 뺀 획수 : 3
총획수 : 6
급수 : 7

英 name
中 名 (míng)

❶ 이름. 이름나다　❷ 훌륭하다　❸ 사람

名單(명단) 어떤 일에 관계된 사람들의 이름을 적은 것
名節(명절) 해마다 민속적으로 온 국민이 즐기는 날
名稱(명칭) 사물을 부르는 이름

❓ 설날은 우리 민족 최대의 名節(명절)이다.

丿 ク タ タ 名 名

口 3 6 6급

合 합할 합

부수 : 口
부수 뺀 획수 : 3
총획수 : 6
급수 : 6

英 unite
中 合 (hé)

❶ 합하다. 모이다　❷ 맞다

合計(합계) 한데 합하여 셈함
合理(합리) 이론이나 이치에 맞음
試合(시합) ① 달리기 · 뛰기 따위 운동과 태권도 · 유도 따위 무술로 승부를 겨루는 일 ② 기술의 낫고 못함을 겨루는 일

❓ 전교생이 교가를 合唱(합창)한다.

丿 人 人 厶 合 合 合

향할 향

英 towards
中 向 (xiàng)

부수 : 口
부수 뺀 획수 : 3
총획수 : 6
급수 : 6

❶ 향하다. 대하다 ❷ 나아가다

向上(향상) 기능이나 정도 따위가 점점 나아짐
傾向(경향) 성격이나 상태 등이 한쪽으로 쏠림. 또는 그런 방향
意向(의향) 무엇을 하려는 생각
Q 날이 어두워져 方向(방향)을 찾을 수가 없다.

丿 丶 广 向 向 向

알릴 고

英 tell
中 告 (gào)

부수 : 口
부수 뺀 획수 : 4
총획수 : 7
급수 : 5

❶ 알리다. 여쭈다 ❷ 하소연하다. 고소하다

告發(고발) 피해자가 아닌 사람이 범죄 사실을 경찰이나 검찰에 알리는 일
告訴(고소) 피해를 입은 사람 등이 피해 사실을 수사 기관에 신고하여 범인의 처벌을 요구함
忠告(충고) 진심으로 남의 잘못이나 결점을 고치도록 타이름
Q 그간의 성과를 報告(보고)하시오.

丿 ㅗ 土 牛 牛 告 告

口部・君 命

口 4 7 4급

君 임금 군

부수 : 口
부수 뺀 획수 : 4
총획수 : 7
급수 : 4

英 king
中 君 (jūn)

❶ 임금 ❷ 남편. 자네

君臨(군림) ① 왕으로서 그 나라를 다스림 ② 절대적 세력을 가진 사람이 남을 압도하는 일

君臣(군신) 임금과 신하

君臣有義(군신유의) 오륜의 하나. 임금과 신하의 도리는 의리에 있다는 말

Q. 학문과 덕이 높고 행실이 바르며 품위를 갖춘 사람을 君子(군자)라고 한다.

ㄱ ㅋ ㅋ 尹 尹 君 君

口 5 8 7급

命 목숨 명

부수 : 口
부수 뺀 획수 : 5
총획수 : 8
급수 : 7

英 life
中 命 (mìng)

❶ 목숨. 수명 ❷ 명령하다 ❸ 이름짓다

命名(명명) 이름을 지어 붙임

亡命(망명) 정치적인 이유 등으로 자기 나라에서 살지 못하고 남의 나라로 몸을 피함

革命(혁명) ① 국가의 정치 체제나 사회 조직을 갑자기 근본적으로 바꾸는 일 ② 짧은 시간에 이루어진 큰 발전이나 변화

Q. 모든 生命(생명)은 귀중하다.

丿 人 人 스 슈 슈 命 命

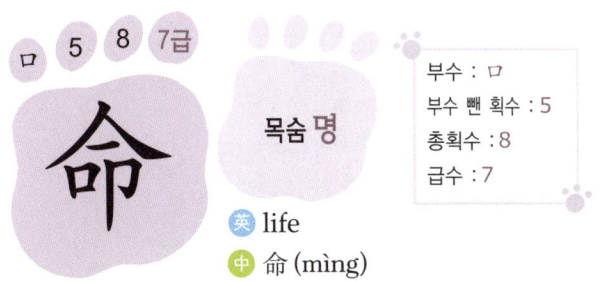

口 5 8 4급

味

맛 미

英 taste
中 味 (wèi)

부수 : 口
부수 뺀 획수 : 5
총획수 : 8
급수 : 4

❶ 맛. 맛보다 ❷ 뜻. 의미

味覺(미각) 혓바닥을 자극하는 맛의 감각. 단맛·신맛·쓴맛·짠맛의 기본 종류가 있음

吟味(음미) ① 시·노래 등을 읊어 감상함 ② 사물의 내용이나 속뜻을 깊이 새기어 맛봄

意味(의미) ① 말·기호·몸짓 등이 지니고 있는 내용

Q 선생님의 수업은 학생들의 興味(흥미)를 끌어냈다.

丿 冂 口 叩 吁 咔 咪 味

口 5 8 4급

呼

부를 호

英 call
中 呼 (hū)

부수 : 口
부수 뺀 획수 : 5
총획수 : 8
급수 : 4

❶ 부르다. 부르짖다 ❷ 숨을 내쉬다

呼應(호응) ① 부름에 대답함 ② 서로 뜻이 통함

呼稱(호칭) 이름지어 부름

呼吸(호흡) ① 숨을 내쉼과 들이마심 ② 두 사람 이상이 함께 일할 때의 장단

Q 그는 자신의 억울함을 呼訴(호소)했다.

丿 冂 口 叩 吁 吁 呼

76

口部 · 和 品

부수 : 口
부수 뺀 획수 : 5
총획수 : 8
급수 : 6

英 peaceful
中 和 (hé, hè, huó, huò)

❶ 화하다. 화목하다 ❷ 화답하다

和睦(화목) 서로 뜻이 맞고 정다움
和音(화음) 높낮이가 다른 둘 이상의 소리가 동시
　　　　에 함께 어울리는 소리
和親(화친) ① 서로 의좋게 지냄 ② 나라와 나라
　　　　사이의 친밀한 교류

Q 싸운 지 얼마 되지 않아 그들은 和解(화해)했다.

丿 二 千 禾 禾 和 和

부수 : 口
부수 뺀 획수 : 6
총획수 : 9
급수 : 5

英 article
中 品 (pǐn)

❶ 물건 ❷ 품격 ❸ 품평하다 ❹ 등급

品切(품절) 물건이 다 팔려 없음
品種(품종) 농작물이나 가축의 종류를 특성에 따라 나눈 이름
商品(상품) 팔고 사는 물건

Q 品質(품질) 향상만이 우리 회사가 살 길이다.

丨 口 口 口 品 品 品 品 品

和 和　　　品 品

77

口部 · 問 商

口 8 11 7급

물을 문

부수 : 口
부수 뺀 획수 : 8
총획수 : 11
급수 : 7

英 ask
中 问 (wèn)

❶ 묻다. 물음 ❷ 알리다 ❸ 분부. 명령

問病(문병) 앓는 사람을 찾아보고 위로함
問安(문안) 웃어른께 안부를 여쭘
東問西答(동문서답) 묻는 말에 당치 않은 엉뚱한 대답을 함

이 問題(문제)의 답은 여러 개일 수 있다.

丨 冂 冂 門 門 門 門 門 問 問 問

口 8 11 5급

장사 상

부수 : 口
부수 뺀 획수 : 8
총획수 : 11
급수 : 5

英 trade
中 商 (shāng)

❶ 장사. 장사를 하다. 장수 ❷ 헤아리다

商術(상술) 장사하는 솜씨나 꾀
商業(상업) 물건을 사고 팔아 이익을 얻는 영업
協商(협상) 여러 사람이 모여 의논함

거리 양쪽으로 商店(상점)들이 늘어서 있다.

丶 亠 产 产 产 产 商 商 商 商

問 問   商 商

口部 · 唱 單

口 8 11 5급

노래 창

부수 : 口
부수 뺀 획수 : 8
총획수 : 11
급수 : 5

英 sing
中 唱 (chàng)

① 노래. 노래 부르다　② 인도하다

唱法(창법) 노래하는 방법
獨唱(독창) 혼자 노래를 부름
復唱(복창) 남의 말을 받아 그대로 다시 욈
Q. 저 가수는 歌唱力(가창력)이 뛰어나다.

丨 冂 冂 凹 吧 吧 吧 唱 唱 唱 唱

口 9 12 4급

홀 단

부수 : 口
부수 뺀 획수 : 9
총획수 : 12
급수 : 4

英 single
中 单 (dān)

① 홀. 하나　② 오직. 다만　③ 혼자

單純(단순) ① 간단하여 복잡하지 않음 ② 다른 것
　　　이 섞이지 아니함
單調(단조) ① 사물이 변화가 없이 싱거움 ② 가락
　　　이 변화가 없고 새로운 맛이 없음
傳單(전단) 선전·광고의 내용을 적은 종이쪽
Q. 교과서는 單元(단원)별로 학습 목표를 제시한다.

丨 冂 冂 吅 吅 吅 單 單 單 單 單 單

口 9 12 5급

착할 선

부수 : 口
부수 뺀 획수 : 9
총획수 : 12
급수 : 5

英 good
中 善 (shàn)

① 착하다 ② 잘하다 ③ 좋다. 훌륭하다

善良(선량) 착하고 어짊
善行(선행) 착하고 어진 행실
改過遷善(개과천선) 지난날의 잘못을 고치고 착하게 됨
勸善懲惡(권선징악) 착한 일을 권하고 나쁜 사람에게 벌을 줌

Q 주운 돈으로 善心(선심)을 썼다.

丶 丷 丷 亠 亣 亠 羊 羊 善 善 善 善

口 9 12 4급

기쁠 희

부수 : 口
부수 뺀 획수 : 9
총획수 : 12
급수 : 4

英 glad
中 喜 (xǐ)

① 기쁘다 ② 즐겁다 ③ 좋아하다

喜劇(희극) ① 익살을 부려 보는 사람에게 기쁨·웃음을 주려는 연극 ② 사람을 웃길 만한 일이나 사건
喜怒哀樂(희로애락) 기쁨과 노여움과 슬픔과 즐거움. 즉, 사람의 온갖 감정
喜悲劇(희비극) ① 희극과 비극 ② 희극적이면서 비극적인 연극
歡喜(환희) 즐겁고 기쁨

Q. 네 병이 다 나았다는 喜消息(희소식)만을 기다리고 있겠다.

一 十 士 吉 吉 吉 吉 吉 壴 喜 喜 喜

한자의 정리를 위해 부수로 설정된 글자로 단독으로는 쓰이지 않는다.

口 2 5 8급

四

넉 사

부수 : 口
부수 뺀 획수 : 2
총획수 : 5
급수 : 8

英 four
中 四 (sì)

❶ 넉. 넷. 네 번 ❷ 사방

四君子(사군자) 품성이 고결하여 군자와 같다는 뜻으로, 매화·난초·국화·대나무를 일컫는 말

四方(사방) 여기저기. 모든 방면

四肢(사지) 두 팔과 두 다리

Q. 나는 四寸(사촌) 형과 등산을 갔다.

丨 冂 冂 四 四

 **STORY** 漢字

사면초가(四面楚歌) : 사방이 모두 적으로 둘러싸인 형국이나 누구의 도움도 받을 수 없는 고립된 상태를 이르는 말. 중국 초나라의 항우가 한나라의 유방군에 패하여 해하(垓下)에서 포위되었을 때였다. 항우는 성벽을 쌓은 채 꼼짝도 하지 않았다. 이에 유방은 병사들에게 초나라의 노래를 부르게 하였고, 초나라 노래를 들은 항우는 한나라가 이미 초나라를 점령한 것으로 생각했다고 한다.

四 넉 사   面 얼굴 면   楚 초나라 초   歌 노래 가

四 四 四

口 3 6 5급

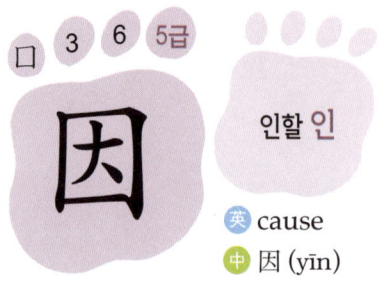

인할 인

부수 : 口
부수 뺀 획수 : 3
총획수 : 6
급수 : 5

英 cause
中 因 (yīn)

❶ 인하다. 말미암다 ❷ 유래. 연유

因果(인과) 원인과 결과
要因(요인) 사물이나 사건의 성립에 필요한 원인
原因(원인) 무슨 일이 일어나게 된 까닭
Q. 전교 일등과는 因緣(인연)이 별로 없다.

丨 冂 冂 冈 因 因

口 3 6 4급

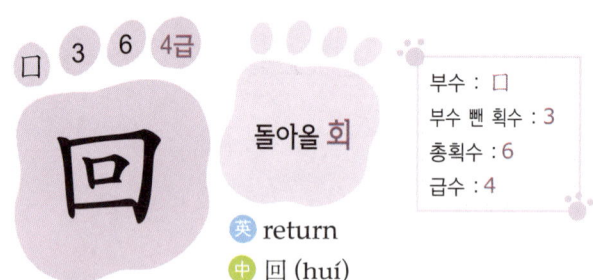

돌아올 회

부수 : 口
부수 뺀 획수 : 3
총획수 : 6
급수 : 4

英 return
中 回 (huí)

❶ 돌아오다 ❷ 돌다 ❸ 돌리다

回顧(회고) 옛일을 돌이켜 생각함
回路(회로) '전기 회로'의 준말. 전류가 전
  지에서 나와 도체를 거쳐 제자리로 다시
  돌아오기까지의 통로
回轉(회전) 빙빙 돎
Q. 할아버지께서는 올해로 回甲(회갑)을 맞
  이하셨다.

丨 冂 冂 冋 回 回

口 5 8 5급

固 굳을 고

부수 : 口
부수 뺀 획수 : 5
총획수 : 8
급수 : 5

英 firm
中 固 (gù)

❶ 굳다. 단단하다 ❷ 완고하다 ❸ 이미 ❹ 진실로

固定(고정) 일정한 곳이나 상태에서 움직이지 않음
固執(고집) 제 생각을 굳게 내세움
固體(고체) 나무·쇠·돌같이 일정한 부피와 모양을 갖추고 있는 단단한 물체
한글은 우리의 固有(고유) 문자이다.

丨 冂 冃 冃 円 固 固 固

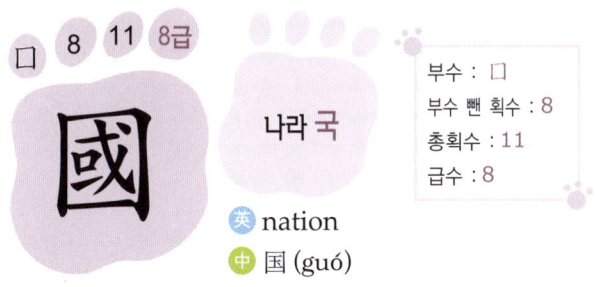

口 8 11 8급

國 나라 국

부수 : 口
부수 뺀 획수 : 8
총획수 : 11
급수 : 8

英 nation
中 国 (guó)

나라. 국가

國歌(국가) 한 나라의 이상과 정신을 담아 만든 노래
國境(국경) 나라와 나라 사이의 경계
國語(국어) ① 국민 전체가 쓰는 그 나라의 고유한 말 ② 우리 나라의 말
지금이야말로 國民(국민)의 힘을 한데 모을 때이다.

丨 冂 冃 冃 冃 冃 咠 國 國 國 國

園

□ 10 13 6급

園 동산 원

부수 : □
부수 뺀 획수 : 10
총획수 : 13
급수 : 6

英 garden
中 园 (yuán)

❶ 동산. 뜰 ❷ 밭

園頭幕(원두막) 참외·수박 따위를 심어 놓은 밭을 지키기 위해 임시로 높게 지어 놓은 집

樂園(낙원) 아무런 근심 걱정 없이 안락하게 살 수 있는 즐거운 곳

幼稚園(유치원) 초등학교에 들어가기 전의 어린이들을 대상으로 그 성장·발달을 꾀하는 교육 시설

Q 올 봄에는 庭園(정원)에 어떤 꽃을 심을까?

丨 冂 冂 冃 門 周 周 周 周 園 園 園 園

團

□ 11 14 5급

團 둥글 단

부수 : □
부수 뺀 획수 : 11
총획수 : 14
급수 : 5

英 mass
中 团 (tuán)

❶ 둥글다 ❷ 모이다. 모임 ❸ 모으다

團結(단결) 많은 사람이 한데 뭉침

團地(단지) 아파트·공장 따위가 집단을 이루고 있는 일정한 구역

集團(집단) 한 장소에 모여 무리를 이룬 것

Q 경찰이 차선 위반을 團束(단속)하고 있다.

丨 冂 冂 冃 門 同 同 團 團 團 團 團 團 團

| 부수 : 口 |
| 부수 뺀 획수 : 11 |
| 총획수 : 14 |
| 급수 : 6 |

🔵英 picture
🟢中 图 (tú)

① 그림 ② 꾀하다 ③ 그리다. 베끼다

圖書館(도서관) 많은 책과 자료를 모아 정리하여 두고 여러 사람들이 볼 수 있도록 만들어 놓은 곳
圖畫紙(도화지) 그림을 그릴 때 쓰는 종이
意圖(의도) ① 생각 ② 앞으로 하려고 하는 계획
 요즘은 圖章(도장)보다 사인을 많이 쓴다.

丨 冂 冂 冂 冂 冏 冏 周 周 啚 啚 圖 圖 圖

PLUS 漢字

한자의 획순

붓을 한 번 대서 쓴 것을 획이라 하고, 한 글자의 획의 수를 획수라 한다. 한자를 쓸 때는 획마다 순서가 있는데, 그 쓰는 순서를 획순(필순)이라고 한다. 보통 획순은 글자마다 정해져 있지만 가끔 예외적인 획순이 있는 글자도 있다. 일반적인 획순의 원칙은 다음과 같다.

1. 왼쪽에서 오른쪽으로, 위에서 아래로 쓴다.
2. 가로획과 세로획이 서로 만날 때 가로획을 먼저 쓴다.
3. 삐침(丿)과 파임(乀)이 만날 때 삐침을 먼저 쓴다.
4. 좌·우가 나란히 있을 때 가운데를 먼저 쓴다.
5. 안과 바깥 쪽이 있을 때 바깥 쪽을 먼저 쓴다.
6. 꿰뚫는 획은 나중에 쓴다.
7. 오른쪽 위의 점은 나중에 쓴다.

土 0 3 8급

흙 토

부수 : 土
부수 뺀 획수 : 0
총획수 : 3
급수 : 8

英 soil
中 土 (tǔ)

❶ 흙 ❷ 땅. 육지

土器(토기) 진흙으로 만들어 볕에 말리거나 불에 구운 그릇
土地(토지) ① 땅 ② 논밭·집터 등으로 이용하는 지면 ③ 토질
土種(토종) 그 땅에서 나는 종자

그의 연구 성과는 유전 공학 발전에 획기적인 土臺(토대)를 마련했다.

一 十 土

土 3 6 6급

있을 재

부수 : 土
부수 뺀 획수 : 3
총획수 : 6
급수 : 6

英 exist
中 在 (zài)

❶ 있다 ❷ 살다

在來式(재래식) 전부터 행하여 오던 방식
在學生(재학생) 현재 학교에서 공부하고 있는 학생
現在(현재) 이제. 지금

在庫品(재고품) 정리를 위해 할인 행사를 할 예정이다.

一 ナ 才 右 在 在

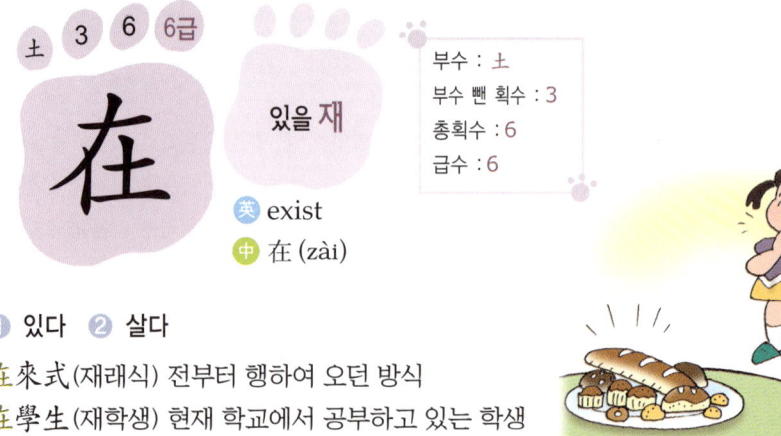

土 土   在 在

- 부수 : 土
- 부수 뺀 획수 : 3
- 총획수 : 6
- 급수 : 7

英 earth
中 地 (dì)

❶ 땅. 육지 ❷ 곳 ❸ 처지. 신분 ❹ 바탕

地圖(지도) 지구 표면의 일부나 전부를 일정한 비율로 줄여서 그린 그림
地點(지점) 땅 위의 일정한 어떤 곳
大地(대지) 대자연 속의 넓고 큰 땅
處地(처지) ① 처해 있는 사정이나 형편 ② 서로 사귀어 지내는 관계

🔍 地球(지구)는 태양에 세 번째로 가까운 별이다.

一 十 土 圵 地 地

- 부수 : 土
- 부수 뺀 획수 : 7
- 총획수 : 10
- 급수 : 4

英 castle
中 城 (chéng)

재. 성

城門(성문) 성을 드나드는 문
城主(성주) 성의 우두머리
築城(축성) ① 성을 쌓음 ② 군사적인 목적으로 중요한 곳에 설치하는 구조물

🔍 사람의 힘으로만 이 城壁(성벽)을 쌓았다니 믿어지지 않는다.

一 十 土 圠 圢 圢 坊 城 城 城

地 地   城 城

87

土部 · 基 堂

- 부수 : 土
- 부수 뺀 획수 : 8
- 총획수 : 11
- 급수 : 5

英 base
中 基 (jī)

❶ 터. 기초. 토대 ❷ 비롯하다. 근거하다

基金(기금) 어떤 일을 위하여 모아서 준비해 놓은 돈
基盤(기반) 기초가 될 만한 바탕
基礎(기초) ① 사물의 밑바탕 ② 집이나 다리·둑 따위의 무게를 받치기 위하여 만든 바닥

Q 이 문제의 채점 基準(기준)은 무엇입니까?

一 十 十 卄 廿 甘 其 其 其 基 基

- 부수 : 土
- 부수 뺀 획수 : 8
- 총획수 : 11
- 급수 : 6

英 hall
中 堂 (táng)

❶ 집 ❷ 당당하다

講堂(강당) 학교·회사 등에서 많은 사람을 모아, 강의나 강연 또는 의식을 하는 데 쓰이는 건물이나 큰 방
明堂(명당) ① 아주 좋은 묏자리 ② 썩 좋은 장소나 지위의 비유
正正堂堂(정정당당) 태도나 수단이 바르고 떳떳함

Q 길 모퉁이에 맛있기로 소문난 食堂(식당)이 있다.

丨 丨 ⺌ ⺌ 屶 ⺌ 尚 尚 堂 堂 堂

土 9 12 4급

갚을 보

부수 : 土
부수 뺀 획수 : 9
총획수 : 12
급수 : 4

英 reward
中 报 (bào)

❶ 갚다 ❷ 알리다

報答(보답) 남의 호의나 은혜를 갚음
報道(보도) 신문·라디오·텔레비전 따위로 나라 안팎에서 생긴 새로운 일을 널리 일반에게 알리는 것
情報(정보) 어떤 사정이나 상황에 관한 소식

오늘의 일기 豫報(예보)를 말씀드리겠습니다.

一 十 土 + 幸 幸 幸 ' 封 封 報 報

土 9 12 7급

場

마당 장

부수 : 土
부수 뺀 획수 : 9
총획수 : 12
급수 : 7

英 place
中 场 (cháng, chǎng)

❶ 마당 ❷ 자리. 곳. 장소

場面(장면) ① 어떤 사건이 벌어지고 있는 곳의 광경이나 모양 ② 연극·영화 등의 한 정경
場所(장소) 곳. 자리
市場(시장) 사람이 모여 상품을 사고 파는 장소

줄을 서서 차례대로 入場(입장)해 주십시오.

一 十 土 ¹ ² ³ ⁴ ⁵ 場 場 場

土部·增 壇

土 12 15 4급

더할 증

英 increase
中 增 (zēng)

부수 : 土
부수 뺀 획수 : 12
총획수 : 15
급수 : 4

❶ 더하다. 늘리다 ❷ 불다. 많아지다

增加(증가) 수량이 더 늘어 많아짐
增進(증진) 더하여 나아감
急增(급증) 갑자기 늘어남

Q 사업 확장으로 增員(증원)의 필요성이 있다.

一 十 土 圡 圡 圴 圹 坤 坤 培 增
增 增 增

土 13 16 5급

단 단

英 alter
中 坛 (tán)

부수 : 土
부수 뺀 획수 : 13
총획수 : 16
급수 : 5

단

講壇(강단) 강의나 강연, 설교 등을 하기 위해 올라서게 만든 자리
演壇(연단) 강연·연설 등을 하는 사람이 올라서는 단
花壇(화단) 꽃을 심으려고 뜰 한쪽에 흙을 조금 높게 쌓은 곳

Q 신춘 문예에 당선하여 문단에 登壇(등단)하다.

一 十 土 圡 圡 圴 圹 坤 壇 壇 壇
壇 壇 壇 壇

연단

增 增 增   壇 壇 壇

부수 : 士
부수 뺀 획수 : 0
총획수 : 3
급수 : 5

英 scholar
中 士 (shì)

❶ 선비. 사내 ❷ 벼슬

士大夫(사대부) 벼슬이나 문벌이 높은 사람

義士(의사) ① 의리와 지조를 굳게 지키는 사람 ② 국가·민족을 위해 목숨을 바친 사람

壯士(장사) 힘이 매우 센 사람

Q. 병사들의 士氣(사기)가 하늘을 찌를 듯하다.

一 十 士

 STORY 漢字

야단법석(野壇法席) : 많은 사람이 한 곳에 모여 서로 다투며 떠드는 시끄러운 판을 말함. '야단(野壇)'은 '야외에 세운 단'이란 뜻이고, '법석(法席)'은 '불법을 전하는 자리'라는 뜻이다. 즉, '야외에 자리를 마련하여 부처님의 말씀을 듣는 자리'라는 뜻이다. 법당이 좁아 많은 사람들이 들어올 수 없으므로 야외에 단을 펴고 설법을 펴는 것이다. 사람이 많이 모이다 보니 질서가 없고 시끌벅적하고 어수선하게 된다. 이처럼 경황이 없고 시끌벅적한 상태를 가리켜 비유적으로 쓰이던 말이 일반화되어 일상생활에서 흔히 쓰이게 되었다.

野 들 야   壇 단 단   法 법 법   席 자리 석

夂部 · 夏 / 夕部 · 夕

한자의 정리를 위해 부수로 설정된 글자로 주로 글자의 발 부분에 온다.

夂 7 10 7급

夏 여름 하

부수 : 夂
부수 뺀 획수 : 7
총획수 : 10
급수 : 7

英 summer
中 夏 (xià)

여름

夏季(하계) 여름철
夏至(하지) 24절기의 열째. 낮이 가장 길고 밤이 가장 짧음. 양력 6월 21일경
春夏秋冬(춘하추동) 봄 · 여름 · 가을 · 겨울의 4계절을 이름

💡 내일부터 교복을 夏服(하복)으로 입는다.

一 丆 丅 丆 百 百 頁 頁 夏 夏

夕 0 3 7급

夕 저녁 석

부수 : 夕
부수 뺀 획수 : 0
총획수 : 3
급수 : 7

英 evening
中 夕 (xī)

저녁

夕刊新聞(석간신문) 저녁 때 발행하는 신문
夕陽(석양) 저녁때의 해
朝夕(조석) 아침과 저녁
Q 秋夕(추석) 한 달 전부터 기차표를 예매할 수 있다.

丿 ク 夕

夕 2 5 8급

外

바깥 외

英 outside
中 外 (wài)

부수 : 夕
부수 뺀 획수 : 2
총획수 : 5
급수 : 8

❶ 밖 ❷ 멀리하다

外家(외가) 어머니의 친정. 곧, 어머니가 태어나서 자란 집
外貨(외화) 다른 나라의 돈
疏外(소외) 따돌리거나 멀리함
Q 처참한 광경을 차마 볼 수 없어 外面(외면)해 버렸다.

丿 ク 夕 夘 外

 STORY 漢字

사지(四知) : 하늘과 땅 그리고 자신과 상대방이 알고 있다는 말로, 세상에는 비밀이 없다는 뜻. 중국 후한 때 해박하고 청렴결백하기로 이름난 양진이란 사람이 있었다. 그가 동래의 태수로 부임하는 도중 창읍이란 곳에 잠시 머물렀다. 그 곳 현령인 왕밀이 양진을 찾아와 품속에 품고 있던 10금을 양진에게 주었으나 양진이 이를 거절하자 "지금은 한밤중이므로 아무도 아는 사람이 없습니다."라고 말했다. 이 말을 듣고 양진이 다음과 같이 나무랐다. "하늘이 알고 땅이 알고 그대가 알고 내가 아는데 어째서 아는 사람이 아무도 없단 말인가."

四 넉 사   知 알 지

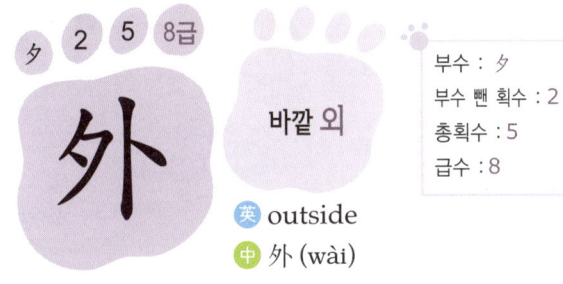

많을 다

英 many
中 多 (duō)

부수 : 夕
부수 뺀 획수 : 3
총획수 : 6
급수 : 6

많다

多多益善(다다익선) 많을수록 더욱 좋음
多樣(다양) 모양이나 종류가 여러 가지로 많음
多情(다정) ① 인정이 많음 ② 사이가 아주 좋음
雜多(잡다) 갖가지가 뒤섞여 많음

Q 제가 多少(다소)나마 도움이 되었으면 좋겠습니다.

丿 ク 夕 夕 多 多

밤 야

英 night
中 夜 (yè)

부수 : 夕
부수 뺀 획수 : 5
총획수 : 8
급수 : 6

밤. 밤중

夜間(야간) 해가 져서 뜰 때까지
夜景(야경) 밤의 경치
夜勤(야근) 밤에 일함

Q 새로 산 夜光(야광) 시계가 무척 마음에 든다.

丶 亠 广 疒 疒 夜 夜 夜

큰 대

부수 : 大
부수 뺀 획수 : 0
총획수 : 3
급수 : 8

英 big
中 大 (dà)

❶ 크다 ❷ 대강, 대개

大陸(대륙) 지구상의 넓고 큰 육지
大聲痛哭(대성통곡) 큰 소리로 목놓아 슬피 욺
大會(대회) ① 여러 사람의 모임 ② 많은 사람이 모여서 하는 큰 행사
寬大(관대) 마음이 너그럽고 큼
 참가자의 大部分(대부분)이 찬성했다.

一 ナ 大

STORY 漢字

소탐대실(小貪大失) : 작은 것을 탐하다가 큰 것을 잃는다는 뜻. 중국 전국 시대 진나라의 혜왕이 촉나라를 공격하기로 마음먹었지만 겉으로는 소 모양의 조각상 안에 황금과 비단을 채워 촉나라에 우호의 표시로 선물했다. 이 예물을 호위하기 위해 수 만 명의 병사가 따라오는 것을 보고 촉나라의 신하들은 조심하라고 당부했지만 촉나라의 왕은 보물에 눈이 어두워 그들의 말을 듣지 않았다. 촉나라의 왕은 신하들을 데리고 성 밖에까지 마중을 나왔다. 그러나 진나라 군사들이 숨겼던 무기를 빼어 들고 공격하는 바람에 변변한 저항도 해 보지 못하고 사로잡히고 말았다. 보물을 탐하다가 나라를 잃어버리고 만 것이다.

小 작을 소   貪 탐할 탐   大 큰 대   失 잃을 실

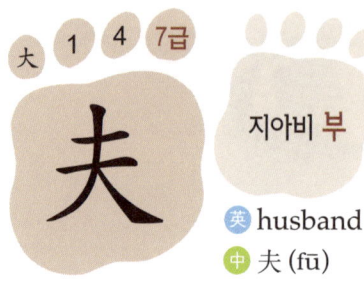

부수 : 大
부수 뺀 획수 : 1
총획수 : 4
급수 : 7

지아비 부

英 husband
中 夫 (fū)

❶ 지아비 ❷ 사나이

夫婦有別(부부유별) 오륜(五倫)의 하나. 남편과 아내
　　는 분별 있게 각기 자기의 본분을 다해야 한다는 뜻
夫人(부인) 남의 아내의 높임말
丈夫(장부) ① 사내답고 씩씩한 남자. 장성한 남자 ②
　　'대장부'의 준말

💡 '夫婦(부부) 싸움은 칼로 물베기'이다.

一 二 ナ 夫

부수 : 大
부수 뺀 획수 : 1
총획수 : 4
급수 : 7

하늘 천

英 heaven
中 天 (tiān)

❶ 하늘 ❷ 천체. 태양 ❸ 임금. 아버지

天生緣分(천생연분) 하늘에서 정해 준 인연
天然(천연) 사람의 힘을 가하지 않은 상태
開天節(개천절) 국경일의 하나. 우리 나라의 건국
　　을 기념하는 날. 10월 3일

💡 天國(천국)이 따로 있으랴. 모두 마음먹기 달린
　　일이지.

一 二 チ 天

夫 夫　　　　天 天

부수 : 大
부수 뺀 획수 : 1
총획수 : 4
급수 : 6

클 태

英 big
中 太 (tài)

❶ 크다 ❷ 첫째. 처음

太極旗(태극기) 우리 나라의 국기
太平(태평) ① 세상이 무사하고 해마다 풍년이 들며 평안함 ② 성격이 느긋하여 근심 걱정 없이 태연함 ③ 몸이나 마음, 집안이 평안함
太平洋(태평양) 삼대양의 하나. 아시아와 남·북 아메리카 및 오스트레일리아에 둘러싸인 세계 최대의 바다. 지구 해양의 절반을 차지함

지구가 太陽(태양) 주위를 도는 것을 공전이라고 한다.

一 ナ 大 太

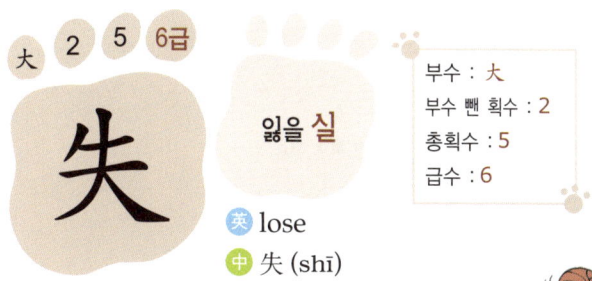

부수 : 大
부수 뺀 획수 : 2
총획수 : 5
급수 : 6

잃을 실

英 lose
中 失 (shī)

❶ 잃다. 놓치다 ❷ 그르치다. 잘못하다

失禮(실례) 말이나 행동이 예의에 벗어남. 또는 그러한 일
失敗(실패) 일을 잘못하여 그르침
紛失(분실) 자기도 모르는 사이에 잃어버림

이 사고는 끼어든 차의 過失(과실)이 명백하다.

' ㄴ ㅡ 失 失

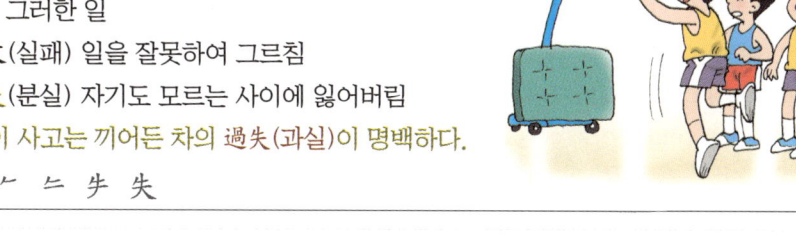

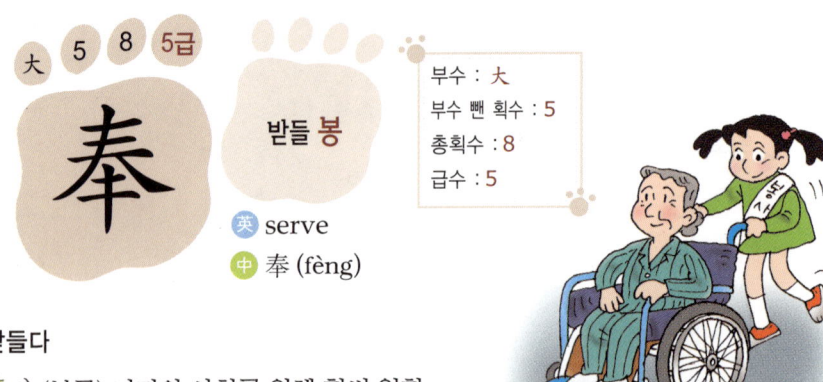

大 5 8 5급

奉 받들 봉

英 serve
中 奉 (fèng)

부수 : 大
부수 뺀 획수 : 5
총획수 : 8
급수 : 5

받들다

奉公(봉공) 나라와 사회를 위해 힘써 일함
奉養(봉양) 부모·조부모를 받들어 모심
奉祝(봉축) 공경하는 마음으로 축하함

Q. 대상에 대한 무조건적 信奉(신봉)은 종종 좋지 못한 결과를 가져오기도 한다.

一 二 三 声 夫 夫 奉 奉

女部 계집녀 부

女 0 3 8급

女 계집 녀

英 female
中 女 (nǚ)

부수 : 女
부수 뺀 획수 : 0
총획수 : 3
급수 : 8

❶ 계집. 여자 ❷ 딸

女史(여사) ① '시집간 여자'의 높임말 ② 사회적으로 이름이 있는 여성의 이름 아래 쓰는 말
女性(여성) 여자. 보통 성년에 이른 여자를 이름
處女(처녀) 아직 시집가지 않은 여자

Q. 코흘리개 어린 아이가 어느새 淑女(숙녀)가 되었다.

く 女 女

奉 奉   女 女

- 부수 : 女
- 부수 뺀 획수 : 3
- 총획수 : 6
- 급수 : 4

같을 여

英 like
中 如 (rú)

❶ 같다 ❷ 어떠하다. 어찌

如干(여간) 보통으로. 어지간하게
如反掌(여반장) 손바닥을 뒤집는 것 같다는 뜻으로, 일이 매우 쉽다는 말
百聞不如一見(백문불여일견) 여러 번 말로만 듣는 것보다 실제로 한 번 보는 것이 더 낫다는 뜻

Q. 십 년이 지났건만 그의 버릇은 如前(여전)하다.

ㄑ ㄨ ㄨ 如 如 如

- 부수 : 女
- 부수 뺀 획수 : 3
- 총획수 : 6
- 급수 : 4

좋을 호

英 like
中 好 (hǎo, hào)

❶ 좋다 ❷ 사이 좋다 ❸ 좋아하다

好奇心(호기심) 새롭거나 신기한 것에 끌리는 마음
好轉(호전) 일이나 병 따위가 잘 되어가거나 낫기 시작함
絶好(절호) 더할 수 없이 좋음

Q. 요즘은 인터넷을 통한 同好會(동호회) 활동이 활발하다.

ㄑ ㄨ ㄨ 好 好 好

如 如   好 好

女 5 8 7급

성 성

부수 : 女
부수 뺀 획수 : 5
총획수 : 8
급수 : 7

英 surname
中 姓 (xìng)

❶ 성 ❷ 겨레. 씨족

姓銜(성함) '성명'의 높임말
百姓(백성) 한 나라를 구성하고 있는 사람. 또는 그 나라 국적을 가진 사람
通姓名(통성명) 처음 인사할 때 서로 이름을 알려줌

Q 자신의 姓名(성명)을 한글과 한자로 쓰시오.

女 5 8 6급

비로소 시

부수 : 女
부수 뺀 획수 : 5
총획수 : 8
급수 : 6

英 begin
中 始 (shǐ)

❶ 비로소. 비롯하다. 시작하다 ❷ 처음. 최초 ❸ 근본

始動(시동) 기계 등이 움직이기 시작함
始祖(시조) ① 한 겨레의 맨 처음 되는 조상 ② 어떤 학문·기술 등을 처음 연 사람
原始(원시) ① 사물의 처음 ② 자연 그대로 있어서 아직 진보나 변화가 없는 것

Q 다음 수업은 10시에 始作(시작)한다.

婦

女 8 11 4급

며느리 **부**

부수 : 女
부수 뺀 획수 : 8
총획수 : 11
급수 : 4

英 daughter-in-law
中 妇 (fù)

❶ 며느리 ❷ 지어미

婦女子(부녀자) 부인과 여자. 곧, 여성을 이르는 말
婦人(부인) 결혼한 여자
寡婦(과부) 남편이 죽어서 혼자 사는 여자
主婦(주부) 한 집안의 살림을 맡아하는 아내
　신랑에 이어 新婦(신부) 입장이 있겠습니다.

く　夕　女　女'　女ヨ　女ヨ　女ヨ　妒　妒　婦　婦

婚

女 8 11 4급

혼인할 **혼**

부수 : 女
부수 뺀 획수 : 8
총획수 : 11
급수 : 4

英 marriage
中 婚 (hūn)

혼인하다

婚禮(혼례) 혼인의 예절
結婚(결혼) 시집가고 장가드는 일. 남녀가 부부가 되는 일
再婚(재혼) 두 번째로 혼인함. 또는 그 혼인
　婚姻(혼인) 날을 며칠 앞두고 다리를 다쳐 큰일이다.

く　夕　女　女'　妒　妒　妒　婚　婚　婚

婦　婦　　　婚　婚

부수 : 子
부수 뺀 획수 : 0
총획수 : 3
급수 : 7

英 son
中 子 (zǐ)

❶ 아들 ❷ 첫째 지지 ❸ 사람 ❹ 씨. 열매

子息(자식) ① 자기의 아들이나 딸 ② 남자를 욕할
      때 이르는 말 ③ 어린아이를 귀엽게 이르는 말
子正(자정) 밤 12시. 곧, 0시
種子(종자) 채소나 곡식의 씨
Q 그는 두 명의 子女(자녀)를 두고 있다.

フ 了 子

부수 : 子
부수 뺀 획수 : 3
총획수 : 6
급수 : 7

英 letter
中 字 (zì)

❶ 글자. 문자 ❷ 기르다. 사랑하다

字幕(자막) 영화 · 텔레비전에서, 제목 · 배역 · 설명 따위를 글자로 나타낸 것
數字(숫자) ① 수를 나타내는 글자 ② 숫자로 나타나는 수량적인 일이나 지식
活字(활자) 인쇄에 쓰는, 납 따위로 만든 글자의 모형

◎ 고유 文字(문자)가 있다는 것은 자랑스러운 일이다.
丶 宀 宀 宁 字 字

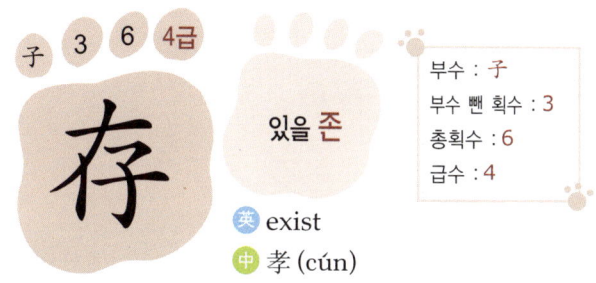

子 3 6 4급

있을 존

英 exist
中 孝 (cún)

부수 : 子
부수 뺀 획수 : 3
총획수 : 6
급수 : 4

있다

存續(존속) 그대로 계속하여 있음
存在(존재) ① 현실에 있거나 있다고 생각되는 일. 또는 있는 그것 ② 어떤 인간. 또는 특별한 능력을 지닌 인간
生存(생존) 살아 있음. 끝까지 살아서 남음
◎ 우리에게는 환경을 잘 保存(보존)하여 후손에게 물려줄 책임이 있다.
一 ナ 才 存 存 存

子 4 7 7급

효도 효

英 filial piety
中 孝 (xiào)

부수 : 子
부수 뺀 획수 : 4
총획수 : 7
급수 : 7

효도

孝道(효도) 부모를 잘 섬기는 일. 또는 그 도리
孝誠(효성) 마음을 다하여 부모를 섬기는 정성
忠孝(충효) 나라를 위한 정성과 부모를 잘 섬기는 도리
◎ 그는 인근에 소문난 孝子(효자)이다.
一 十 土 耂 耂 孝 孝

- 부수 : 子
- 부수 뺀 획수 : 5
- 총획수 : 8
- 급수 : 4

季 계절 계

英 season
中 孙 (jì)

① 계절 ② 끝 ③ 막내

季刊(계간) 봄·여름·가을·겨울로 나누어 1년에 네 번 펴냄
季節風(계절풍) 철에 따라서 여름에는 바다에서 육지로, 겨울에는 육지에서 바다로 부는 일정한 방향의 바람
四季(사계) 봄·여름·가을·겨울의 네 계절

Q. 봄, 여름, 가을, 겨울 중 어느 季節(계절)을 가장 좋아하십니까?

一 二 千 千 禾 秂 季 季

- 부수 : 子
- 부수 뺀 획수 : 7
- 총획수 : 10
- 급수 : 6

孫 손자 손

英 grandson
中 孙 (sūn)

손자. 자손

子孫(자손) ① 아들과 손자 ② 후손
外孫(외손) 딸이 낳은 자식
曾孫(증손) 손자의 아들

Q. 할아버지가 孫子(손자)의 재롱을 보며 즐거워하신다.

丁 了 孑 孑 孑 孫 孫 孫 孫

季 季 季   孫 孫 孫

子部 · 學

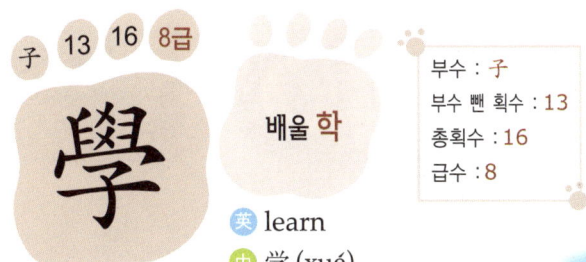

배울 **학**

부수 : 子
부수 뺀 획수 : 13
총획수 : 16
급수 : 8

英 learn
中 学 (xué)

❶ 배우다. 익히다　❷ 학문

學問 (학문) 배워서 익힘. 또는 배우고 익힌 지식
學生 (학생) 학교에서 공부하는 사람
留學 (유학) 외국에 가서 공부함
 學校 (학교)에 가면 많은 친구들을 만날 수 있다.

STORY 漢字

요동시(遼東豕) : 요동의 돼지란 뜻으로, 견문이 좁아서 세상에 흔한 것을 모르고 혼자 득의 양양함을 비유하여 이르는 말. 중국 후한 때 팽총이라는 사람이 있었다. 광무제가 후한을 세울 때 공이 있어 개국공신이 되었으나 논공행상에 불만을 품고 모반을 계획하고 있었다. 유주의 장관 주부가 많은 곡창을 개방하여 백성에게 골고루 나누어주려 하자 군량미 확보를 위해 이를 반대하였다. 이를 눈치챈 주부가 낙양에 밀고하자 팽총이 이를 알고 노하여 주부를 치려고 군사를 일으켰다. 주부는 다음과 같이 팽총을 꾸짖는 글을 써서 보냈다. "그대는 태수로서 군량만을 아끼고 있으나 나는 조정의 적들을 토벌할 중책을 맡아 현사(賢士)를 필요로 하고 있다. 이는 바로 나라의 일이다. 내가 그대를 무고하였다면 천자 앞에 나가 아뢰어도 좋다. 그대는 오만하게도 공이 크다고 여기는가. 그대는 이런 이야기를 들어본 적이 있는가. '옛날 요동 사람이 자기 돼지가 머리가 흰 새끼돼지를 낳자 이를 귀한 것으로 믿고 왕에게 바치려고 하동까지 가 보니 그 곳 돼지는 모두 머리가 흰 것을 보고 부끄러워 얼른 돌아갔다.'고 한다. 만일 그대의 공을 조정에서 논한다면 이는 요동의 돼지에 불과할 것이다." 그러나 팽총은 주부의 이러한 충고에도 불구하고 모반을 꾀하였다가 2년 후 토벌되고 말았다.

遼 멀 료　　東 동녘 동　　豕 돼지 시

宀部 · 守 安

'집 면'이라는 뜻과 음이 있으나 단독으로는 쓰이지 않는다.

宀 3 6 4급

守 지킬 수

英 keep
中 守 (shǒu)

부수 : 宀
부수 뺀 획수 : 3
총획수 : 6
급수 : 4

❶ 지키다. 막다 ❷ 직무. 직책 ❸ 살피다

守護(수호) 중요한 사람이나 대상을 지키고 보호함
固守(고수) 굳게 지킴
保守(보수) 급격한 변화를 반대하고 전부터의 풍습·제도와 전통을 중히 여겨 지켜 나감
嚴守(엄수) 어기지 않고 반드시 지킴

🔍 사고를 예방하기 위해 안전 守則(수칙)을 따라야 한다.

丶 宀 宀 宀 守 守

宀 3 6 7급

安 편안 안

英 peaceful
中 安 (ān)

부수 : 宀
부수 뺀 획수 : 3
총획수 : 6
급수 : 7

❶ 편안하다. 걱정이 없다 ❷ 즐기다. 좋아하다

安寧(안녕) ① 아무 일 없이 편안함 ② 만나거나 헤어질 때에 쓰는 인사말

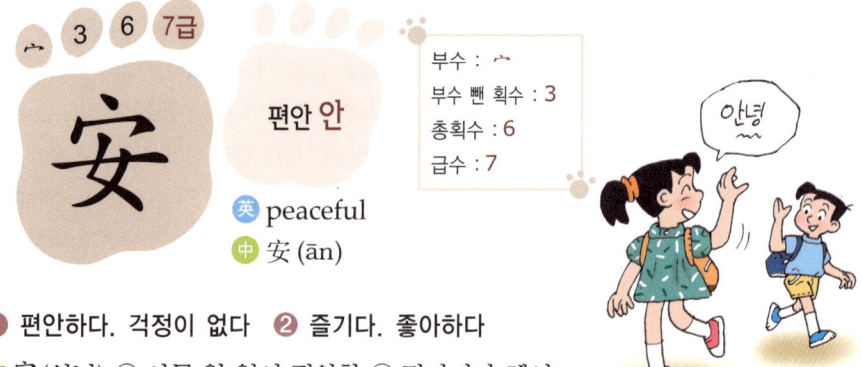

守 守 守   安 安 安

安心(안심) 근심·걱정이 없어 마음을 편안히 가짐. 마음이 편함
保安(보안) ① 안전을 유지함 ② 사회의 안녕·질서를 지키는 일

Q. 저는 비록 못 가지만 할아버지께 安否(안부)나 전해 주세요.

丶 丷 宀 宁 安 安

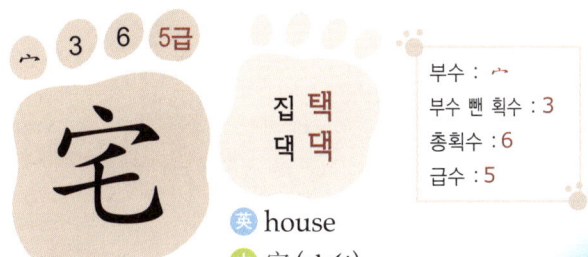

집 **택**
댁 **댁**

부수 : 宀
부수 뺀 획수 : 3
총획수 : 6
급수 : 5

英 house
中 宅 (zhái)

❶ 집 ❷ 댁

宅地(택지) 집을 짓기 위한 땅
自宅(자택) 자기의 집
宅內(댁내) '남의 집안'의 높임말

Q. 이 곳의 住宅(주택)들은 모두 비슷하게 생겼다.

丶 丷 宀 宁 宅 宅

 STORY 漢字

수주대토(守株待兔) : 달리 변통할 줄 모르고 어리석게 한 가지만을 내내고집함을 비유하여 이르는 말. 중국 송나라 때 한 농부가 밭을 갈고 있었다. 그런데 토끼 한 마리가 어디선가 튀어나와 달려가다가 나무 그루터기에 부딪혀 죽어 버렸다. 아무런 노력 없이 토끼를 얻은 농부는 그 후부터 밭일은 팽개쳐 두고 그루터기 근처에 앉아 또 토끼가 튀어나오기를 기다렸지만 토끼는 두 번 다시 나타나지 않았고, 농부는 온 동네의 웃음거리가 되었다.

守 지킬 수   株 뿌리 주   待 기다릴 대   兔 토끼 토

宀部 · 完 官

宀 4 7 5급

完 완전할 완

英 complete
中 完 (wán)

❶ 완전하다. 온전하다 ❷ 완전하게 하다
❸ 끝내다

完結(완결) 완전하게 끝마침
未完成(미완성) 끝을 다 맺지 못함
補完(보완) 모자라는 것을 보충하여 완전하게 함

일 주일 간의 고생 끝에 드디어 작품을 完成(완성)했다.

丶 丶 宀 宀 宁 宇 完

부수 : 宀
부수 뺀 획수 : 4
총획수 : 7
급수 : 5

42,195Km 완주!

宀 5 8 4급

官 벼슬 관

英 official
中 官 (guān)

❶ 벼슬. 벼슬아치 ❷ 관청

官吏(관리) 나라의 일을 맡아 보는 사람. 관직에 있는 사람
法官(법관) 법원에서 법률에 따라 재판을 담당하는 사람
長官(장관) 나라일을 맡은 행정 각부의 우두머리

나의 장래 희망은 外交官(외교관)이다.

丶 丶 宀 宀 宁 宁 官 官

부수 : 宀
부수 뺀 획수 : 5
총획수 : 8
급수 : 4

完 完　　　官 官

- 부수 : 宀
- 부수 뺀 획수 : 5
- 총획수 : 8
- 급수 : 6

英 settle
中 定 (dìng)

❶ 정하다 ❷ 정해지다

定期(정기) ① 정한 기한 또는 기간 ② 일정하게 지키는 시기
定義(정의) 어떤 사물의 뜻을 뚜렷이 정하여 매김
定着(정착) 한 곳에 자리잡아 떠나지 않음
否定(부정) 그렇지 않다고 단정함. 옳지 않다고 반대함
이 안건은 다수결로 決定(결정)하겠습니다.

丶 宀 宀 宀 宁 宇 定 定

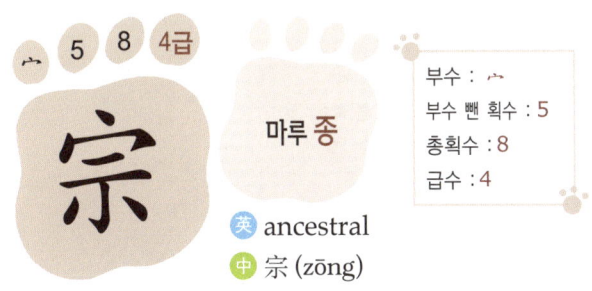

- 부수 : 宀
- 부수 뺀 획수 : 5
- 총획수 : 8
- 급수 : 4

英 ancestral
中 宗 (zōng)

❶ 마루. 으뜸. 근본 ❷ 사당. 종묘 ❸ 갈래

宗家(종가) 한 문중에서 맏이로만 이어온 집
宗親(종친) ① 임금의 친족 ② 친족
世宗(세종) 조선 제4대 임금
민주주의 국가에서는 宗敎(종교)의 자유가 보장된다.

丶 宀 宀 宀 宗 宗 宗

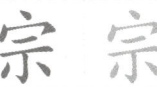

宀部 · 客 室

손 객

英 guest
中 客 (kè)

❶ 손. 손님. 나그네 ❷ 붙이다. 의탁하다

客席(객석) 연극 · 영화 · 운동 경기 등에서 손님이 앉는 자리
客室(객실) 손님을 묵게 하거나 대접하는 방
不請客(불청객) 청하지 않았는데 스스로 온 손님
Q 顧客(고객)에 대한 서비스를 철저히 해야 한다.

丶 丷 宀 宀 宀 灾 突 客 客

집 실

英 room
中 室 (shì)

❶ 집. 거처 ❷ 방

室內(실내) 방 안
敎室(교실) 학교에서 수업을 하는 방
密室(밀실) 남이 함부로 드나들지 못하게 한 비밀스런 방
地下室(지하실) 땅을 파고 만들어 놓은 방
Q 온 가족이 居室(거실)에 둘러앉아 이야기를 나눈다.

丶 丷 宀 宀 宀 宑 宲 室 室

110　客 客　　　　室 室

집 가

英 house
中 家 (jiā)

부수 : 宀
부수 뺀 획수 : 7
총획수 : 10
급수 : 7

❶ 집. 집안 ❷ 자기 집 ❸ 학문·기예의 전문가

家庭(가정) 가족이 함께 살고 있는 집안
家族(가족) 어버이와 자식·부부 등의 관계로 맺어져 한 집안에서 생활을 함께 하는 사람들
專門家(전문가) 어떤 방면의 지식이나 기술을 확실히 익히고 있는 사람

Q 국민이 없이는 國家(국가)도 존재할 수 없다.

丶 丶 宀 宁 宁 宁 宇 豕 家 家

얼굴 용

英 face
中 容 (róng)

부수 : 宀
부수 뺀 획수 : 7
총획수 : 10
급수 : 4

❶ 얼굴. 모습 ❷ 넣다. 담다 ❸ 용납하다

容恕(용서) ① 너그러움을 베풀어 벌하지 않음
         ② 꾸짖지 아니함
寬容(관용) 너그럽게 용서하고 받아들임
許容(허용) 허락하고 용납함

Q 容貌(용모)로 사람을 판단하는 것은 어리석은 짓이다.

丶 丶 宀 宁 宁 宁 㝉 㝈 容 容

해할 해

- 부수 : 宀
- 부수 뺀 획수 : 7
- 총획수 : 10
- 급수 : 5

英 harm
中 害 (hài)

❶ 해하다 ❷ 손해 ❸ 훼방놓다 ❹ 방해하다

害惡(해악) 해가 되는 나쁜 일
害蟲(해충) 사람이나 농작물 따위에 피해를 주는 벌레
加害(가해) 남에게 해를 끼침
水害(수해) 홍수로 인하여 집이나 논밭이 떠내려가고 살림살이가 물에 잠기는 재해

❓ 태풍으로 인해 큰 被害(피해)를 입었다.

丶 丷 宀 宀 宀 宁 宝 宝 害 害 害

빽빽할 밀

- 부수 : 宀
- 부수 뺀 획수 : 8
- 총획수 : 11
- 급수 : 4

英 dense
中 密 (mì)

❶ 빽빽하다 ❷ 비밀하다 ❸ 가깝다. 친하다

密告(밀고) 남몰래 넌지시 일러바침
密接(밀접) 사이가 아주 가까움. 썩 가까운 관계에 있음
細密(세밀) 자세하고 꼼꼼함
精密(정밀) ① 가늘고 촘촘함 ② 아주 잘고 자세함

❓ 이건 너와 나만의 秘密(비밀)이야.

丶 丷 宀 宀 宀 宓 宓 宓 宓 密 密

害 害　　　密 密

- 부수 : 宀
- 부수 뺀 획수 : 8
- 총획수 : 11
- 급수 : 5

英 sleep / star
中 宿 (sù)

❶ 자다. 묵다 ❷ 지키다 ❸ 오래다 ❹ 여관
❺ 별

宿所(숙소) 머물러 묵는 곳
宿直(숙직) 관청·회사 따위의 직장에서 잠자며
　　　　지키는 일. 또는 그런 사람
合宿(합숙) 여럿이 한 곳에 묵음
星宿(성수) 모든 별자리의 별들
　내일까지 해야 할 宿題(숙제)가 너무 많다.

丶 宀 宀 宀 宁 宁 宿 宿 宿 宿

- 부수 : 宀
- 부수 뺀 획수 : 9
- 총획수 : 12
- 급수 : 4

英 rich
中 富 (fù)

❶ 부자. 넉넉하다 ❷ 풍성하다 ❸ 성하다

富強(부강) 백성의 살림이 넉넉하고 군대의 힘이 강함
富者(부자) 살림이 넉넉하고 재산이 많은 사람
豐富(풍부) 넉넉하고 많음
　그는 부모님 덕분에 富裕(부유)한 생활을 할 수 있었다.

丶 宀 宀 宁 宁 富 富 富 富 富 富

宿 宿　　　富 富

宀部 · 寒 實

宀 9 12 5급

찰 한

英 cold
中 寒 (hán)

부수 : 宀
부수 뺀 획수 : 9
총획수 : 12
급수 : 5

❶ 차다. 차게 하다. 춥다 ❷ 떨다. 오싹하다

寒氣(한기) ① 추위 ② 병적으로 느끼는 으스스한 기분

寒帶(한대) 북극해 연안과 남극 대륙 등의 몹시 추운 지대

공부는 안 하고 놀기만 하니 寒心(한심)하기 그지없다.

丶 宀 宀 宀 宀 宙 宙 寉 寋 寒 寒 寒

宀 11 14 5급

열매 실

英 fruit
中 实 (shí)

부수 : 宀
부수 뺀 획수 : 11
총획수 : 14
급수 : 5

❶ 열매 ❷ 실제. 사실 ❸ 참되다 ❹ 차다

實感(실감) ① 실제로 느끼는 느낌 ② 실제로 대할 때 일어나는 감정

實力(실력) 실제로 일을 해낼 수 있는 힘

그는 자신의 꿈을 實現(실현)시키기 위해 열심히 노력한다.

丶 宀 宀 宀 宀 宙 宙 宵 寅 寊 實 實 實

114 寒 寒   實 實

부수 : 宀
부수 뺀 획수 : 11
총획수 : 14
급수 : 4

察 살필 **찰**

英 watch
中 察 (chá)

❶ 살피다 ❷ 조사하다

觀察(관찰) 일이나 물건을 주의하여 자세히 살
  펴봄
視察(시찰) 돌아다니며 실제의 사정을 살펴봄
診察(진찰) 의사가 병의 종류·정도·원인 따위를 살펴보는 일

🔍 식물이 자라는 것을 매일 觀察(관찰)하는 일은 무척 재미있다.

丶丷宀宀宀宀宀宀宍宨宨宨
察察

부수 : 宀
부수 뺀 획수 : 12
총획수 : 15
급수 : 5

寫 베낄 **사**

英 copy
中 写 (xiě)

❶ 베끼다 ❷ 그리다 ❸ 본뜨다

寫本(사본) 옮기어 베낌. 또는 베낀 책이나 서류
複寫(복사) ① 베껴 쓰거나 적음 ② 문서·그림·사진 등을 같은 크기로, 또는 확
  대·축소하여 복제함

🔍 옛날 寫眞(사진)을 보며 추억에 잠기다.

丶丷宀宀宀宀宀宨宨宨宨寫寫
寫寫寫

寸 마디촌

- 부수 : 寸
- 부수 뺀 획수 : 0
- 총획수 : 3
- 급수 : 8

英 inch
中 寸 (cùn)

❶ 마디 ❷ 치

寸評(촌평) 매우 짧게 비평함. 또는 그 비평
方寸(방촌) ① 한 치 사방의 넓이 ② 마음. 마음 속
三寸(삼촌) 아버지의 형제

Q. 寸數(촌수)의 가까움보다는 실제의 친분이 더 중요하다.

一 寸 寸

寺 절사

- 부수 : 寸
- 부수 뺀 획수 : 3
- 총획수 : 6
- 급수 : 4

英 temple
中 寺 (sì)

❶ 절 ❷ 내시. 관청

寺院(사원) 절이나 암자
寺刹(사찰) 불상을 모셔 놓고 불도를 닦기 위하여 승려들이 사는 집. 절

Q. 경주에 가면 佛國寺(불국사)는 꼭 둘러볼 만하다.

一 十 士 寺 寺 寺

寸 寸   寺 寺

- 부수 : 寸
- 부수 뺀 획수 : 9
- 총획수 : 12
- 급수 : 4

높을 존

英 respect
中 尊 (zūn)

❶ 높다. 높이다 ❷ 우러러보다

尊敬(존경) 높이어 공손히 섬김
尊嚴性(존엄성) 높고 엄숙한 성질
尊稱(존칭) 존경하는 뜻으로 높여 부름. 또는 그 칭호
Q 내가 상대방을 尊重(존중)해야 상대방도 나를 귀하게 여긴다.

- 부수 : 寸
- 부수 뺀 획수 : 11
- 총획수 : 14
- 급수 : 6

대할 대

英 confront
中 对 (duì)

❶ 대하다. 마주 보다 ❷ 대답하다 ❸ 상대. 짝

對備(대비) 앞으로 일어날 일에 대하여 미리 생각하고 준비를 함
對抗(대항) ① 서로 맞서서 버티어 겨룸 ② 서로 상대하여 겨룸
相對(상대) ① 서로 마주 봄 ② 마주 겨룸 ③ '상대자'의 준말
Q 그는 對答(대답) 대신 싱긋 웃어 보였다.

小部 작을소 부

작을 소

부수 : 小
부수 뺀 획수 : 0
총획수 : 3
급수 : 8

英 small
中 小 (xiǎo)

작다. 적다. 조금

小心(소심) ① 도량이 좁음 ② 담력이 없고 겁이 많음
弱小(약소) 힘이 약하고 작음
縮小(축소) 줄여서 작게 함. 또는 작아짐

이 영화는 小說(소설)이 원작이다.

亅 小 小

적을 소

부수 : 小
부수 뺀 획수 : 1
총획수 : 4
급수 : 7

英 few
中 少 (shǎo, shào)

❶ 적다 ❷ 젊다

少年(소년) 아주 어리지도 않고 성숙하지도 않은 사내아이
少量(소량) 적은 분량
減少(감소) 줄어서 적어짐

小 小 小   少 少 少

Q 이번 모임의 참석자는 少數(소수)에 불과했다.

丿 亅 小 少

尸部   주검시 부

尸 4 7 5급

局

판 국

부수 : 尸
부수 뺀 획수 : 4
총획수 : 7
급수 : 5

英 bureau
中 局(jú)

❶ 판 ❷ 마을 ❸ 직무 ❹ 방

局面(국면) ① 어떤 일에 맞닥뜨린 상황 ② 일이 되어 가는 모양
當局(당국) 어떤 일을 맡아 봄. 또는 그 곳
時局(시국) 현재 나라 안팎의 형편
Q 끈질긴 노력 끝에 結局(결국) 성공했다.

フ ㄱ 尸 月 局 局 局

 PLUS 漢字

의미 구별이 어려운 한자

小(작을 소)와 少(적을 소)는 음이 같고 모양이 비슷할 뿐만 아니라 그 뜻도 종종 혼동되는 한자이다. 小는 '작다'는 뜻으로 크기나 부피를 나타낼 때 쓰고, 少는 '적다'는 뜻으로 양을 나타낼 때 쓴다. 따라서 小에 대응하는 한자는 大(클 대)이고, 少에 대응하는 한자는 多(많을 다)이다. 이와 비슷한 예로 受(받을 수)와 授(줄 수)를 들 수 있다. 둘 다 음은 '수'로 같지만, 뜻은 '받다'와 '주다'로 상반된다.

局 局 局

| 부수 : 尸 |
| 부수 뺀 획수 : 6 |
| 총획수 : 9 |
| 급수 : 5 |

집 옥

英 house
中 屋 (wū)

❶ 집 ❷ 지붕. 덮개

屋上(옥상) 건물에서 지붕 부분을 평평하게
　　　　　만들어 놓은 곳
家屋(가옥) 사람이 사는 집
洋屋(양옥) 서양식으로 지은 집

Q. 요즘에는 시골에 가도 좀처럼 韓屋(한옥)을 찾아보기 힘들다.

| 부수 : 尸 |
| 부수 뺀 획수 : 7 |
| 총획수 : 10 |
| 급수 : 5 |

펼 전

英 spread
中 展 (zhǎn)

❶ 펴다 ❷ 벌이다 ❸ 나아가다. 잘 되다

展開(전개) ① 눈 앞에 벌어짐 ② 늘여 폄 ③ 소
　　　　　설·영화 따위의 이야기가 펼쳐짐
展望(전망) ① 경치 같은 것을 멀리 바라봄 ②
　　　　　앞일을 미리 내다봄
發展(발전) ① 더 낫고 좋은 상태로 나아감 ②
　　　　　일이 어떤 방향으로 나아감

Q. 이번에는 그의 조각들을 展示(전시)하기로 했다.

山 0 3 8급

메 산

부수 : 山
부수 뺀 획수 : 0
총획수 : 3
급수 : 8

英 mountain
中 山 (shān)

❶ 메. 산 ❷ 무덤. 뫼

山林(산림) 산과 숲. 또는 산에 있는 수풀
山城(산성) 산 위에 쌓은 성
山所(산소) ① 무덤을 높여서 이르는 말 ② 무덤이 있는 곳

예 泰山(태산)이 높다 하되 하늘 아래 뫼이로다.

丨 山 山

山 7 10 5급

섬 도

부수 : 山
부수 뺀 획수 : 7
총획수 : 10
급수 : 5

英 island
中 岛 (dǎo)

섬

多島海(다도해) 일반적으로 다수의 섬들이 산재하는 해역
半島(반도) 삼 면이 바다에 싸이고, 한 면은 육지에 이어진 땅
列島(열도) 바다 위에 줄을 지은 모양으로 죽 늘어선 여러 개의 섬들

예 난파선이 표류하여 無人島(무인도)에 닿았다.

′ 亻 亻 亻 白 白 鳥 鳥 島 島

121

'川'의 원래 모양으로 단독으로는 쓰이지 않는다.

부수 : 巛
부수 뺀 획수 : 0
총획수 : 3
급수 : 7

英 stream
中 川 (chuān)

내

名山大川(명산대천) 이름난 산과 큰 내
山川(산천) ① 산과 내 ② 자연
淸溪川(청계천) 서울의 한복판인 종로구와 중구의 경계를 흐르는 하천
　저녁이면 **河川**(하천)을 따라 걷곤 한다.

丿　丿丨　川

川　川　川　　　　　　　　　　　工　工　工

장인 공

英 artisan
中 工 (gōng)

❶ 장인 ❷ 교묘하다

工事(공사) 집을 짓거나 다리를 놓거나 둑을 쌓는 등의 규모가 큰 일
加工(가공) 원료나 다른 제품에 손을 더 대어 새로운 제품을 만드는 일
人工(인공) ① 사람이 하는 일 ② 사람이 자연물에 손질을 하여 만드는 일
🔎 工場(공장) 폐수로 인한 수질 오염이 심각하다.

一 丅 工

클 거

英 great
中 巨 (jù)

❶ 크다 ❷ 많다

巨金(거금) 큰 돈. 많은 돈
巨物(거물) 학문이나 세력이 중요한 위치에 있는 사람
巨商(거상) 밑천을 많이 가지고 있는 장사. 또는 그 사람
🔎 걸리버는 자신이 巨人(거인)들의 나라에 왔다는 것을 알게 되었다.

一 厂 厅 巨 巨

왼쪽 좌

부수 : 工
부수 뺀 획수 : 2
총획수 : 5
급수 : 7

英 left
中 左 (zuǒ)

❶ 왼. 왼쪽 ❷ 증거 ❸ 돕다 ❹ 옳지 못하다

左之右之(좌지우지) 제 마음대로 다루거나 휘두름
左側(좌측) 왼쪽
Q 소리난 곳을 찾기 위해 左右(좌우)를 둘러보았다.

一 ナ 左 左 左

좌회전

己部 몸기 부

몸 기

부수 : 己
부수 뺀 획수 : 0
총획수 : 3
급수 : 5

英 self
中 己 (jǐ)

❶ 몸. 자기 ❷ 여섯째 천간

克己(극기) 자기의 욕심이나 감정을 슬기롭게 눌러 이김. 자제함
修己(수기) 자신의 몸을 닦음. 자기 수양을 함
知己(지기) 자기를 잘 알아주는 친구
Q 自己(자기)의 일은 스스로 하자.

フ コ 己

左 左 左   己 己 己

저자 시

부수 : 巾
부수 뺀 획수 : 2
총획수 : 5
급수 : 7

英 market
中 市 (shì)

❶ 저자. 시장 ❷ 시가 ❸ 행정 구역의 하나

市民(시민) ① 시에서 사는 사람 ② 국정에 참여할 수 있는 권리를 가진 사람

市廳(시청) 시의 행정 사무를 맡아 보는 곳

都市(도시) 인구가 많이 모이어 상공업이 발달하고 정치·경제·문화 등의 중심을 이룬 곳

어수선한 市場(시장) 골목에서 지갑을 잃었다.

丶 亠 宀 市 市

 STORY 漢字

지피지기백전불태(知彼知己百戰不殆) : 상대를 알고 나를 알면 백 번 싸워도 위태롭지 않다는 뜻으로, 상대편과 나의 약점과 강점을 충분히 알고 승산이 있을 때 싸움에 임하면 이길 수 있다는 말. 우리가 일반적으로 '지피지기백전백승(知彼知己百戰百勝)'이라고 알고 있는 말로, '손자병법(孫子兵法)'에 나오는 내용은 다음과 같다. "적과 아군의 실정을 잘 비교 검토한 후 승산이 있을 때 싸운다면 백 번을 싸워도 결코 위태롭지 않다(知彼知己百戰不殆). 적의 실정을 모른 채 아군의 전력만 알고 싸운다면 승패의 확률은 반반이다. 적의 실정은 물론 아군의 전력까지 모르고 싸운다면 만 번에 한 번도 이길 가망이 없다."

知 알 지   彼 저 피   己 몸 기
百 일백 백   戰 싸움 전   不 아닐 불   殆 위태로울 태

市 市 市

巾部 · 布 希

巾 2 5 4급

布

베 포

英 calico
中 布 (bù)

부수 : 巾
부수 뺀 획수 : 2
총획수 : 5
급수 : 4

❶ 베 ❷ 펴다. 베풀다

布告(포고) ① 일반에게 널리 알림 ② 국가의 결정적 의사를 일반에게 발표하는 일
公布(공포) 모든 사람에게 널리 알림
面紗布(면사포) 결혼식 때에 신부가 머리에 쓰는 흰빛의 엷은 천
毛布(모포) 털 등으로 만들어 깔거나 덮게 된 요. 담요

Q 이 꽃은 우리 나라 전역에 分布(분포)되어 있다.

ノ ナ ナ 右 布

巾 4 7 4급

希

바랄 희

英 hope
中 希 (xī)

부수 : 巾
부수 뺀 획수 : 4
총획수 : 7
급수 : 4

❶ 바라다 ❷ 드물다

希求(희구) 바라고 구함
希望(희망) 기대하여 바람

Q 사람이 希望(희망)을 잃으면 모든 것을 잃는 것이다.

ノ メ ア 差 矛 希 希

布 布   希 希

巾 7 10 4급

師

스승 **사**

부수 : 巾
부수 뺀 획수 : 7
총획수 : 10
급수 : 4

英 teacher
中 师 (shī)

❶ 스승. 선생님 ❷ 전문가 ❸ 군사

師範(사범) ① 법. 모범 ② 모범이 될 만한 사람
　　　　　 ③ 학문·기예 등을 가르치는 사람
師父(사부) ① 스승과 아버지 ② 스승을 높여 일
　　　　　 컫는 말
敎師(교사) 초등학교·중고등학교에서 일정한
　　　　　 자격을 가지고 학생을 가르치는 사람

Q 약을 짓기 위해서는 醫師(의사)의 처방전이 필요하다.

丿 亻 亻 亻 𠂉 𠂉 𠂉 自 師 師 師

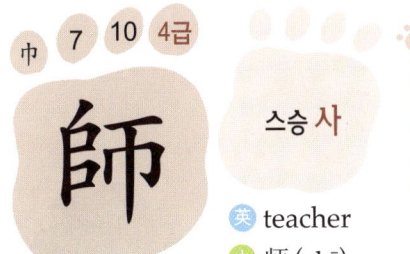

巾 7 10 6급

席

자리 **석**

부수 : 巾
부수 뺀 획수 : 7
총획수 : 10
급수 : 6

英 seat
中 席 (xí)

❶ 자리. 돗자리 ❷ 깔다 ❸ 베풀다

席次(석차) 가장 높은 성적부터 매긴 차례
首席(수석) 맨 윗자리. 성적 따위의 제 1위
出席(출석) 자리에 나아감. 어떤 모임에 나가 참여함

Q 지정된 座席(좌석)에 앉아 안전띠를 착용해 주십시오.

丶 亠 广 广 庁 庶 庶 庻 席 席

師 師　　　席 席

巾 8 11 4급	부수 : 巾
常	부수 뺀 획수 : 8
항상 **상**	총획수 : 11
英 ordinary	급수 : 4
中 常 (cháng)	

❶ 항상. 늘 ❷ 떳떳하다 ❸ 보통

常綠樹(상록수) 나뭇잎이 사철 푸른 나무
異常(이상) ① 보통과 다름 ② 순조롭지 못한 상태
日常(일상) 매일매일. 날마다. 늘. 항상
저 사람은 常識(상식)이 풍부하다.

干部 방패간 부

干 2 5 7급	부수 : 干
平	부수 뺀 획수 : 2
평평할 **평**	총획수 : 5
英 flat	급수 : 7
中 平 (píng)	

❶ 평평하다 ❷ 다스리다 ❸ 고르다 ❹ 보통

平均(평균) ① 많고 적음이 없이 고름. 또는 그렇게 함 ② 많은 수나 양의 중간적인 값. 또는 그런 값을 구함
平等(평등) 차별하거나 차이를 두지 않아 모두 같음
平凡(평범) 뛰어난 점이 없이 보통임

Q. 네가 베풀어 준 호의는 平生(평생) 잊지 못할 거야.
一 一 一 二 平 平

干 3 6 8급

해 년

부수 : 干
부수 뺀 획수 : 3
총획수 : 6
급수 : 8

英 year
中 年 (nián)

❶ 해. 1년 ❷ 나이

年間(연간) 한 해 동안
年歲(연세) '나이'의 높임말
靑年(청년) 젊은 사람. 특히, 남자를 말함
Q. 來年(내년)은 올해보다 더 추울 것이라고 한다.
丿 二 二 午 年 年

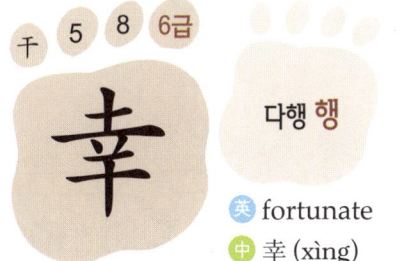

干 5 8 6급

다행 행

부수 : 干
부수 뺀 획수 : 5
총획수 : 8
급수 : 6

英 fortunate
中 幸 (xìng)

❶ 다행. 다행하다 ❷ 요행

幸福(행복) 걱정이 없고 마음이 흡족하여 즐거운 상태
幸運(행운) 좋은 운수
不幸(불행) 행복하지 못함. 운수가 언짢음
Q. 문제가 잘 해결되어 多幸(다행)입니다.
一 十 土 +土 +土 +土 +土 幸

广部 · 序 店

广 4 7 5급

序

차례 서

英 order
中 序 (xù)

부수 : 广
부수 뺀 획수 : 4
총획수 : 7
급수 : 5

① 차례 ② 실마리

序曲(서곡) 가극이나 성극 등에서 막을 올리기 전에
　　　연주하는 기악곡
序論(서론) 본론에 들어가기 전의 글
順序(순서) 정해진 차례
사회 유지를 위해서는 秩序(질서) 확립이 우선되어야 한다.

广 5 8 5급

店

가게 점

英 shop
中 店 (diàn)

부수 : 广
부수 뺀 획수 : 5
총획수 : 8
급수 : 5

가게

店員(점원) 상점에서 물건을 팔거나 그 밖의 일을 맡아 하는 사람
本店(본점) 영업의 중심이 되는 점포

支店(지점) ① 본점에서 갈리어 나온 가게 ② 본점에 딸리어 그 지휘·명령에 따르는 영업소

오늘 책을 사러 書店(서점)에 다녀왔다.

丶 亠 广 广 庁 庐 店 店

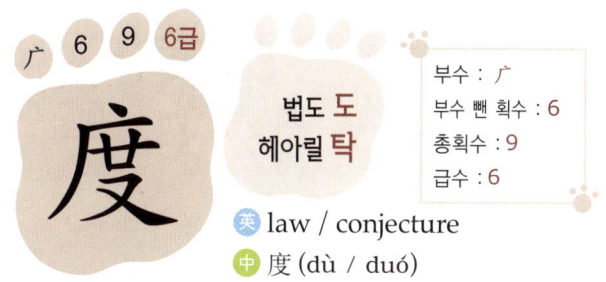

英 law / conjecture
中 度 (dù / duó)

❶ 법도 ❷ 자 ❸ 국량 ❹ 정도 ❺ 모양 ❻ 횟수. 도수 ❼ 헤아리다

度量(도량) ① 너그러운 마음과 깊은 생각 ② 재거나 되거나 하여 양을 재는 것
速度(속도) 빠른 정도. 빠르기
制度(제도) 제정된 법규. 나라의 법칙

보는 角度(각도)에 따라 다른 의견이 나올 수 있다.

丶 亠 广 广 广 庐 庐 度 度

 PLUS 漢字

표의 문자(表意文字), 표음 문자(表音文字)

한자를 흔히 뜻글자 혹은 표의 문자라고 한다. 뜻글자란 글자 하나하나마다 뜻을 가지고 있는 문자란 뜻이다. 예를 들어 人이라는 한자는 '사람'이라는 뜻을 가지고 있고 '인'이라고 읽는다. 이처럼 모든 한자는 글자, 뜻, 소리의 세 요소를 가지고 있다. 이와 다르게 한글은 소리글자 혹은 표음 문자라고 한다. 즉, 하나의 글자가 뜻은 없고 소리만 가지로 있는 글자이다. 이 각각의 소리들이 어울려 뜻을 나타내는 단어가 된다. 모든 글자의 음과 뜻을 외워야 하는 한자와 달리, 한글은 배우기가 쉽고 무슨 말이든 소리나는 것은 대부분 다 쓸 수 있다. 1997년 유네스코에서는 우리 나라의 훈민정음을 세계 기록 유산으로 지정했다. 여러 나라의 많은 학자들이 한글이 합리적이며 과학적인 언어라고 높이 평가하고 있다.

度 度 度

- 부수 : 广
- 부수 뺀 획수 : 7
- 총획수 : 10
- 급수 : 6

뜰 정

英 garden
中 庭 (tíng)

❶ 뜰 ❷ 집안 ❸ 조정

庭園(정원) 나무·꽃 따위를 가꾸어 놓은 집 안의 뜰
校庭(교정) 학교의 마당
宮庭(궁정) 궁궐 안의 마당

家庭(가정)이 화목해야 모든 일이 잘 된다.

丶 亠 广 广 庐 庐 庑 庭 庭 庭

- 부수 : 广
- 부수 뺀 획수 : 12
- 총획수 : 15
- 급수 : 5

넓을 광

英 broad
中 广 (guǎng)

❶ 넓다 ❷ 널리

廣告(광고) ① 세상에 널리 알림 ② 상품을 널리 선전하는 일
廣野(광야) 넓은 들. 아득하게 너른 벌판
廣域市(광역시) 지방 자치 단체의 하나
廣場(광장) 너르게 만든 터

시청 앞 廣場(광장)에 많은 사람이 모였다.

丶 亠 广 广 广 产 庐 庐 庐 庐 廣 廣 廣 廣 廣

부수 : 廴
부수 뺀 획수 : 6
총획수 : 9
급수 : 5

英 build
中 建 (jiàn)

❶ 세우다 ❷ 일으키다

建國(건국) 나라를 세움
建物(건물) 사람이 들어 살거나, 일을 하거나, 물건을 넣어 두거나 하기 위해 지은 집 같은 것
建築(건축) 흙·나무·돌·시멘트·철근 따위를 써서 집이나 다리 등을 세움

Q 형은 建設(건설) 회사에 다닌다.

丆 ㄱ ㅋ ㅋ ㅌ 聿 聿 建 建

 STORY 漢字

가담항설(街談巷說) : 길거리나 세상 사람들 사이에 떠도는 이야기. 세상에 떠도는 소문. '한서(漢書)'라는 책을 보면 '소설이라고 하는 것은 패관(稗官)에서 발생한 것으로 길거리나 일반 사람들 사이에서 흘러나오는 소문이나 이야기들로 만들어진 것이다.'라는 말이 있다. 여기서 말하는 길거리나 사람들 사이에서 나오는 이야기가 바로 가담항설(街談巷說)이다. 그러므로 패관들이 수집한 자료들은 소설의 발생에 많은 영향을 끼쳤다. 패관은 중국 한나라 때의 관리로 이들이 하는 일은 백성들 사이에 떠도는 여러 소문이나 이야기를 모아 기록하여 보고하는 것이었다. 이것은 떠도는 소문을 통하여 백성들의 마음과 풍속을 파악하고 정치에 반영하기 위한 것이었다.

街 거리 가   談 말씀 담   巷 거리 항   說 말씀 설

建 建 建

英 rule
中 式 (shì)

❶ 법, 제도 ❷ 예식, 의식

式場(식장) 식을 올리는 장소
公式(공식) 셈하는 방법을 수학상의 기호를 써서 나타낸 식
形式(형식) ① 겉모양 ② 일정한 절차나 방식

結婚式(결혼식)에 많은 친척과 친구들이 참석했다.

一 二 干 式 式 式

英 pull
中 引 (yǐn)

❶ 당기다. 끌다 ❷ 물러나다 ❸ 이끌다

引導(인도) 길이나 방법 등을 안내하거나 이끌어 줌
引力(인력) 물체와 물체가 서로 끌어당기는 힘
引用(인용) 다른 곳에서 끌어다 씀

Q 몇 년 사이 물가가 계속 引上(인상)되고 있다.

ㄱ ㄢ 弓 引

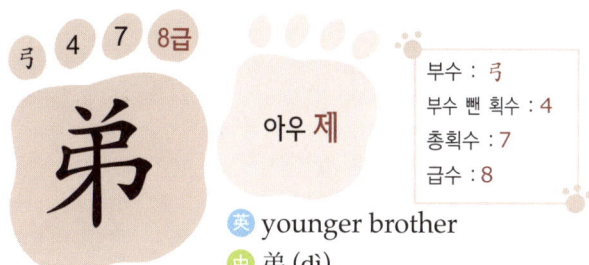

부수 : 弓
부수 뺀 획수 : 4
총획수 : 7
급수 : 8

英 younger brother
中 弟 (dì)

❶ 아우 ❷ 제자

弟子(제자) 스승의 가르침을 받는 사람
師弟(사제) 스승과 제자
子弟(자제) ① 남의 아들의 높임말 ② 남의 집안
 의 젊은이

Q 유비·관우·장비는 義兄弟(의형제)를 맺었다.

ㄴ ㄴ ㄴㄴ ㅕ ㅕ 弟 弟

 PLUS 漢字

사람 간의 관계를 나타내는 한자어

祖孫(할아버지 조, 손자 손) : 할아버지와 손자
父母(아버지 부, 어머니 모) : 아버지와 어머니
兄弟(형 형, 아우 제) : 형과 아우
姉妹(손윗누이 자, 손아랫누이 매) : 언니와 여동생
夫婦(남편 부, 아내 부) : 남편과 아내

弓 7 10 6급

약할 약

英 weak
中 弱 (ruò)

부수 : 弓
부수 뺀 획수 : 7
총획수 : 10
급수 : 6

❶ 약하다 ❷ 어리다. 젊다

弱骨(약골) 몸이 약한 사람
弱者(약자) 힘이 약한 사람
弱點(약점) 모자라서 남에게 뒤떨어지는 점
弱化(약화) 세력이 약해짐

老弱者(노약자)에게 자리를 양보합시다.

フ 弓 弓 弓 弓 弓 弱 弱 弱

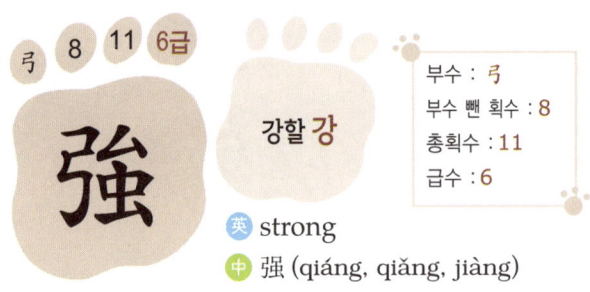

弓 8 11 6급

강할 강

英 strong
中 強 (qiáng, qiǎng, jiàng)

부수 : 弓
부수 뺀 획수 : 8
총획수 : 11
급수 : 6

❶ 강하다. 굳세다 ❷ 힘쓰다 ❸ 억지쓰다

強勸(강권) 억지로 권함
強要(강요) 억지로 하도록 함
強打(강타) 강하게 때림
強風(강풍) 강하게 부는 바람

절약하는 습관은 아무리 強調(강조)해도 지나치지 않다.

フ 弓 弓 弓 弓 弓 強 強 強 強 強

한자의 정리를 위해 부수로 설정된 글자로, 단독으로는 쓰이지 않는다.

부수 : 彡
부수 뺀 획수 : 4
총획수 : 7
급수 : 6

英 form
中 形 (xíng)

❶ 형상. 모양 ❷ 나타나다 ❸ 형세

形狀(형상) 사람이나 물건의 생김새나 모양
形便(형편) 일이 되어 가는 모양
人形(인형) 사람의 모양을 흉내내어 만든 장난감

Q 일출 광경은 말로 形容(형용)할 수 없을 정도로 아름다웠다.

一 二 チ 开 开' 形 形

 PLUS 漢字

상대되는 한자가 결합한 단어 1

강약(強弱) : 강할 강, 약할 약	개폐(開閉) : 열 개, 닫을 폐
거래(去來) : 갈 거, 올 래	경중(輕重) : 가벼울 경, 무거울 중
고저(高低) : 높을 고, 낮을 저	곡직(曲直) : 굽을 곡, 곧을 직
길흉(吉凶) : 길할 길, 흉할 흉	남녀(男女) : 사내 남, 계집 녀
다소(多少) : 많을 다, 적을 소	대소(大小) : 클 대, 작을 소
문답(問答) : 물을 문, 대답 답	부모(父母) : 아버지 부, 어머니 모
부부(夫婦) : 남편 부, 아내 부	빈부(貧富) : 가난할 빈, 부자 부
사활(死活) : 죽을 사, 살 활	상하(上下) : 위 상, 아래 하
선후(先後) : 먼저 선, 뒤 후	승패(勝敗) : 이길 승, 패할 패

形 形 形

彳 5 8 4급

往

갈 왕

부수 : 彳
부수 뺀 획수 : 5
총획수 : 8
급수 : 4

英 go
中 往 (wǎng)

❶ 가다 ❷ 이따금 ❸ 옛

往年(왕년) 지나간 해. 옛날
往來(왕래) 오고 감
往診(왕진) 의사가 환자가 있는 곳에 가서 진찰함

집에서 학교까지 往復(왕복) 3시간이 걸린다.

丿 ㄅ 彳 彳 彳 彳 往 往

彳 6 9 6급

待

기다릴 대

부수 : 彳
부수 뺀 획수 : 6
총획수 : 9
급수 : 6

英 wait
中 待 (dài, dāi)

❶ 기다리다 ❷ 대접하다. 대우하다

待令(대령) 명령을 기다림
待接(대접) 음식을 차려 놓고 손님을 맞이함
招待(초대) 사람을 불러서 대접함

Q 그는 생일 선물을 받을 期待(기대)에 부풀어 있다.
' ⺅ ⺅ 彳 彳 𥾅 徍 徍 待 待

법칙 률

英 law
中 律 (lǜ)

부수 : 彳
부수 뺀 획수 : 6
총획수 : 9
급수 : 4

❶ 법칙. 법률 ❷ 음률 ❸ 율시

律動(율동) 규칙적으로 되풀이되는 탄력 있는 움직임
規律(규율) ① 지켜야 할 행동의 본보기 ② 일정한 질서나 차례
自律(자율) 스스로의 의지로 자신을 억제함
Q 모든 상황을 一律的(일률적)으로 처리할 수는 없다.
' ⺅ ⺅ 彳 彳 𥾅 律 律 律

 PLUS 漢字

군자삼락(君子三樂)
'맹자(孟子)'라는 책에 보면 군자는 이 세상을 살아가면서 느끼는 세 가지 즐거움이 있다. 아버지와 어머니가 모두 살아 계시면서 형제들이 아무 탈 없이 잘 지내고 있는 것이 첫 번째 즐거움이요, 하늘을 우러러 보아도 부끄러운 것이 없으면서 또한 고개 숙여 사람을 대할 때에도 부끄럽지 않은 것이 두 번째 즐거움이요, 세상에 있는 많은 훌륭한 인재들을 얻어서 이들을 가르치는 것이 세 번째 즐거움이다. 하지만 왕위에 오르는 것, 즉 높은 권력을 차지하거나 많은 재물을 갖는 것은 군자의 즐거움과 상관이 없다고 하였다.
'논어(論語)'라는 책에서도 군자의 즐거움에 대해 다음과 같이 말하고 있다.
첫째, "무엇인가를 배우고 이것을 시간이 있을 때마다 익히면 즐겁지 않겠는가?"
둘째, "먼 곳에 있는 친구가 찾아오면 즐겁지 않겠는가?"
셋째, "남이 나를 알아주지 않아도 화 내지 않으면 군자가 아니겠는가?"

律 律 律

後

뒤 후

- 부수 : 彳
- 부수 뺀 획수 : 6
- 총획수 : 9
- 급수 : 7

英 after
中 后 (hòu)

❶ 뒤 ❷ 뒤지다

後金(후금) 중국 청나라의 처음 이름. 여진족의 족장 누르하치가 세웠음(1616~1936)
後半(후반) 뒤의 절반
讀後感(독후감) 책을 읽고 난 뒤의 느낌. 또는 그 감상을 적은 글
Q. 선배와 後輩(후배)가 모두 한 자리에 모였다.

丿 ㇀ 彳 彳 彳 彳 筏 後 後

得

얻을 득

- 부수 : 彳
- 부수 뺀 획수 : 8
- 총획수 : 11
- 급수 : 4

英 get
中 得 (dé, děi)

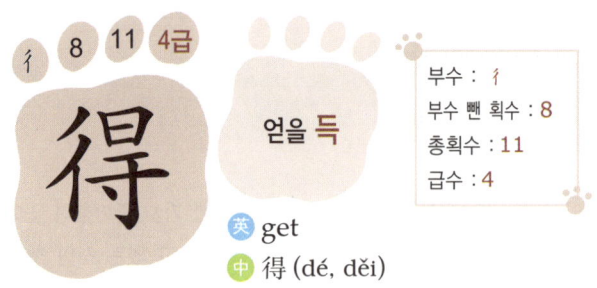

❶ 얻다. 익힐 ❷ 깨닫다 ❸ 이루다. 만족하다

得勢(득세) 세력을 얻음
得點(득점) 시험이나 경기에서 점수를 얻음. 또는 그 점수
所得(소득) 일 따위를 한 결과로 얻어지는 이익·수입
Q. 그는 주변 사람들을 說得(설득)하기 위해 애썼다.

丿 ㇀ 彳 彳 彳 彳 彳 得 得 得 得

後 後   得 得

- 부수 : 彳
- 부수 뺀 획수 : 9
- 총획수 : 12
- 급수 : 4

英 recover / again
中 复 (fù)

❶ 회복하다 ❷ 돌이키다 ❸ 대답하다 ❹ 되풀이하다 ❺ 같다 ❻ 다시

復元(복원) 원래의 상태나 위치로 돌아감
回復(회복) 쇠퇴한 나라·가정·건강 따위를 예전대로 바로 잡음
復活(부활) ① 죽었다가 다시 살아남 ② 쇠퇴하였던 것이 다시 일어나 흥하게 됨

오늘 수업 시간에 배운 것을 復習(복습)한다.

丿 冫 彳 彳 彳 产 产 忾 狺 徣 徣 復 復

- 부수 : 彳
- 부수 뺀 획수 : 12
- 총획수 : 15
- 급수 : 5

英 virtue
中 德 (dé)

❶ 덕. 크다 ❷ 은혜. 은혜를 베풀다

德談(덕담) 잘 되기를 비는 말
德望(덕망) 많은 사람이 우러러보는 높은 덕과 인격
道德(도덕) 사람으로서 마땅히 지켜야 할 바른 도리 및 행동
厚德(후덕) 언행이 어질고 두터움

염려해 주신 德分(덕분)에 잘 지내고 있습니다.

丿 冫 彳 彳 彳 产 产 袙 袙 徣 徣 德 德 德
德 德 德

復 復　　　德 德

'心'이 한자의 왼쪽에 쓰일 때는 '忄'의 형태를 취한다.

心 0 4 7급

마음 심

英 heart
中 心 (xīn)

❶ 마음. 생각 ❷ 염통 ❸ 가운데. 중심. 근본

心理(심리) 마음의 움직임이나 상태
心術(심술) 너그럽지 못하고 고집스러운 마음씨
心身(심신) 마음과 몸

Q 합격을 眞心(진심)으로 축하합니다.

ㆍ 心 心 心

心 1 5 5급

반드시 필

英 surely
中 必 (bì)

❶ 반드시. 꼭 ❷ 오로지 ❸ 기약하다

必讀書(필독서) 반드시 읽어야 할 책
必須(필수) 꼭 필요로 함
何必(하필) 하고 많은 것 중에 어째서 꼭

142

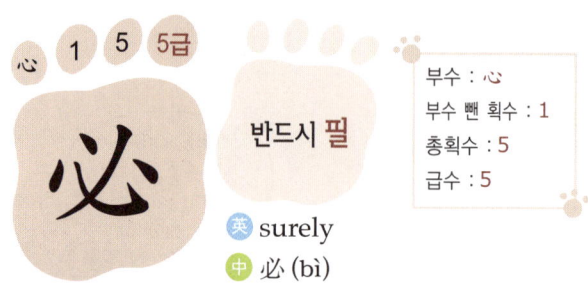

Q. 새로운 분야에 도전하는 것은 용기가 必要(필요)하다.

丶 ソ 必 必 必

부수 : 心
부수 뺀 획수 : 3
총획수 : 7
급수 : 4

英 intention
中 志 (zhì)

① 뜻. 뜻하다 ② 기록하다

志願(지원) 뜻하고 원함
同志(동지) 뜻이 서로 같음. 또는 그런 사람
初志(초지) 처음에 품은 뜻

Q. 무언가 하려는 意志(의지)가 있다면 계속 노력해야 한다.

一 十 士 士 志 志 志

부수 : 心
부수 뺀 획수 : 4
총획수 : 8
급수 : 5

英 think
中 念 (niàn)

① 생각. 생각하다 ② 외다. 소리를 내어 읽다 ③ 주의하다

念慮(염려) 마음을 놓지 못함. 걱정함
信念(신념) 굳게 믿는 마음
執念(집념) 한 가지 일에만 계속해서 마음을 쏟음

Q. 개교 紀念日(기념일) 행사가 운동장에서 있을 예정이다.

丿 人 人 今 今 念 念 念

心 4 8 4급

忠 충성 충

英 loyalty
中 忠 (zhōng)

부수 : 心
부수 뺀 획수 : 4
총획수 : 8
급수 : 4

충성. 충성하다

忠誠(충성) 참마음에서 우러나오는 정성
忠臣(충신) 정성을 다하여 나라와 임금을 섬기는 신하
忠言(충언) 충고하는 말. 충성스럽고 곧은 말
不忠(불충) 충성을 다하지 않음

Q 나의 잘못을 忠告(충고)해 주는 친구가 진정한 친구이다.

丶 口 口 中 中 忠 忠 忠

心 4 7 4급

快 쾌할 쾌

英 cheerful
中 快 (kuài)

부수 : 心
부수 뺀 획수 : 4
총획수 : 7
급수 : 4

❶ 쾌하다. 시원하다 ❷ 빠르다

快樂(쾌락) 기분이 좋고 즐거움
快速(쾌속) 속도가 매우 빠름
不快(불쾌) 기분이 좋지 않음
痛快(통쾌) 아주 유쾌하고 시원함

Q 그는 성격이 快活(쾌활)하여 친구가 많다.

丶 丶 忄 忄 忄 快 快

忠 忠   快 快

부수 : 心
부수 뺀 획수 : 5
총획수 : 9
급수 : 6

英 urgent
中 急 (jí)

❶ 급하다. 급작스럽다. 서두르다 ❷ 빠르다

急激(급격) 변화·행동 등이 급하고 세참
急變(급변) 갑자기 달라짐. 별안간 변함
急成長(급성장) 빠르게 자라서 커짐
應急(응급) 급한 대로 우선 처리함

Q 그는 性急(성급)함 때문에 종종 실수를 저지른다.

부수 : 心
부수 뺀 획수 : 5
총획수 : 9
급수 : 4

英 angry
中 怒 (nù)

❶ 성내다. 화내다. 노여워하다 ❷ 세차다

怒氣(노기) 성이 난 얼굴빛
震怒(진노) 성내어 노여워함
天人共怒(천인공노) 하늘과 사람이 함께 노한다는
  뜻으로, 누구나 분노할 만큼 증오스럽거나 도저
  히 용납될 수 없음을 이르는 말

Q 그는 忿怒(분노)를 참지 못해 소리를 버럭 질렀다.

| 부수 : 心 |
| 부수 뺀 획수 : 5 |
| 총획수 : 9 |
| 급수 : 5 |

생각 사

英 think
中 思 (sī)

❶ 생각. 생각하다 ❷ 그리워하다

思慕(사모) 정을 들이어 애틋하게 생각하며 그리워함
思想(사상) ① 생각. 의견 ② 사회·인생 따위에 관한 일정한 견해
思潮(사조) 생각의 흐름. 한 시대에 나타나는 사상의 일반적인 경향
相思病(상사병) 이성을 그리워하는 마음에 사로잡혀 생기는 병

Q 그는 思考(사고) 방식이 매우 특이하다.

丨 口 曰 日 田 田 思 思 思

| 부수 : 心 |
| 부수 뺀 획수 : 5 |
| 총획수 : 9 |
| 급수 : 5 |

성품 성

英 nature
中 性 (xìng)

❶ 성품 ❷ 바탕 ❸ 남녀의 구분

性格(성격) 말이나 행동을 통하여 나타나는 개인의 특별한 성질
性能(성능) 기계의 성질과 능력. 일을 해 내는 힘
性品(성품) 성질과 됨됨이. 성질과 품격
野性(야성) 자연 또는 본능 그대로의 성질

Q 사춘기는 感受性(감수성)이 예민한 시기이다.

丶 丶 忄 忄 忄 忄 性 性

思 思   性 性

心 6 10 4급

은혜 은

부수 : 心
부수 뺀 획수 : 6
총획수 : 10
급수 : 4

英 favor
中 恩 (ēn)

❶ 은혜 ❷ 은혜로 여기다. 고맙게 생각하다

恩德(은덕) 은혜와 덕. 은혜로 입은 신세
恩師(은사) 은혜를 베풀어 준 스승
背恩忘德(배은망덕) 남한테 받은 은혜를 저버림
報恩(보은) 은혜를 갚음

Q 너는 나의 생명의 恩人(은인)이다.

丨 冂 冃 因 因 因 恩 恩 恩

心 7 11 5급

근심 환

부수 : 心
부수 뺀 획수 : 7
총획수 : 11
급수 : 5

英 anxiety
中 患 (huàn)

❶ 근심. 근심하다 ❷ 병. 앓다

患部(환부) 병이나 상처가 난 곳
患者(환자) 병을 앓는 사람. 병든 사람
患候(환후) 웃어른의 병의 높임말
後患(후환) 뒷날의 걱정과 근심

Q 사회가 복잡·세분화될수록 신경성 疾患(질환)이 늘고 있다.

丶 丨 口 口 吕 吕 串 患 患 患 患

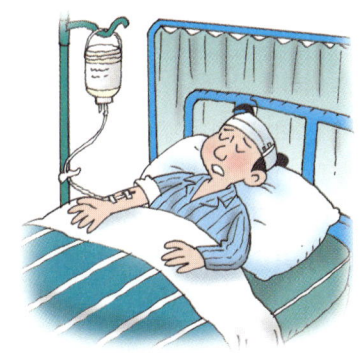

147

恩 恩   患 患

心 8 12 4급

슬플 비

부수 : 心
부수 뺀 획수 : 8
총획수 : 12
급수 : 4

英 sad
中 悲 (bēi)

슬프다

悲歌(비가) 슬프고 애절한 노래
悲報(비보) 슬픈 소식
悲哀(비애) 슬픔과 설움
悲運(비운) 슬픈 운명

Q 세상을 悲觀(비관)하기보다 밝게 보려고 노력해라.

丿 丿 刁 刁 㔾 㔾 非 非 非 悲 悲 悲

心 8 12 5급

악할 악
미워할 오

부수 : 心
부수 뺀 획수 : 8
총획수 : 12
급수 : 5

英 bad / hate
中 恶 (è / wù)

① 악하다. 나쁘다 ② 더럽다. 추하다 ③ 미워하다

惡魔(악마) 착한 행동을 방해하는 나쁜 귀신
惡臭(악취) 나쁜 냄새
惡化(악화) 나쁘게 변함
憎惡(증오) 몹시 미워함

Q 어젯밤에 惡夢(악몽)으로 잠을 설쳤다.

一 一 亍 亐 亞 亞 亞 亞 惡 惡 惡 惡

悲 悲   惡 惡

뜻 정

英 sentiment
中 情 (qíng)

❶ 뜻 ❷ 정. 사랑

情報(정보) 어떤 사정이나 상황에 관한 소식. 또는 그 내용이나 자료
情分(정분) 정이 넘치는 따뜻한 마음
情緖(정서) 어떤 일을 경험하거나 경우를 당하여 일어나는 온갖 감정
感情(감정) 사물에 대하여 느끼어 일어나는 심정·마음
同情(동정) 남의 불행을 가엾게 여기어 따뜻한 마음을 씀
母情(모정) 자식에 대한 어머니의 심정

Q 합격 소식에 기쁜 表情(표정)을 감추지 못했다.

은혜 혜

英 gracing
中 惠 (huì)

❶ 은혜. 은혜롭다 ❷ 인자하다 ❸ 주다

惠澤(혜택) 베풀어 주는 고마움
恩惠(은혜) 남에게서 받은 고마움
特惠(특혜) 특별한 혜택

Q 이 恩惠(은혜)는 평생 잊지 않겠습니다.

心部 · 感 想

느낄 **감**

부수 : 心
부수 뺀 획수 : 9
총획수 : 13
급수 : 6

英 feel
中 感 (gǎn)

❶ 느끼다 ❷ 감동하다 ❸ 고맙게 여기다

感覺(감각) ① 눈·귀·코·혀·살갗 따위의 작용을 통하여 느끼는 것 ② 사물을 느껴서 깨달음

感謝(감사) 고맙게 여김

六感(육감) 순간적 또는 본능적인 느낌

好感(호감) 좋게 여기는 감정

Q 그 영화는 매우 感動的(감동적)이다.

丿 厂 厂 厂 厂 后 咸 咸 咸 咸 感 感 感

생각 **상**

부수 : 心
부수 뺀 획수 : 9
총획수 : 13
급수 : 4

英 imagine
中 想 (xiǎng)

생각. 생각하다

夢想(몽상) 꿈을 꾸는 듯한 헛된 생각

理想(이상) 각자가 생각할 수 있는 범위 안에서 가장 좋다고 생각되는 상태

着想(착상) 어떤 일의 실마리가 될 만한 생각

回想(회상) 지난 일을 돌이켜 생각함

Q 이 세상에 없는 것을 想像(상상)하는 것은 결코 쉬운 일이 아니다.

一 十 才 木 村 村 村 相 相 相 想 想 想

부수 : 心
부수 뺀 획수 : 9
총획수 : 13
급수 : 6

사랑 애

英 love
中 愛 (ài)

❶ 사랑. 사랑하다 ❷ 즐기다 ❸ 아끼다

愛嬌(애교) 남에게 귀엽게 보이는 태도
愛國(애국) 자기 나라를 사랑함
愛情(애정) 사랑하는 마음
愛護(애호) 사랑하고 보호함
偏愛(편애) 어느 한 사람이나 한쪽만을 치우쳐 사랑함

🔍 영수와 영호는 형제간의 友愛(우애)가 도탑다.

丶 ㇀ ⺈ ⺈ ⺈ ⺈ 卟 受 受 受 愛 愛 愛

부수 : 心
부수 뺀 획수 : 9
총획수 : 13
급수 : 6

뜻 의

英 meaning
中 意 (yì)

❶ 뜻. 생각 ❷ 의미

意見(의견) 마음 속에 지니고 있는 생각
意慾(의욕) 어떤 일을 하고자 하는 마음
意義(의의) 뜻
意志(의지) ① 마음. 뜻 ② 결심하여 실행하려는 마음
敬意(경의) 존경하는 마음

🔍 그 사람의 말이 무슨 意味(의미)인지 모르겠다.

丶 ㇀ 亠 丅 立 立 产 音 音 音 音 意 意

| 부수 : 心 |
| 부수 뺀 획수 : 10 |
| 총획수 : 14 |
| 급수 : 4 |

英 attitude
中 态 (tài)

모습. 모양

態度(태도) ① 겉으로 드러나는 몸가짐 ② 속의 뜻이 드러나 보이는 겉모양
動態(동태) 움직이는 상태. 변동하는 상태
形態(형태) 사물의 생김새
수술 후 狀態(상태)가 많이 호전되었다.

丶 亠 亣 育 育 育 育 能 能 能 能 態 態

| 부수 : 心 |
| 부수 뺀 획수 : 11 |
| 총획수 : 15 |
| 급수 : 4 |

英 happy event
中 庆 (qìng)

❶ 경사 ❷ 경사스럽다

慶事(경사) 경축할 만한 즐겁고 기쁜 일
慶尙道(경상도) 우리 나라 행정 구역의 하나로, 경상남북도를 일컫는 말
國慶日(국경일) 나라에서 경사스러운 날이라고 정하여 온 국민이 기념하는 날
내일 광복절 慶祝(경축) 행사가 있을 예정이다.

丶 亠 广 广 广 庐 庐 庐 慶 慶 慶 慶 慶

응할 **응**

부수 : 心
부수 뺀 획수 : 13
총획수 : 17
급수 : 4

英 respond
中 应 (yìng, yīng)

❶ 응하다. 대답하다 ❷ 응당

應待(응대) 부름이나 물음 또는 요구 따위에 대하여 상대함
應用(응용) 원리나 지식을 실제적인 사실에 적용하여 이용함
適應(적응) ① 생물의 생김새나 기능이 주위의 사정에 알맞게 변화하는 일 ② 개인이 어떤 환경이나 조건에 잘 어울림

우리 나라가 이기도록 목이 터져라 應援(응원)했다.

STORY 漢字

빈천지교(貧賤之交) : 가난하고 어려운 때 사귄 친구는 언제까지나 잊어서는 안 된다는 말.
중국 후한 때 광무제가 미망인이 된 누나 호양 공주와 온후하고 강직한 송홍을 짝지어 주고자 송홍을 불러 넌지시 말했다. "흔히들 고귀해지면 천할 때의 친구를 바꾸고, 부유해지면 가난할 때의 아내를 버린다고 하던데 이는 인지상정(人之常情)이 아니겠소?" 그러자 송홍은 이렇게 대답했다. "폐하, 황공하오나 신은 '가난하고 천할 때의 친구는 잊지 말아야 하며, 술지게미와 쌀겨로 끼니를 이을 만큼 구차할 때 함께 고생하던 아내는 버리지 말아야 한다.'고 들었사온데 이것이 사람의 도리라고 생각되나이다." 이 말을 들은 광무제와 호양 공주는 크게 실망했다고 한다.

貧 가난할 빈   賤 천할 천   之 어조사 지   交 사귈 교

戈部 창과 부

이룰 성

부수 : 戈
부수 뺀 획수 : 3
총획수 : 7
급수 : 6

英 accomplish
中 成 (chéng)

이루다. 이루어지다. 되다

成分(성분) 어떤 물체를 이루는 바탕이 되는 물질
構成(구성) 각각의 요소를 얽어서 하나로 만듦. 또는 그렇게 해서 짜여진 것
完成(완성) 완전히 다 이룸

이로써 두 회사 사이에 계약이 成立(성립)되었다.

丿 厂 厂 厂 成 成 成

싸움 전

부수 : 戈
부수 뺀 획수 : 12
총획수 : 16
급수 : 6

英 war
中 战 (zhàn)

❶ 싸움. 싸우다 ❷ 두려워 떨다

戰死(전사) 전쟁터에서 싸우다가 죽음
戰勢(전세) 전쟁의 형세나 형편
參戰(참전) 전쟁에 싸우러 나감

Q. 이산 가족은 戰爭(전쟁)이 남긴 슬픈 현실이다.

英 home
中 户 (hù)

❶ 집 ❷ 지게. 지게문

戶口(호구) 집의 수와 식구의 수
戶數(호수) 집의 수효
門戶(문호) ① 집으로 드나드는 문 ② 출입구가 되는 긴요한 곳

Q. 이 일을 처리하기 위해 戶籍(호적) 등본을 구비해야 한다.

 PLUS 漢字

모양이 비슷한 한자 2

九(아홉 구) - 丸(알 환)
代(대신 대) - 伐(칠 벌)
內(안 내) - 肉(고기 육)
刑(형벌 형) - 形(모양 형)
名(이름 명) - 各(각각 각)

今(이제 금) - 令(명령할 령)
住(살 주) - 佳(아름다울 가) - 往(갈 왕)
具(갖출 구) - 貝(조개 패)
功(공 공) - 攻(칠 공)

부수 : 戶
부수 뺀 획수 : 4
총획수 : 8
급수 : 4

방 방

英 room
中 房 (fáng)

❶ 방 ❷ 집. 가옥

房門(방문) 방으로 드나드는 문
監房(감방) 교도소에서 죄수를 가두어 두는 방
獨房(독방) 혼자서 쓰는 방
舍廊房(사랑방) 바깥주인이 거처하며 손님을 대접하는 방

Q 이 건물은 冷房(냉방) 시설이 훌륭하다.

` ㆍ ㄱ 戶 戶 戶 房 房

바 소

英 thing
中 所 (suǒ)

❶ 바 ❷ 곳

所感(소감) 마음에 느낀 것
所聞(소문) 여러 사람의 입에 오르내리며 전하여 들리는 말
所有(소유) 갖고 있음. 또는 그 물건
住所(주소) 살고 있는 곳

Q 그는 시간이 한참 지나서야 약속 場所(장소)에 나타났다.

` ㄱ ㅌ 戶 戶 所 所 所

'手'가 한자의 왼쪽에 쓰일 때는 '才'의 형태를 취한다.

手 0 4 7급

손 수

부수 : 手
부수 뺀 획수 : 0
총획수 : 4
급수 : 7

英 hand
中 手(shǒu)

❶ 손. 손으로 하다 ❷ 재주. 수단 ❸ 능한 사람 ❹ 잡다

手巾(수건) 얼굴이나 몸 등을 닦는 헝겊 조각
手術(수술) 몸의 일부를 째거나 자르거나 하여 병을 고치는 일
先手(선수) 운동·기술 따위가 뛰어나 많은 사람 중에서 대표로 뽑힌 사람
Q 노래를 잘 하는 歌手(가수)를 보면 부럽다.

一 二 三 手

手 0 3 6급

재주 재

부수 : 手
부수 뺀 획수 : 0
총획수 : 3
급수 : 6

英 talent
中 才(cái)

❶ 재주. 재간 ❷ 근본. 기본 ❸ 능하다

才幹(재간) 재주와 능력
才談(재담) 익살을 섞어 가며 재치 있게 하는, 재미있는 이야기
才量(재량) 재주와 도량
Q 그는 음악에 탁월한 才能(재능)을 보였다.

一 十 才

手部 · 打 技

手 2 5 5급

打 칠 **타**

英 strike
中 打 (dǎ)

부수 : 手
부수 뺀 획수 : 2
총획수 : 5
급수 : 5

❶ 치다. 때리다　❷ 타. 다스

打開(타개) 얽히고 막힌 일을 잘 처리함
打樂器(타악기) 두드려 소리를 내는 악기
打鍾(타종) 종을 침
打破(타파) 나쁜 관습이나 제도를 깨뜨려 버림

수출 회사들이 환율 인하로 큰 打擊(타격)을 입었다.

一 亅 扌 扌 打

手 4 7 5급

技 재주 **기**

英 skill
中 技 (jì)

부수 : 手
부수 뺀 획수 : 4
총획수 : 7
급수 : 5

재주. 재능

技巧(기교) 재주 있게 부리는 솜씨나 기술
技法(기법) 솜씨와 방법
技術(기술) 일을 잘 해낼 수 있는 능력
競技(경기) ① 달리기 · 뛰기 따위 운동과 태
　　권도 · 유도 따위 무술로 승부를 겨루는
　　일 ② 기술의 낫고 못함을 겨루는 일

나의 特技(특기)는 수영이다.

一 亅 扌 扌 扩 技 技

158　打 打　　　　技 技

| 부수 : 手 |
| 부수 뺀 획수 : 5 |
| 총획수 : 9 |
| 급수 : 4 |

英 bow
中 拜 (bài)

❶ 절. 절하다 ❷ 삼가고 공경하다

拜金(배금) 돈을 지나치게 숭배함
敬拜(경배) 존경하여 절함
崇拜(숭배) 마음 속으로부터 우러러 공경함
參拜(참배) 신에게 절하고 빎
Q 새해마다 우리 가족은 웃어른들께 歲拜(세배)를 드린다.

´ ⌒ 三 手 手 手 手 手 拜

| 부수 : 手 |
| 부수 뺀 획수 : 6 |
| 총획수 : 9 |
| 급수 : 4 |

英 finger
中 指 (zhǐ)

❶ 손가락 ❷ 가리키다

指名(지명) 여러 사람 가운데 어떠한 사람을
       정함
指章(지장) 손도장
指定(지정) 이것이라고 가리켜 정함
指向(지향) 지정하여 그 쪽으로 향하게 함
中指(중지) 가운뎃손가락
Q 안내원의 指示(지시)에 잘 따라 주시기 바랍니다.

一 十 扌 扌 扩 护 指 指 指

手部 · 授 接

줄 수

英 give
中 授 (shòu)

부수 : 手
부수 뺀 획수 : 8
총획수 : 11
급수 : 4

❶ 주다 ❷ 가르치다

授業(수업) 학문이나 예능을 가르쳐 줌
教授(교수) 대학에서 학생들에게 전문적인 학문을 가르치는 사람의 최고 지위. 밑에 부교수 · 조교수 · 강사가 있음
傳授(전수) 기술이나 지식 따위를 전하여 줌

🔍 이 학생은 타의 모범이 되므로 표창장을 授與(수여)합니다.

一 扌 扌 扩 扩 扩 扩 护 捋 授

이을 접

英 connect
中 接 (jiē)

부수 : 手
부수 뺀 획수 : 8
총획수 : 11
급수 : 4

❶ 잇다. 맞대다. 접하다 ❷ 사귀다. 대접하다. 맞이하다

接受(접수) 공문서나 서류 따위를 받아들임
間接(간접) 바로 대하지 않고 중간에 남이나 매개를 통하여 대함
面接(면접) ① 직접 만나 봄 ② '면접 시험'의 준말

🔍 호숫가에는 接近(접근) 금지 푯말이 꽂혀 있었다.

一 扌 扌 扌 扩 护 护 按 接 接

授 授 授　　接 接 接

- 부수 : 手
- 부수 뺀 획수 : 13
- 총획수 : 16
- 급수 : 5

英 grasp
中 操 (cāo)

❶ 잡다 ❷ 부리다

操心(조심) 마음을 써서 잘못이 없도록 함
操縱(조종) 마음대로 부려서 다룸. 교묘하게 부림
操打手(조타수) 배에서 키를 맡아보는 선원
情操(정조) 정신 활동에 따라서 일어나는 고상하고 복잡한 감정
志操(지조) 끝까지 굽히지 않는 꿋꿋한 절개

이 세탁기는 操作(조작)이 매우 간편하다.

一 亅 扌 扌 扩 扩 扩 押 押 捛 捛
捛 捛 操 操

 STORY 漢字

역발산기개세(力拔山氣蓋世) : 힘은 산을 뽑을 만하고, 기운은 세상을 덮을 만큼 웅대함. 초나라를 일으킨 항우(項羽)와 한나라를 일으킨 유방(劉邦)은 중원을 두고 다투던 당대 최고의 장수들이었다. 초나라와 한나라의 전세가 엎치락뒤치락하다가 드디어 해하(垓下)에서 최후의 결전을 맞게 되었다. 이 때 항우는 군사도 적고 식량도 부족했을 뿐 아니라 한나라 병사들이 사방에서 초가(楚歌)까지 부르자 향수에 젖은 초나라 병사들은 대다수가 전의를 잃고 도망갔다. 자신의 운명이 다했다고 판단한 항우는 최후의 만찬을 벌였다. 술 몇 잔을 단숨에 들이킨 항우는 초라해진 자신을 바라보며 비분한 심정으로 다음과 같이 노래하였는데, '힘은 산을 뽑을 만하고, 기운은 세상을 덮을 만하도다. 하지만 시대의 운이 나를 돕지 않으니, 추(항우의 말)가 앞으로 가질 않는다. 말이 가질 않으니 이것을 내가 어찌하겠는가. 우미인이여 우미인이여, 내가 어떻게 하면 좋겠는가.' 라고 하였다.

| 力 힘 력 | 拔 뽑을 발 | 山 메 산 |
| 氣 기운 기 | 蓋 덮을 개 | 世 인간 세 |

手 14 18 5급

擧

들 거

英 lift
中 举 (jǔ)

부수 : 手
부수 뺀 획수 : 14
총획수 : 18
급수 : 5

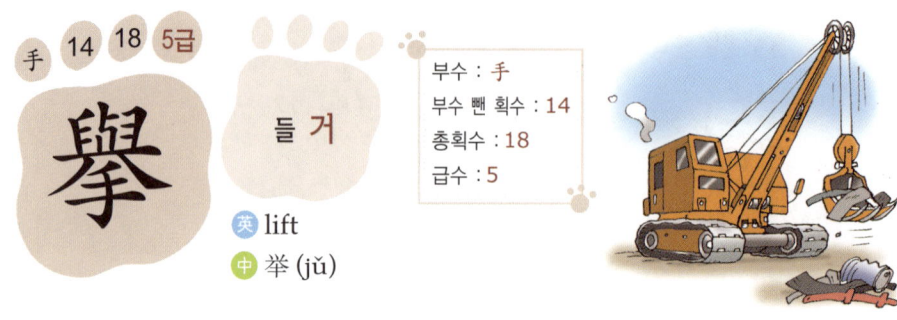

❶ 들다 ❷ 일으키다 ❸ 행하다 ❹ 올리다 ❺ 모두 ❻ 거동. 거사

擧行(거행) ① 어떤 일을 명령대로 함 ② 식을 치름
科擧(과거) 고려와 조선 시대에 관리를 뽑기 위하여 보이던 시험
選擧(선거) 여러 사람 가운데서 적당한 사람을 대표로 뽑아 냄

🔍 사또는 그의 잘못을 일일이 列擧(열거)했다.

攴部 등글월문 부

'攴'이 한자의 오른쪽에 쓰일 때는 '攵'의 형태를 취한다.

攴 2 6 4급

收

거둘 수

英 gather
中 收 (shōu)

부수 : 攴
부수 뺀 획수 : 2
총획수 : 6
급수 : 4

❶ 거두다 ❷ 잡다

收金(수금) 받아야 할 돈을 거두어들임
收入(수입) 들어오는 돈
秋收(추수) 가을에 익은 곡식을 거두어들임

Q. 재활용이 가능한 쓰레기는 따로 收去(수거)해 간다.

丨 丩 丩' 丩攵 收 收

攵 3 7 5급

改 고칠 개

부수 : 攵
부수 뺀 획수 : 3
총획수 : 7
급수 : 5

英 improve
中 改 (gǎi)

고치다

改名(개명) 이름을 고침
改善(개선) 잘못된 것을 고쳐 좋게 함
改訂(개정) 잘못된 것을 고치어 바로잡음
改造(개조) 고쳐 다시 만듦
悔改(회개) 잘못을 뉘우치고 고침

Q. 사회 구성원 모두가 改革(개혁)의 필요성에 공감한다.

フ フ 己 己' 己丷 改 改

 STORY 漢字

백전백승(百戰百勝) : 백 번 싸워 백 번 모두 이긴다는 뜻으로, 싸울 때마다 번번이 이긴다는 말. 중국 춘추전국시대의 손자가 쓴 책에 나오는 말이다. 승리하는 방법에는 두 가지가 있다. 첫째는 적과 싸우지 않고 승리하는 것이요, 둘째는 적과 싸운 끝에 승리하는 것이다. 전자가 가장 좋고 현명한 방법이며, 후자가 차선책이다. 비록 백 번 싸워 백 번 모두 이겼을지라도 그것은 최상의 승리가 아니다. 싸우지 않고 승리하는 것이야말로 최상의 승리라고 할 수 있다. 가장 좋은 방법은 적의 의표를 간파하여 미리 방어하는 것이다. 그 다음으로 좋은 방법은 적과 동맹 관계를 맺고 있는 나라와 관계를 단절하게 하여 고립시키는 것이다. 세 번째 방법은 적과 결전을 치르는 것이고, 가장 좋지 않은 방법은 온갖 수단을 동원하여 공격하는 것이다.

百 일백 백   戰 싸움 전   勝 이길 승

改 改 改

攵 3 7 4급

칠 공

부수 : 攵
부수 뺀 획수 : 3
총획수 : 7
급수 : 4

英 attack
中 攻 (gōng)

❶ 치다 ❷ 다스리다

攻擊(공격) ① 적을 침 ② 시비를 가려 비난함 ③ 운동 경기에서 득점을 위한 적극적인 행동
速攻(속공) 빠르게 공격함
侵攻(침공) 남의 영토를 범하여 공격함
　연속적인 질문 攻勢(공세)로 발표자를 곤란하게 하다.

一 丁 工 丁 攻 攻 攻

攵 4 8 6급

놓을 방

부수 : 攵
부수 뺀 획수 : 4
총획수 : 8
급수 : 6

英 release
中 放 (fàng)

❶ 놓다 ❷ 내쫓다 ❸ 방자하다 ❹ 내버려 두다

放送(방송) 라디오나 텔레비전을 통해서 뉴스·음악·강연·연예·스포츠 등을 보내어 널리 듣고 보게 하는 일
放學(방학) 학교에서 더위와 추위를 피하여 일정 기간 수업을 중지하는 일
追放(추방) 쫓아 내서 멀리함. 몰아 냄
　잠깐 放心(방심)하는 사이에 골을 허용하였다.

、 一 亠 方 方 方 放 放

연고 고

부수 : 攵
부수 뺀 획수 : 5
총획수 : 9
급수 : 4

英 reason
中 故 (gù)

❶ 연고. 일 ❷ 옛. 오래 되다 ❸ 죽다 ❹ 짐짓. 고로

故國(고국) 자기가 나서 자란 나라
故意(고의) 일부러 하는 태도나 생각
事故(사고) 뜻밖에 일어난 사건이나 탈
緣故(연고) ① 까닭 ② 혈통·정분 또는 법률상으로 맺어진 사이
🔑 내 故鄕(고향) 칠월은 청포도가 익어 가는 계절.

一 十 十 古 古 古 古 故 故

정사 정

부수 : 攵
부수 뺀 획수 : 5
총획수 : 9
급수 : 4

英 administration
中 政 (zhèng)

❶ 정사 ❷ 다스리다

政界(정계) 정치의 세계
政黨(정당) 정치에 대한 생각이나 주장 따위가 같은 사람들끼리 모인 단체
政府(정부) 국가의 통치권을 행사하는 국가 기관. 행정부
善政(선정) 바르고 착한 정치
🔑 政治(정치)가 바로 서야 나라가 바로 선다.

一 丁 下 下 正 正 丁攵 政 政

165

故 故   政 政

攵 6 10 5급

본받을 효

英 imitate
中 效 (xiào)

❶ 본받다. 힘쓰다 ❷ 보람

부수 : 攵
부수 뺀 획수 : 6
총획수 : 10
급수 : 5

效果(효과) 뜻한 대로의 좋은 결과
效能(효능) 효험을 나타내는 능력
效率(효율) 어떤 일에 들인 노력과 얻은 결과와의
　　　　　비율
無效(무효) 보람이 없음. 효과가 없음
Q. 지나친 피로는 일의 效率(효율)을 떨어뜨린다.

훈민정음을 반포 하노라

丶 亠 亣 立 方 交 効 効 效 效

攵 7 11 8급

가르칠 교

英 teach
中 敎 (jiāo, jiào)

부수 : 攵
부수 뺀 획수 : 7
총획수 : 11
급수 : 8

❶ 가르치다 ❷ 종교

敎科書(교과서) 학교 교육 과정에 따라 가르치기
　　　　　위하여 만든 책
敎育(교육) 학문·지식이나 기술을 가르치며 품
　　　　성을 길러 줌
宣敎(선교) 종교를 선전하여 널리 폄
Q. 선생님은 평생 敎職(교직)에 몸담아 오셨다.

교과서 52쪽을 펼치세요

丿 乂 芊 耂 孝 孝 孝 耖 敎 敎 敎

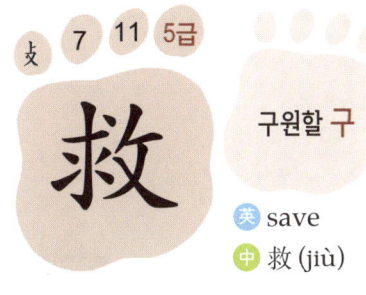

구원할 구

부수 : 攵
부수 뺀 획수 : 7
총획수 : 11
급수 : 5

英 save
中 救 (jiù)

구원하다. 돕다

救急(구급) 급하고 어려운 일을 우선 처리함
救援兵(구원병) 싸움을 도와 주는 군사
救出(구출) 구하여 냄
救護(구호) ① 어려움에 처한 사람을 보호함 ② 부상당한 사람을 간호 또는 치료함

사고 현장에서 많은 사람을 救助(구조)해 냈다.

一 十 十 才 求 求 求 求 求 救 救

패할 패

부수 : 攵
부수 뺀 획수 : 7
총획수 : 11
급수 : 5

英 be defeated
中 败 (bài)

❶ 패하다 ❷ 무너지다. 헐다 ❸ 썩다

敗亡(패망) 싸움에 져서 망함
敗因(패인) 싸움에 진 원인
敗者(패자) 싸움이나 경기에 진 사람
成敗(성패) 성공과 실패. 일의 됨과 아니 됨

비겁한 승리보다 떳떳한 敗北(패배)가 낫다.

丨 冂 冂 月 目 貝 貝 貯 敗 敗

부수 : 攵
부수 뺀 획수 : 9
총획수 : 13
급수 : 5

공경할 **경**

英 respect
中 敬 (jìng)

공경하다. 삼가다

敬禮(경례) 공경의 뜻을 나타내기 위하여 인사하는 일
敬老席(경로석) 버스·지하철 등에서 노인들이 앉도록 마련한 자리
恭敬(공경) 공손히 섬김

Q 가장 尊敬(존경)하는 인물은 누구입니까?

丶 亠 亠 艹 艹 芍 芍 芍 苟 苟 敬 敬 敬

부수 : 攵
부수 뺀 획수 : 11
총획수 : 15
급수 : 7

셈 **수**

英 count
中 数 (shǔ, shù)

❶ 셈. 셈하다. 세다 ❷ 몇. 두서너 ❸ 운수 ❹ 꾀

數萬(수만) ① 만의 두서너 배가 되는 수 ② 썩 많은 수효
數學(수학) 수량이나 도형의 성질에 대하여 연구하는 학문
數爻(수효) 사물의 수
變數(변수) 어떤 범위 안에서 여러 가지 수로 변할 수 있는 수

Q 창고에 있는 물품의 個數(개수)를 정확히 파악해라.

丶 口 日 日 甲 串 串 婁 婁 婁 數 數 數

- 부수 : 攵
- 부수 뺀 획수 : 11
- 총획수 : 15
- 급수 : 4

대적할 적

英 hostility
中 敌 (dí)

❶ 원수. 대적하다   ❷ 적수

敵國(적국) 적이 되어 있는 나라
敵軍(적군) 마주 싸우는 적의 군사
敵對(적대) 적으로 맞섬
無敵(무적) 겨룰 만한 적이 없음

 아직까지 바둑에서 그의 敵手(적수)는 없다.

丶 亠 亍 立 产 产 产 商 商 商 商
啇 啇 敵

STORY 漢字

이하부정관(李下不整冠) : 오얏나무 밑에서 갓을 고쳐 쓰지 말라는 말로, 남의 의심을 받을 일은 하지 말라는 뜻. 중국 제나라의 위왕에게 우희라는 후궁이 있었다. 우희가 어느 날 파호라는 벼슬아치의 부정을 보다 못해 왕에게 아뢰었다. 이를 안 파호가 9층 누각에 우희를 감금하고 왕에게 그녀를 모함했다. 왕이 사실을 확인하기 위해 우희를 불러 물어보자 우희가 대답했다. "저는 지금 간신배의 모함을 받고 있습니다. 저의 잘못이 있다면 '오이밭에서는 신발을 고쳐 신기 위해 몸을 구부리지 말고, 오얏나무 밑에서는 갓을 고쳐 쓰지 말라'고 했는데 남에게 의심받을 일을 피하지 못했다는 점과 제가 옥에 갇혀 있는데 아무도 변명해 주지 않았다는 부덕함뿐입니다." 우희의 말을 들은 왕은 깨달은 바가 있어 파호를 내쫓고 내정을 바로잡았다.

李 오얏 리   下 아래 하   不 아닐 불   整 가지런할 정   冠 갓 관

敵 敵 敵

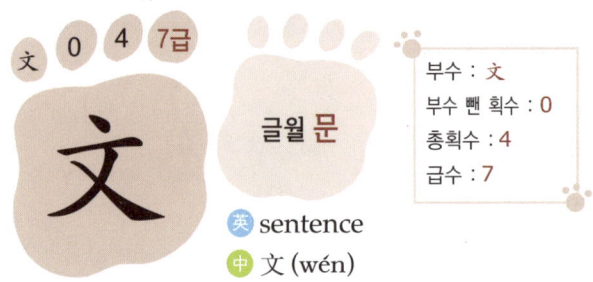

英 sentence
中 文 (wén)

❶ 글월. 글자 ❷ 문서 ❸ 무늬 ❹ 제도. 교육. 법도

文物(문물) 문화의 발달로 생긴 것. 법률·예술·종교 따위
文房四友(문방사우) 종이·붓·먹·벼루의 네 가지를 일컬음
文化(문화) 사람의 지혜가 깨어 세상이 밝고 살기 편하여짐
이 자료는 사업상 기밀 文書(문서)이다.

丶 一 ナ 文

英 estimate
中 料 (liào)

❶ 헤아리다. 되질하다. 세다 ❷ 거리. 감 ❸ 삯. 값

料金(요금) 시설·물건을 이용하거나 수고를 끼친 값으로 치르는 돈
料理(요리) ① 음식을 맛있게 만드는 일. 또는 그 음식 ② 다루어 처리함
燃料(연료) 열·동력 등을 얻기 위해 태우는 재료
染料(염료) 염색에 쓰이는 재료
飲料(음료) 마시는 것을 통틀어 일컫는 말

💡 어린이는 無料(무료)로 입장할 수 있습니다.

丶 丷 丷 半 米 米 米 米 料 料

斤部 날근변 부

새 신

부수 : 斤
부수 뺀 획수 : 9
총획수 : 13
급수 : 6

英 new
中 新 (xīn)

새. 새롭다

新記錄(신기록) 지금까지의 기록보다 뛰어난 새로운 기록
新年(신년) 새해
新鮮(신선) 새롭고 깨끗함
溫故知新(온고지신) 옛 것을 익히고 거기서 새로운 지식이나 도리를 알아 냄

💡 끊임없는 기술 革新(혁신)만이 경쟁에서 이기는 길이다.

丶 亠 亠 立 立 辛 辛 亲 亲 新 新 新

新 新 新

171

方部·方 施

- 부수 : 方
- 부수 뺀 획수 : 0
- 총획수 : 4
- 급수 : 7

英 square
中 方 (fāng)

❶ 모. 네모 ❷ 방위. 방향 ❸ 곳. 장소 ❹ 방법 ❺ 바야흐로 ❻ 처방

方向(방향) 향하는 쪽
一方的(일방적) ① 한쪽으로만 치우치는 (것) ② 상대편 일은 생각지 않고 자신의 일만 생각하고 있는 (것)
處方(처방) ① 병의 증세에 따라 약을 짓는 방법 ② 일의 처리 방법

새로운 方法(방법)으로 시도해 보자.

丶 一 亍 方

- 부수 : 方
- 부수 뺀 획수 : 5
- 총획수 : 9
- 급수 : 4

英 perform
中 施 (shī)

❶ 베풀다 ❷ 주다

施工(시공) 공사를 시행함
施策(시책) 어떤 일에 대한 계획과 그것을 행하는 방법. 또는 그것을 베풂

方 方 方   施 施 施

實施(실시) 실제로 행함

Q. 공공 施設(시설)은 깨끗이 사용해야 한다.

丶 亠 方 方 方 方 方 施 施

부수 : 方
부수 뺀 획수 : 6
총획수 : 10
급수 : 5

나그네 려

英 traveler
中 旅 (lǚ)

❶ 나그네. 여행하다 ❷ 군사 ❸ 함께

旅客船(여객선) 여행하는 사람을 실어 나르는 배
旅館(여관) 여행하는 사람을 묵게 하는 집
旅程(여정) 여행하는 길·시간·차례 등을 통틀어 일컫는 말

Q. 이번 방학에는 가족들과 旅行(여행)을 가기로 했다.

丶 亠 方 方 方 方 旅 旅 旅

 PLUS 漢字

두음법칙

볼일이나 유람의 목적으로 다른 고장이나 다른 나라에 가는 것을 여행이라고 한다. 한자로는 '旅行'이라고 쓴다. 하지만 위에서 旅의 음을 '려'로 배웠다. 그렇다면 '려행'이 맞는 게 아닐까? 그것은 두음법칙이 적용되기 때문이다. 두음법칙이란 우리말에서 단어의 첫소리에 어떤 소리가 오는 것을 꺼리는 현상을 말한다. 다시 말해, ㄹ은 단어의 앞에 나오는 것을 꺼리고, 모음이 연속된 단어에서 ㄴ이 첫소리로 오는 것을 꺼리는 것을 말한다. 따라서 旅行을 '여행'으로 읽는 것이다. 이런 예는 상당히 많은데, 예를 들면 禮節은 '례절'이 아니라 '예절'로, 女子는 '녀자'가 아니라 '여자'로 적는 것 등이다.

旅 旅 旅

| 부수 : 方 |
| 부수 뺀 획수 : 7 |
| 총획수 : 11 |
| 급수 : 6 |

겨레 족

英 tribe
中 族 (zú)

❶ 겨레 ❷ 일가. 친족 ❸ 동류

族譜(족보) 한 집안의 대대로 내려온 계통을 적은 책
貴族(귀족) 가문이나 신분이 높아 사회에서 특권을 가진 사람들
部族(부족) 일정한 지역에 사는 같은 민족으로, 같은 언어·종교·습관 등을 가진 원시 민족이나 미개 민족의 생활 공동체

🔍 한글은 우리 民族(민족)의 우수성을 드러내 보인다.

丶 亠 亍 方 方 方 扩 扩 斻 族 族

| 부수 : 方 |
| 부수 뺀 획수 : 10 |
| 총획수 : 14 |
| 급수 : 7 |

기 기

英 flag
中 旗 (qí)

기. 깃발

旗手(기수) ① 기를 가지고 신호를 하는 사람 ② 단체 행진 등에서 그 표시가 되는 기를 든 사람 ③ 새로운 운동·사상 등의 앞장을 서는 사람
國旗(국기) 한 나라를 상징하는 깃발
反旗(반기) 반대의 뜻을 나타내는 행동이나 표시

🔍 적군이 白旗(백기)를 들고 항복해 왔다.

丶 亠 亍 方 方 方 扩 扩 斿 斿 斿 旗 旗
旗 旗

族 族 族   旗 旗 旗

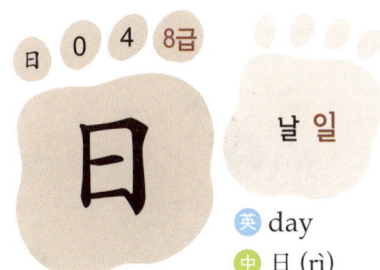

| 부수 : 日 |
| 부수 뺀 획수 : 0 |
| 총획수 : 4 |
| 급수 : 8 |

英 day
中 日 (rì)

❶ 날 ❷ 해 ❸ 낮

日記(일기) 그날 그날 겪고, 보고, 듣고, 느끼고, 생각한 것을 그대로 적은 글

日帝强占期(일제 강점기) 일본이 우리 나라를 지배하던 1910년부터 1945년까지의 기간

休日(휴일) 일을 쉬고 노는 날

🔑 우리 나라에는 生日(생일)에 미역국을 먹는 관습이 있다.

丨 冂 月 日

 PLUS 漢字

과거 – 현재 – 미래를 나타내는 한자

過去(과거)는 이미 지나간 시간을 말하고, 現在(현재)는 지금 이 순간을 말하며, 未來(미래)는 아직 오지 않은 앞날을 뜻한다. 今(금)은 '이제, 지금' 등의 뜻으로 시간적으로 현재를 가리킨다. 따라서 今日(금일)이라고 하면 오늘을 뜻한다. 이에 대해 昨日(작일)은 어제를, 明日(명일)은 내일을 말한다. 이것이 해로 범위가 확대되면 昨年(작년) – 今年(금년) – 明年(명년)이 된다. 요즘은 명일이나 명년보다는 來日(내일)이나 來年(내년)이라는 표현을 더 많이 쓴다.

| 日 | 2 | 6 | 4급 |

早 이를 조

英 early
中 早 (zǎo)

부수 : 日
부수 뺀 획수 : 2
총획수 : 6
급수 : 4

이르다. 일찍

早期(조기) 이른 시기
早速(조속) 이르고도 빠름
早熟(조숙) 곡식·과일 등이 일찍 익음
早朝(조조) 이른 아침
時機尚早(시기상조) 때가 아직 이름

Q 몸이 아파 학교에서 早退(조퇴)를 했다.

丨 冂 冃 日 旦 早

오늘이 밝는다

| 日 | 4 | 8 | 6급 |

明 밝을 명

英 bright
中 明 (míng)

부수 : 日
부수 뺀 획수 : 4
총획수 : 8
급수 : 6

❶ 밝다. 맑다. 똑똑하다 ❷ 날 새다 ❸ 이승

明朗(명랑) 마음이 밝고 쾌활함
明暗(명암) ① 밝음과 어두움 ② 어떤 현상의 밝은 면과 어두운 면
明確(명확) 아주 뚜렷하여 틀림이 없음
分明(분명) ① 뚜렷하고 똑똑함 ② 그렇게 될 것이 뻔함

Q 안경을 쓰니 사물이 宣明(선명)하게 보인다.

丨 冂 日 日 旫 明 明 明

早 早　　　　明 明

- 부수 : 日
- 부수 뺀 획수 : 5
- 총획수 : 9
- 급수 : 4

별 성

英 star
中 星 (xīng)

❶ 별 ❷ 세월

星座(성좌) 하늘에서 항성의 배치를 신(神)·동물 따위 형상으로 보아 나눈 것. 별자리
流星(유성) 우주의 먼지가 지구 대기권에 들어와 빠른 속도로 떨어져 공기와 부딪칠 때 그 마찰로 빛을 발하는 것. 별똥별
彗星(혜성) ① 빛나는 긴 꼬리를 끌고 태양의 둘레를 도는 별 ② 어떤 분야에서 갑자기 나타난 뛰어난 사람을 빗대어 나타내는 말

지구는 태양으로부터 세 번째 行星(행성)이다.

丨 冂 冂 日 旦 早 星 星 星

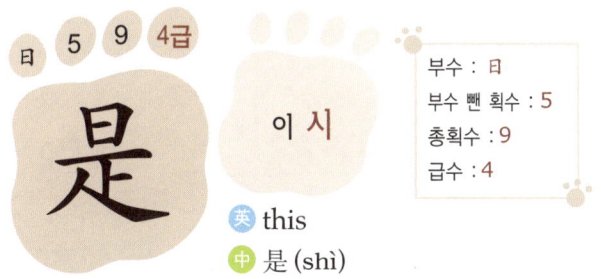

- 부수 : 日
- 부수 뺀 획수 : 5
- 총획수 : 9
- 급수 : 4

이 시

英 this
中 是 (shì)

❶ 이 ❷ 옳다. 바르다

是非(시비) 옳음과 그름
是認(시인) 옳다고 인정함
必是(필시) 반드시. 틀림없이

옳지 않은 것을 是正(시정)해 주는 것도 선생님의 일이다.

丨 冂 冂 日 旦 무 무 是 是

星 星   是 是

日 5 9 6급

어제 작

英 yesterday
中 昨 (zuó)

부수 : 日
부수 뺀 획수 : 5
총획수 : 9
급수 : 6

어제

昨今(작금) 어제와 오늘. 요즈음. 근래
再昨年(재작년) 그러께. 2년 전의 해. 지지난해
Q 昨年(작년)에도 올해와 비슷한 시기에 소풍을 갔다.

丨 冂 日 日 旷 昨 昨 昨 昨

日 5 9 7급

봄 춘

英 spring
中 春 (chūn)

부수 : 日
부수 뺀 획수 : 5
총획수 : 9
급수 : 7

봄

春困(춘곤) 봄철에 느끼는 나른하고 졸리는 기운
春窮期(춘궁기) 봄철에 곡식이 다 떨어져 농민이
　　　　　　　 몹시 살기 어려울 때
春分(춘분) 양력 3월 20일 경이며, 낮과 밤의 길이가
　　　　　 같음
春秋(춘추) ① 봄과 가을 ② 어른의 나이를 높여 일컫는 말
思春期(사춘기) 이성에 대해 관심을 갖게 될 만한 나이
Q 春分(춘분)에는 낮과 밤의 길이가 같다.

一 二 三 声 夫 表 春 春 春

日 6 10 7급

時

때 시

英 time
中 时 (shí)

부수 : 日
부수 뺀 획수 : 6
총획수 : 10
급수 : 7

때. 철

時間(시간) ① 시각과 시각 사이의 때 ② 과거·현재·미래와 연결하여 끊임없이 흐르는 것 ③ 무엇을 하는 때

時計(시계) 시각을 나타내거나 시간을 재는 데 쓰는 기계

時代(시대) ① 시간을 역사적으로 구분한 기간 ② 그 당시. 당대

❏ 3시에 공원 時計塔(시계탑) 앞에서 만나자.

丨 冂 日 日 日' 甘一 旷 旷 時 時

日 7 11 6급

晝

낮 주

英 day time
中 昼 (zhòu)

부수 : 日
부수 뺀 획수 : 7
총획수 : 11
급수 : 6

낮

晝間(주간) 낮. 낮 동안

晝耕夜讀(주경야독) 낮에는 농사를 짓고 밤에는 글을 읽는다는 뜻으로, 어려운 상황에서도 열심히 공부함을 이르는 말

白晝(백주) 대낮. 한낮

❏ 시험이 가까워 오자 晝夜(주야)로 공부를 한다.

フ ヲ ヨ 聿 聿 晝 晝 晝 晝 晝

時 時   晝 晝

日部 · 景 暖

- 부수 : 日
- 부수 뺀 획수 : 8
- 총획수 : 12
- 급수 : 5

별 경

英 sunshine
中 景 (jǐng)

❶ 별, 빛 ❷ 경치

景福宮(경복궁) 조선 초기인 태조 3년(1394)에 지은 궁궐
景致(경치) 자연의 아름다운 모습
背景(배경) ① 뒷경치 ② 무대의 뒤쪽에 꾸민 그림이나 장치 ③ 뒤에서 도와 주는 힘
風景(풍경) 산과 물 등의 자연의 아름다운 모습

Q. 믿을 수 없는 光景(광경)이 눈 앞에 펼쳐졌다.

丨 口 日 日 旦 早 昙 呆 景 景 景 景

- 부수 : 日
- 부수 뺀 획수 : 9
- 총획수 : 13
- 급수 : 4

따뜻할 난

英 warm
中 暖 (nuǎn)

따뜻하다

暖帶(난대) 열대와 온대의 중간으로 기후가 따뜻한 지대
暖房(난방) 방을 덥게 함
暖流(난류) 온도가 높고 소금기가 많은 해류

Q. 앞으로 며칠 간 溫暖(온난)한 날씨가 계속 되겠습니다.

丨 冂 冃 日 旷 旷 旷 旷 昳 暖 暖 暖

景 景   暖 暖

日部 · 暗 暴

日 9 13 4급

어두울 암

부수 : 日
부수 뺀 획수 : 9
총획수 : 13
급수 : 4

英 dark
中 暗 (àn)

❶ 어둡다 ❷ 가만히. 남몰래 ❸ 외다

暗殺(암살) 몰래 사람을 죽임
暗誦(암송) 글을 보지 않고 외움
暗行御史(암행어사) 조선 때, 지방 정치나 백성의 사정을 살피기 위해 임금이 비밀히 파견한 벼슬아치

낯선 곳에서 길을 잃어 매우 暗澹(암담)했다.

丨 冂 冂 日 日ˋ 日ㄨ 日ㄨㄥ 日ㄢ 暗 暗 暗 暗

日 11 15 4급

사나울 포
쬘 폭

부수 : 日
부수 뺀 획수 : 11
총획수 : 15
급수 : 4

英 violent / expose
中 暴 (bào)

❶ 사납다 ❷ 지나치다 ❸ 갑자기 ❹ 나타내다. 드러내다 ❺ 쬐다

暴力(폭력) 난폭한 힘
暴利(폭리) 부당한 이익. 한도를 넘는 이익
暴言(폭언) 거칠고 사납게 하는 말

暴風(폭풍) 전의 고요처럼 사방이 너무 조용하다.

丶 冂 冂 日 旦 旦 昦 昦 昦 昦 異 昦 暴 暴

暴 暴 暴

日 2 6 5급

굽을 곡

부수 : 日
부수 뺀 획수 : 2
총획수 : 6
급수 : 5

英 bent
中 曲 (qū, qǔ)

❶ 굽다 ❷ 굽이. 구석 ❸ 가락. 악곡 ❹ 자세하다

曲線(곡선) 부드럽게 구부러진 선
曲藝(곡예) 줄타기 · 공타기 · 말타기 따위의 보통 사람이 할 수 없는 여러 가지 재주
歌曲(가곡) ① 노래 ② 작곡가가 창작한, 서정적인 독창용의 짧은 곡
이번에 연주할 작품의 曲名(곡명)은 무엇입니까?

丨 冂 曰 由 曲 曲

日 6 10 6급

글 서

부수 : 日
부수 뺀 획수 : 6
총획수 : 10
급수 : 6

英 write
中 书 (shū)

❶ 글. 글씨 ❷ 책. 문서 ❸ 쓰다 ❹ 편지

書記(서기) ① 기록을 맡아보는 사람 ② 관공서에서 사무
를 처리하는 8급 공무원
書類(서류) 어떤 내용을 적은 문서. 특히 사무에 관한 문서
書齋(서재) 책을 갖추어 두고 글을 읽거나 쓰는 방

曲 曲　　　書 書

◎ 가을은 讀書(독서)하기에 좋은 계절이다.
ㄱ ㄲ ㄲ ㄸ 聿 聿 聿 書 書 書

日 8 12 5급

가장 최

부수 : 日
부수 뺀 획수 : 8
총획수 : 12
급수 : 5

英 most, best
中 最 (zuì)

가장. 제일

最近(최근) ① 장소나 위치가 가장 가까움 ② 지난 지 얼마 안 되는 날
最善(최선) ① 모든 노력·힘 ② 가장 좋고 훌륭함
最初(최초) 맨 처음
◎ 교내 마라톤 대회에서 最高(최고) 기록을 세우다.
ㅣ ㄇ ㄫ 日 므 무 무 무 문 문 最 最

日 9 13 6급

모일 회

부수 : 日
부수 뺀 획수 : 9
총획수 : 13
급수 : 6

英 meet
中 会 (huì)

❶ 모이다. 모으다. 만나다 ❷ 맞다 ❸ 기회 ❹ 회계

會社(회사) 돈벌이를 목적으로 자본을 대어 만든 사업 단체
會議(회의) 여럿이 모여 의논함
機會(기회) 어떤 일을 해 나가는 데 가장 알맞은 고비
◎ 모레 판문점에서 남북 會談(회담)이 개최될 것이다.
ノ 人 ㅅ ㅅ 슈 命 命 侖 侖 會 會 會 會

最 最   會 會

月 0 4 8급

달 월

- 부수 : 月
- 부수 뺀 획수 : 0
- 총획수 : 4
- 급수 : 8

英 moon
中 月 (yuè)

❶ 달 ❷ 세월

月給(월급) 일한 대가로 다달이 받는 돈
月末(월말) 그 달의 끝
月賦(월부) 물건값 따위를 다달이 얼마씩 갚아
　　　　 가는 일
月初(월초) 그 달의 처음

💬 베토벤의 月光(월광)소나타는 참 분위기 있는 곡이다.

丿 刀 月 月

月 2 6 7급

있을 유

- 부수 : 月
- 부수 뺀 획수 : 2
- 총획수 : 6
- 급수 : 7

英 exist
中 有 (yǒu)

❶ 있다 ❷ 가지다

有利(유리) 이익이 있음
有別(유별) 구별이 있음

有識(유식) 지식이 있음. 아는 것이 많음
有益(유익) 이로움이 있음. 도움이 되는 데가 있음
固有(고유) ① 본디부터 있음 ② 어느 물건에만 특별히 있음

우리는 많은 상품을 保有(보유)하고 있다.

丿 ナ 才 冇 有 有

옷 복

英 clothes
中 服 (fú)

부수 : 月
부수 뺀 획수 : 4
총획수 : 8
급수 : 6

❶ 옷. 옷을 입다 ❷ 일하다. 복종하다 ❸ 제 것으로 하다 ❹ 약을 먹다

服用(복용) 약을 먹음
服從(복종) 남의 명령이나 의사에 따름
屈服(굴복) 힘이 미치지 못하여 복종함
征服(정복) ① 남의 나라를 쳐서 땅을 빼앗음 ② 어려운 일을 겪어 이겨 냄

인근에서 우리 학교만이 校服(교복)을 입는다.

丿 刀 月 月 月' 服' 服 服

 STORY 漢字

조삼모사(朝三暮四) : 아침에 세 개, 저녁에 네 개라는 말로, 간사한 꾀로 남을 속이고 농락하는 것을 뜻함. 중국 송나라 때 저공이란 사람은 원숭이를 좋아하여 많은 원숭이를 집안에 기르고 있었는데, 서로 매우 친숙하여 마음을 이해할 정도였다. 그런데 식량이 부족하여 그 양을 줄여야 할 사정이 생기자 저공은 원숭이의 기분을 상하지 않게 하려고 다음과 같이 물었다. "너희들에게 앞으로는 도토리를 아침에 세 개, 저녁에 네 개를 주면 어떻겠느냐?" 이 말을 들은 원숭이는 화를 내었다. 저공은 원숭이의 마음을 알아차리고 다시 물었다. "그러면 아침에 넷, 저녁에 셋으로 하면 어떻겠느냐?" 그러자 원숭이들은 만족해했다고 한다.

朝 아침 조   三 석 삼   暮 저물 모   四 넛 사

服 服 服

月 7 11 5급

朗 밝을 랑

英 bright
中 朗 (lǎng)

부수 : 月
부수 뺀 획수 : 7
총획수 : 11
급수 : 5

밝다

朗讀(낭독) 소리내어 글을 읽음
朗報(낭보) 반가운 소식
朗誦(낭송) 소리 내어 글을 읽거나 욈
明朗(명랑) 맑고 밝음

Q 朗朗(낭랑)한 목소리로 연설문을 낭독하였다.

丶 亠 亠 亠 亠 良 良 朗 朗 朗

月 7 11 5급

望 바랄 망

英 hope
中 望 (wàng)

부수 : 月
부수 뺀 획수 : 7
총획수 : 11
급수 : 5

❶ 바라다 ❷ 바라보다. 우러러보다 ❸ 원망하다 ❹ 보름

望夫石(망부석) 아내가 멀리 떠난 남편을 기다리다가 죽어 화석이 되었다는 전설적인 돌
望遠鏡(망원경) 멀리 있는 물체를 잘 보이도록 만든 장치
怨望(원망) ① 남이 한 일을 억울하게 또는 못마땅히 여겨 탓함 ② 분하게 여겨 미워함
希望(희망) 기대하여 바람. 앞일에 대한 소망

Q 병이 완치될 可望(가망)이 있습니까?

丶 亠 亡 亡 朗 朗 朗 望 望 望

月部·期 朝

期 기약할 기

英 expect
中 期 (qī)

부수 : 月
부수 뺀 획수 : 8
총획수 : 12
급수 : 5

❶ 기약하다. 목적을 세우고 바라다 ❷ 때. 기간

期間(기간) 어느 일정한 시기의 사이
期待(기대) 마음 속으로 바라고 기다림
期約(기약) 때를 정하여 약속함
時期(시기) ① 정하여진 때 ② 바라고 기다리던 때

이 과자의 유통 期限(기한)은 제조일로부터 6개월이다.

一 十 卄 丗 丗 其 其 其 期 期 期

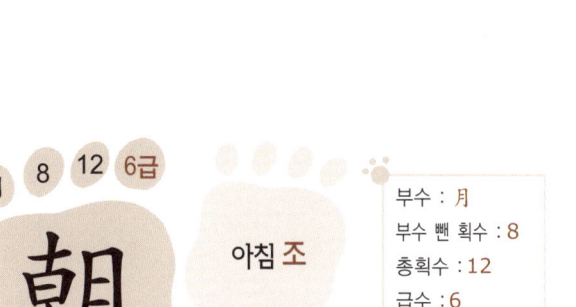

朝 아침 조

英 morning
中 朝 (zhāo, cháo)

부수 : 月
부수 뺀 획수 : 8
총획수 : 12
급수 : 6

❶ 아침 ❷ 조정 ❸ 임금을 뵈다. 뵙다 ❹ 왕조

朝刊新聞(조간신문) 일간 신문 중에서, 아침에 발행하는 신문
朝飯(조반) 아침때에 끼니로 먹는 밥. 아침밥
朝廷(조정) 임금이 나라의 정치를 의논하고 집행하는 곳
朝會(조회) 아침에 학교나 회사 등에서 지시 사항 전달을 하기 위한 모임
早朝割印(조조할인) 극장 등에서 보통 오전에는 입장 요금 등을 할인하는 일

조선 王朝(왕조) 오백 년 동안 가장 훌륭했던 왕은 누구일까?

一 十 产 吉 吉 卓 直 卓 朝 朝 朝

期 期   朝 朝

부수	木
부수 뺀 획수	0
총획수	4
급수	8

英 tree
中 木(mù)

나무

木刻(목각) 나무에 글자나 그림을 새김

木手(목수) 나무를 다루어 집을 짓거나 물건 만드는 것을 직업으로 삼는 사람

植木日(식목일) 산을 푸르게 하기 위하여 나라에서 나무를 심고 가꾸기를 권장할 목적으로 제정한 날. 매년 4월 5일

건축용 木材(목재)의 수입량이 점점 늘고 있다.

一 十 才 木

木 1 5 5급

끝 말

부수	木
부수 뺀 획수	1
총획수	5
급수	5

英 end
中 末(mò)

❶ 끝 ❷ 보잘것 없다 ❸ 가루 ❹ 가볍다

末期(말기) 어떤 시대나 시기가 끝날 무렵

粉末(분말) 깨뜨리거나 부수거나 갈아서 썩 잘게 부스러진 마른 물건. 가루

週末(주말) 한 주일의 끝. 토요일부터 일요일에 걸치는 동안
Q 그 소설의 結末(결말)은 매우 슬펐다.
一 二 ㅏ 才 末

부수 : 木
부수 뺀 획수 : 1
총획수 : 5
급수 : 4

아닐 미

英 not
中 未 (wèi)

아니다

未決(미결) 아직 결정되거나 해결되지 아니함
未成年者(미성년자) 만 20세가 되지 않은 사람
未熟(미숙) 일에 익숙하지 못함
Q 8세 未滿(미만)의 어린이는 보호자를 동반하여야 한다.
一 二 ㅏ 才 未

부수 : 木
부수 뺀 획수 : 1
총획수 : 5
급수 : 6

근본 본

英 origin
中 本 (běn)

❶ 근본 ❷ 본디 ❸ 주가 되는 것 ❹ 자기 자신 ❺ 책

本部(본부) 어떤 기관이나 단체의 중심이 되는 조직
本分(본분) ① 사람이 저마다 갖는 본디의 신분 ② 마땅히 하여야 할 본디의 의무
基本(기본) 사물의 근본
Q 本人(본인)이 직접 가지 않아도 위임장을 쓰면 된다.
一 十 才 木 本

木部 · 朴 李

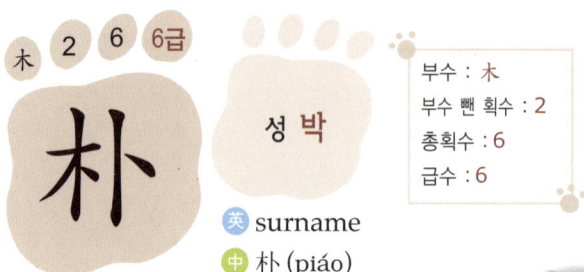

성 박

英 surname
中 朴 (piáo)

| 부수 : 木
| 부수 뺀 획수 : 2
| 총획수 : 6
| 급수 : 6

❶ 성 ❷ 나무껍질 ❸ 순박하다

朴赫居世(박혁거세) 신라의 시조. 알에서 태어났다고 함
素朴(소박) 꾸밈이나 거짓이 없이 수수함
淳朴(순박) 성질이 순하고 진실하며 아무런 꾸밈이 없음

그는 말과 행동 모두 素朴(소박)하다.

오얏 리

英 plum / surname
中 李 (lǐ)

| 부수 : 木
| 부수 뺀 획수 : 3
| 총획수 : 7
| 급수 : 6

❶ 오얏나무(자두나무) ❷ 다스리다 ❸ 성

李承晩(이승만) 대한민국 초대 대통령을 지냄
李退溪(이퇴계) 이황. 조선 중종 · 명종 때의 유학자 · 문신
張三李四(장삼이사) 장씨의 셋째 아들과 이씨의 넷째 아들이라는 뜻으로, 이름이나 신분이 뚜렷하지 못한 평범한 사람들

李舜臣(이순신)은 거북선으로 왜병을 무찔렀다.

一 十 才 木 李 李 李

190 朴 朴   李 李

木部 · 束 材

木 3 7 5급

묶을 속

부수 : 木
부수 뺀 획수 : 3
총획수 : 7
급수 : 5

英 bind
中 束 (shù)

❶ 묶다. 매다 ❷ 단속하다

結束(결속) ① 한 덩이가 되게 묶음 ② 뜻이 같은 사람들끼리 마음을 합하고 뭉침
拘束(구속) ① 제 마음대로 못 하게 함 ② 가두어 둠
團束(단속) 주의를 기울여 단단히 다잡음
約束(약속) 앞으로 할 일을 상대방과 서로 말로 정하여 놓음

Q 병이 이미 깊어 의사도 束手無策(속수무책)이다.

一 一 一 一 束 束 束

木 3 7 5급

재목 재

부수 : 木
부수 뺀 획수 : 3
총획수 : 7
급수 : 5

英 timber
中 材 (cái)

❶ 재목 ❷ 재료. 감 ❸ 재능

材料(재료) ① 물건을 만드는 데 드는 원료 ② 어떤 일을 하기 위한 거리
教材(교재) 수업에 쓰이는 재료
人材(인재) 학식과 능력이 뛰어난 사람

Q 사건의 取材(취재)를 위해 많은 기자들이 모여들었다.

一 十 才 才 村 村 材

木部 · 村 果

마을 촌

부수 : 木
부수 뺀 획수 : 3
총획수 : 7
급수 : 7

英 village
中 村 (cūn)

마을. 시골

村落(촌락) 시골의 마을
村長(촌장) 한 마을의 우두머리
江村(강촌) 강가의 마을
Q 초여름은 農村(농촌)이 가장 바쁠 때이다.

一 十 オ 才 木 村 村

실과 과

부수 : 木
부수 뺀 획수 : 4
총획수 : 8
급수 : 6

英 fruit
中 果 (guǒ)

❶ 실과. 과실 ❷ 결과 ❸ 결단성 있다 ❹ 과연

果敢(과감) 일을 딱 잘라서 결정하는 성질이 있고
　　　　용감함
果實(과실) 먹을 수 있는 나무의 열매
果然(과연) 빈말이 아니라 정말로. 들은 바와 같이
果汁(과즙) 과일의 즙
成果(성과) 일이 이루어진 결과
Q 큰아버지는 지방에서 果樹園(과수원)을 하신다.

丨 口 日 旦 born 早 果 果

192　村 村　　　　果 果

동녘 동

英 east
中 东 (dōng)

부수 : 木
부수 뺀 획수 : 4
총획수 : 8
급수 : 8

동녘. 동쪽

東大門(동대문) 서울 동쪽의 큰 성문. '흥인지문'을 달리 일컫는 말
東西古今(동서고금) 동양이나 서양에서 예나 지금. 곧, '어디서나, 언제나'의 뜻
東海(동해) ① 동쪽의 바다 ② 우리 나라 동쪽의 바다 이름
正東津(정동진) 강원도 강릉시 강동면 정동진리에 있는 바닷가
Q 길을 물었는데 시간을 알려주니 웬 東問西答(동문서답)이냐.

一 厂 币 戸 百 申 東 東

수풀 림

英 forest
中 林 (lín)

부수 : 木
부수 뺀 획수 : 4
총획수 : 8
급수 : 7

수풀. 숲

林野(임야) 나무들이 들어서 있는 넓은 땅
林業(임업) 인간 생활에 이용할 수 있는 나무를 가꾸고 베어 내는 산업
密林(밀림) 큰 나무들이 빽빽이 들어찬 수풀
Q 사람들은 숲의 맑은 공기를 마시기 위해 森林浴(삼림욕)을 한다.

一 十 十 才 木 村 材 林

木 4 8 5급

널 판

board
板 (bǎn)

부수 : 木
부수 뺀 획수 : 4
총획수 : 8
급수 : 5

널

板子(판자) 널빤지
木板(목판) 나무에 글씨나 그림을 새긴 인쇄용 판
氷板(빙판) 얼음이 깔린 길바닥
鐵板(철판) 쇠로 된 넓은 판

Q 그는 한국 축구계의 看板(간판) 스타이다.

一 十 才 木 朾 朽 板 板

木 5 9 5급

조사할 사

investigate
查 (chá)

부수 : 木
부수 뺀 획수 : 5
총획수 : 9
급수 : 5

조사하다

檢査(검사) 사실을 조사하여 옳고 그름, 낫고 못함을 가려 냄
搜査(수사) 범인의 행방을 찾거나 증거를 모음
探査(탐사) 더듬어 살펴 조사함

Q 모든 사실은 調査(조사)를 하면 다 밝혀질 것이다.

一 十 才 木 杏 杏 杳 査

木部 · 校 格

木 6 10 8급

학교 교

부수 : 木
부수 뺀 획수 : 6
총획수 : 10
급수 : 8

英 school
中 校 (xiào, jiào)

❶ 학교 ❷ 교정하다 ❸ 장교

校門(교문) 학교의 정문
校長(교장) 학교를 대표하고 직원과 교사를 통솔·감독하는 책임자
將校(장교) 육·해·공군의 소위 이상의 군인
우리 학교 校歌(교가)는 어떤 시인이 작사하였다.

一 十 才 木 术 术 栌 栌 柠 校

木 6 10 5급

격식 격

부수 : 木
부수 뺀 획수 : 6
총획수 : 10
급수 : 5

英 character
中 格 (gé)

❶ 격식 ❷ 연구하다. 궁구하다

格納庫(격납고) 비행기 따위를 넣어 두는 창고
格式(격식) 격에 맞는 방식
資格(자격) 어떤 임무를 맡거나 일을 하는 데 필요한 조건
合格(합격) 어떤 조건·격식에 알맞음
요즘 아이들은 體格(체격)에 비해 체력이 너무 약하다.

一 十 才 木 朴 朴 柊 柊 格 格

校 校   格 格

195

- 부수 : 木
- 부수 뺀 획수 : 6
- 총획수 : 10
- 급수 : 6

뿌리 근

英 root
中 根 (gēn)

❶ 뿌리 ❷ 근본. 밑

根據(근거) 근본이 되는 사실
根本(근본) ① 사물이 발생하는 근원 ② 초목의 뿌리 ③ 자라 온 환경이나 경력
根絕(근절) 어떤 일이 다시 일어나지 못하도록 뿌리째 없애 버림

Q. 모든 두려움의 根源(근원)은 마음에서부터 나온다.

一 十 十 才 木 机 柯 柯 根 根 根

- 부수 : 木
- 부수 뺀 획수 : 6
- 총획수 : 10
- 급수 : 5

책상 안

英 tagle
中 案 (àn)

❶ 책상 ❷ 생각. 생각하다 ❸ 인도하다

答案(답안) 문제의 해답
方案(방안) 일을 해 나가는 방법이나 계획
提案(제안) 어떤 생각이나 문제를 내놓음

Q. 관광객들은 案內(안내)에 따라 질서 있게 입장하였다.

丶 丶 宀 宀 安 安 安 岑 案 案

根 根   案 案

木 8 12 7급

심을 식

부수 : 木
부수 뺀 획수 : 8
총획수 : 12
급수 : 7

英 plant
中 植 (zhí)

❶ 심다 ❷ 식물

植物(식물) 나무와 풀 등과 같이 줄기·뿌리·잎 등으로 되어 있는 생물

植物性(식물성) ① 식물에서만 볼 수 있는 성질 ② 식물에서 얻어지는 것

植民地(식민지) 나라 밖의 땅으로서 본국이 다스리는 땅

Q 植木日(식목일)에 나무 한 그루를 심고 예쁜 이름을 붙여 주었다.

一 十 才 木 木 杧 杧 柿 柿 植 植 植

木 9 13 4급

다할 극

부수 : 木
부수 뺀 획수 : 9
총획수 : 13
급수 : 4

英 utmost
中 极 (jí)

❶ 지극하다 ❷ 다하다 ❸ 끝. 한계

極烈(극렬) 지극히 심함

極甚(극심) 매우 심함

兩極(양극) ① 남극과 북극 ② 양극(+)과 음극(-)

Q 펭귄은 대부분 南極(남극) 지역에 퍼져 사는 것으로 알려져 있다.

一 十 才 木 木 杧 柯 柯 柯 極 極 極

植 植   極 極

木 9 13 6급

업 업

英 business
中 业 (yè)

부수 : 木
부수 뺀 획수 : 9
총획수 : 13
급수 : 6

❶ 업. 일. 직업 ❷ 선악의 소행

業務(업무) 직업으로서 하는 일
開業(개업) 영업이나 사업을 시작함
作業(작업) 일을 함. 또는 그 일
學業(학업) 공부하여 학문을 닦는 일

Q 아버지가 새로 시작하신 事業(사업)이 잘 되었으면 좋겠다.

丨 丨丨 丨丨丨 业 业 业 业 业 芈 辈 業 業

木 10 14 4급

영화 영

英 glory
中 荣 (róng)

부수 : 木
부수 뺀 획수 : 10
총획수 : 14
급수 : 4

❶ 영화. 영화롭다 ❷ 성하다 ❸ 명예

榮達(영달) 지위가 높고 귀하게 됨
榮華(영화) 귀하게 되어 이름이 세상에 드러나
　　　고 빛남
繁榮(번영) 일이 성하게 잘 됨
虛榮(허영) 분수에 넘치고 겉으로만 보이는 부
　　　와 명예

Q 오늘의 모든 榮光(영광)을 부모님께 돌립니다.

丶 丶丶 丶丶丶 丷 丷丷 炏 炏 炏 炏 穴 榮 榮

業 業　　　榮 榮

즐길 **락**
풍류 **악**
좋아할 **요**

부수 : 木
부수 뺀 획수 : 11
총획수 : 15
급수 : 6

英 pleasure
中 乐 (lè, yào, yuè)

❶ 즐기다 ❷ 풍류. 음악 ❸ 좋아하다

安樂(안락) 몸과 마음이 편안하고 걱정이 없어 즐거움
娛樂(오락) 재미있게 놀아서 기분을 즐겁게 하는 일
音樂(음악) 소리에 따른 예술. 박자·가락·음색·화음 등을 조화시켜, 목소리나 악기로 감정을 나타내는 것

Q 樂器(악기) 하나쯤 연주할 수 있도록 배워 두는 것은 정서 발달에 많은 도움을 준다.

丿 ﾉ ゟ 白 白 伯 伯 始 始 樂 樂 樂
樂 樂 樂

다리 **교**

부수 : 木
부수 뺀 획수 : 12
총획수 : 16
급수 : 5

英 bridge
中 桥 (qiáo)

다리

橋脚(교각) 다리를 받치고 있는 기둥
大橋(대교) 큰 다리
鐵橋(철교) ① 쇠붙이로 만들어 놓은 다리 ② 철도가 지나는 다리

Q 길을 건널 때는 횡단보도나 陸橋(육교)를 이용한다.

一 十 才 木 木 杧 杧 柊 柊 栓 栓 橋 橋
橋 橋 橋 橋

부수 : 木
부수 뺀 획수 : 12
총획수 : 16
급수 : 6

나무 수

英 tree
中 树 (shù)

❶ 나무 ❷ 심다 ❸ 세우다

樹立(수립) 어떤 일이나 사업 등을 이룩하여 세움
樹勳(수훈) 공을 세움
針葉樹(침엽수) 잎이 가늘고 긴 나무를 일컫는 말

Q. 오늘 삼림욕을 즐기기 위해 한 樹木園(수목원)에 찾아 갔다.

一 十 † 木 木 朴 杧 桔 桔 樹 樹
樹 樹 樹 樹

부수 : 木
부수 뺀 획수 : 13
총획수 : 17
급수 : 4

검사할 검

英 inspect
中 检 (jiǎn)

검사하다. 조사하다

檢問(검문) 경찰관·헌병 등이 사람이나 차량 따위를 멈추게 하고 신분·짐 등을 조사함
檢索(검색) 자세히 살펴 찾아봄
檢診(검진) 병에 걸렸나 검사하는 진찰

Q. 내용을 자세히 檢討(검토)한 후에 결정하겠다.

一 十 † 木 朴 朴 柃 柃 檢 檢 檢
檢 檢 檢 檢 檢

樹 樹 樹　　　　檢 檢 檢

木部・權

권세 권

부수 : 木
부수 뺀 획수 : 18
총획수 : 22
급수 : 4

英 power
中 权 (quán)

❶ 권세 ❷ 방편 ❸ 저울질하다

權力(권력) 남을 강제로 복종시키는 힘
公權力(공권력) 나라 또는 공공 단체가 국민에게 명령하고 강제하는 권력
人權(인권) 인간으로서 당연히 가지는 기본적인 권리
主權(주권) ① 가장 중요한 권리 ② 나라의 구성 요소로, 나라의 의사를 최종적으로
　　　　　 결정하는 최고 권력

어린이들도 어른으로부터 존중받을 權利(권리)가 있다.

一 十 才 木 木 木 杧 杧 杧 杧 権 権
権 権 権 権 権 権 權 權 權

 STORY 漢字

수욕정이풍부지(樹欲靜而風不止) : 나무는 조용히 있고 싶어도 바람이 멎지 않으니 뜻대로 되지 않는다는 말로, 효도를 하려고 해도 부모가 살아계시지 않는다는 뜻. 공자가 자기의 뜻을 펴기 위해 이 나라 저 나라로 떠돌고 있을 때였다. 하루는 몹시 울며 슬퍼하는 사람을 만났다. 그는 자신이 우는 까닭을 이렇게 말했다. "저에게는 세가지 한(恨)이 되는 일이 있습니다. 그 첫째는 젊었을 때 천하를 두루 돌아다니다가 집에 와 보니 부모님이 이미 세상을 떠나신 것입니다. 둘째는 저의 능력을 인정하여 써 주는 군주를 어디에서도 만나지 못한 것입니다. 셋째는 서로 속마음을 터놓고 지내던 친구와 사이가 멀어진 것입니다. 무릇 나무는 조용히 있고자 하나 바람 잘 날이 없고(樹欲靜而風不止), 자식이 부모를 모시고자 하나 부모는 이미 안 계신 것입니다(子欲養而親不待). 돌아가시고 나면 다시는 뵙지 못하는 것이 부모님입니다." 이 날 충격과 함께 깊은 감명을 받은 공자의 제자 중 고향으로 돌아가 부모를 섬긴 사람이 열세 명이나 되었다.

權　權　權

欠部

欠部 하품흠 부

欠 2 6 4급

次 버금 차

英 next
中 次 (cì)

부수 : 欠
부수 뺀 획수 : 2
총획수 : 6
급수 : 4

❶ 버금. 다음 ❷ 차례 ❸ 번

次期(차기) 다음 시기나 기회
席次(석차) ① 자리의 차례 ② 성적의 차례
將次(장차) 앞으로

학교 식당에서 밥을 먹기 위해 次例(차례)대로 줄을 서 있다.

丶 冫 冫 次 次 次

欠 10 14 7급

歌 노래 가

英 song
中 歌 (gē)

부수 : 欠
부수 뺀 획수 : 10
총획수 : 14
급수 : 7

노래. 노래하다

歌舞(가무) 노래와 춤
歌謠(가요) 가락을 붙여 부르는 노래
流行歌(유행가) 어느 한 시기에 널리 불리는 노래
祝歌(축가) 축하하는 뜻으로 부르는 노래

次 次 次　　　歌 歌 歌

♪ 멜로디와 함께 歌詞(가사)를 익히면 보다 쉽게 외울 수 있다.

止 ❶ ❹ 5급

그칠 **지**

부수 : 止
부수 뺀 획수 : 0
총획수 : 4
급수 : 5

英 stop
中 止 (zhǐ)

❶ 그치다. 멎다 ❷ 막다. 금지하다 ❸ 머무르다

防止(방지) 어떤 일이 일어나지 못하도록 막음
沮止(저지) 막아서 못하게 함
停止(정지) 중간에서 그침

♪ 어머니는 10시 이후에 컴퓨터 사용하는 것을 禁止(금지)하셨다.

丨 卜 广 止

 PLUS 漢字

부수 구별이 어려운 한자 1

加(더할 가) → 力(힘력)部
各(각각 각) → 口(입구)部
去(갈 거) → 厶(마늘모)部
更(고칠 경) → 曰(가로왈)部

歌(노래 가) → 欠(하품흠)部
改(고칠 개) → 攵(등글월문)部
巨(클 거) → 工(장인공)部
公(공평할 공) → 八(여덟팔)部

止 止 止

英 right
中 正 (zhèng, zhēng)

❶ 바르다. 바로잡다 ❷ 주가 되는 것 ❸ 정월

正當(정당) 바르고 옳음
正統(정통) ① 바른 계통 ② 정당한 혈통
正確(정확) 틀림이 없이 바르고 확실함
修正(수정) 잘못된 것을 바르게 잡음
Q. 거짓말하는 우등생보다는 正直(정직)한 열등생이 훨씬 낫다.

一 丁 下 正 正

英 walk
中 步 (bù)

걸음. 걷다

步道(보도) 사람이 걸어다니는 길
步幅(보폭) 걸음의 발자국 사이의 거리
步行(보행) 탈것을 타지 않고 걸어서 감
進步(진보) 점점 잘 되어 나감
Q. 컴퓨터를 다루는 나의 실력은 아직 初級(초급) 단계이다.

丨 ㅏ 止 ㅏ 步 步 步

止 4 8 4급

武

호반 무

英 military
中 武 (wǔ)

부수 : 止
부수 뺀 획수 : 4
총획수 : 8
급수 : 4

❶ 호반. 군사 ❷ 전쟁 ❸ 굳세다 ❹ 발자취

武功(무공) 나라를 위해 싸운 공적
武官(무관) 군대의 일을 맡아보는 관리
武林(무림) 무사 또는 무협의 세계
武勇(무용) 싸움에서 용감하고 사나움
武器(무기)의 성능 향상은 기술의 발달과 함께 이루어진다.

一 二 十 午 午 卍 武 武

止 9 13 5급

歲

해 세

英 age
中 岁 (suì)

부수 : 止
부수 뺀 획수 : 9
총획수 : 13
급수 : 5

❶ 해 ❷ 나이 ❸ 세월

歲拜(세배) 새해에 웃어른께 드리는 인사
歲費(세비) 국가 기관이 일 년간 사용하는 비용
萬歲(만세) 어떤 축복이나 번영을 위하여 외치는 소리
가는 歲月(세월)을 그 누가 막을 수 있겠는가.

丨 卜 止 止 产 产 芦 芦 芦 芦 歲
歲 歲

止 12 16 5급

歷

지날 **력**

부수 : 止
부수 뺀 획수 : 12
총획수 : 16
급수 : 5

英 pass through
中 历 (lì)

❶ 지내다. 겪다 ❷ 두루 ❸ 분명하다

經歷(경력) 겪어 지내 온 여러 가지 일들
履歷書(이력서) 지금까지 거쳐 온 학업·직업 따위의 경력을 적은 종이
學歷(학력) 지금까지 공부를 한 경력
Q 내가 가장 좋아하는 과목은 인간의 발자취를 기록한 歷史(역사)이다.

一 厂 厂 厂 厈 厈 厈 屛 屛 麻
麻 厤 厯 歷

歹部 죽을사변 부

歹 2 6 6급

死

죽을 **사**

부수 : 歹
부수 뺀 획수 : 2
총획수 : 6
급수 : 6

英 die
中 死 (sǐ)

❶ 죽다. 죽이다 ❷ 생기가 없다 ❸ 목숨을 걸다

死色(사색) 죽은 사람과 같은 창백한 얼굴빛
死守(사수) 목숨을 걸고 지킴
不死身(불사신) 어떤 어려움을 당해도 쓰러지지 않는

굳센 사람의 비유
Q 빵을 훔쳤다고 死刑(사형)을 시킨다는 것은 너무하지 않은가.
一 ㄏ ㄗ ㄘ 歹 死

英 kill
中 杀 (shā)

① 죽이다　② 없애다　③ 덜다　④ 매우

殺人(살인) 사람을 죽임
殺害(살해) 남의 생명을 해침
殺到(쇄도) 한꺼번에 세차게 몰려듦
Q 균을 없애기 위해 殺菌(살균)과 소독을 자주 하여야 한다.
丿 ㄨ ㄠ 斗 肀 朵 杀 剎 粂 殺 殺

 PLUS 漢字

촌수를 따지는 법
촌수는 친족간의 멀고 가까움을 나타내는 것으로, 촌수가 작을수록 가까운 관계를 뜻한다. 부모와 자식 간은 1촌, 형제간은 2촌으로 한다. 아버지의 형제는 나와 3촌의 관계에 있는데, 아버지와 나 1촌, 아버지와 그 형제 사이가 2촌이므로 3촌(1+2)의 관계가 성립한다. 특이한 점은 부부 관계는 혈연에 의해 성립한 것이 아니라 법적으로 성립한 관계이므로 촌수가 없는 것으로 한다.

母 1 5 8급

어미 **모**

英 mother
中 母 (mǔ)

부수 : 母
부수 뺀 획수 : 1
총획수 : 5
급수 : 8

❶ 어머니 ❷ 모체. 근본

母校(모교) 자기가 졸업한 학교
母女(모녀) 어머니와 딸
叔母(숙모) 작은 어머니

🔍 자식을 위해 자신을 희생한 한 어머니의 母性愛(모성애)에 진한 감동을 느꼈다.

乚 𠃊 母 母 母

母 3 7 7급

매양 **매**

英 every
中 每 (měi)

부수 : 母
부수 뺀 획수 : 3
총획수 : 7
급수 : 7

매양

每年(매년) 해마다
每番(매번) 번번이. 매번
每事(매사) 일마다. 모든 일

🔍 그는 每日(매일) 아침 조깅을 한다.

丿 𠂉 𠂉 每 每 每 每

母 母 母   每 每 每

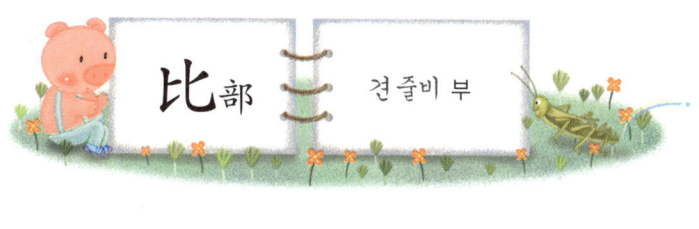

부수 : 比
부수 뺀 획수 : 0
총획수 : 4
급수 : 5

英 compare
中 比 (bǐ)

❶ 견주다 ❷ 나란히 하다

比等(비등) 비교해 보았을 때 서로 비슷함
比例(비례) 물건 각 부분 사이의 비율
比喩(비유) 사물을 설명할 때 그와 비슷한 다른 사물을 빗대어 표현함
對比(대비) 서로 맞대어 비교함

이것과 저것을 比較(비교)해 보면 그 차이를 확실히 알 수 있다.

一 レ ヒ 比

 STORY 漢字

맹모삼천지교(孟母三遷之敎) : 맹자의 어머니가 아들의 교육을 위하여 집을 세 번이나 옮긴 일로, 어린아이의 교육에는 환경이 매우 중요하다는 뜻. 맹자는 아버지가 일찍 돌아가셔서 어머니와 단 둘이 살았다. 맹자가 처음에 살던 곳은 묘지 근처였는데, 맹자는 이웃 아이들과 어울려 사람이 죽어서 땅에 묻히고 또는 땅에 엎드려 대성통곡하거나 제사지내는 흉내를 내면서 놀았다. 그래서 맹자의 어머니는 이사를 하기로 결정했다. 이사한 곳은 시장 근처였다. 이번에는 맹자가 아이들과 장사하는 흉내를 내면서 놀았다. 그래서 이번에는 서당 부근으로 이사를 했다. 그러자 맹자가 책 읽고 글 배우는 일에 열중하며 어른을 공경하는 태도를 보였다고 한다.

孟 맏 맹   母 어머니 모   三 석 삼
遷 옮길 천   之 어조사 지   敎 가르칠 교

比 比 比

英 hair
中 毛 (máo)

❶ 털 ❷ 가늘다 ❸ 풀

毛髮(모발) 사람의 머리털
毛皮(모피) 털가죽
不毛地(불모지) 식물이 자라지 않는 거칠고 메마른 땅
❓ 감기 걸리지 않도록 毛布(모포)를 잘 덮고 자거라.

ノ 二 三 毛

英 people
中 民 (mín)

❶ 씨 ❷ 나라 이름

民泊(민박) 보통 살림집에서 잠을 자고 머무르는 일
民防衛(민방위) 국민들이 스스로 적의 침입이나 재난으로부터 생명과 재산을 보호
　　하기 위한 활동
民俗(민속) 일반 백성들의 풍속
民心(민심) 일반 국민들의 마음
僑民(교민) 해외에 사는 국민
　🔍 우리 동네는 매달 住民(주민)들이 모여 반상회를 한다.

㇀ ㇂ 尸 ㇁ 民

气部 　기운기 부

气 6 10 7급

氣

기운 기

英 vigor
中 气 (qì)

부수 : 气
부수 뺀 획수 : 6
총획수 : 10
급수 : 7

❶ 기운. 힘 ❷ 숨 ❸ 기체 ❹ 기후

氣概(기개) 씩씩한 기상과 꿋꿋한 절개
氣候(기후) 비나 눈이 오고, 맑고, 흐리고, 춥고, 덥고 하는 따위의 현상
勇氣(용기) 씩씩하고 굳센 기운
活氣(활기) 활동하는 힘
氣絶(기절) ① 한 때 정신을 잃음 ② 깜짝 놀라 숨이 막힐 지경이 됨
　🔍 氣盡脈盡(기진맥진)하여 더 이상 걷지도 못하겠다.

ノ 一 ㇒ 气 气 气 氛 氣 氣 氣

氣 氣 氣

水部 · 水 氷

'水'가 한자의 왼쪽에 쓰일 때는 '氵'의 형태를 취한다.

水 0 4 8급

물 수

부수 : 水
부수 뺀 획수 : 0
총획수 : 4
급수 : 8

英 water
中 水 (shuǐ)

❶ 물. 물이 일다 ❷ 수성(水星) ❸ 고르다

水道(수도) 물을 소독하여 가정이나 그 밖의 필요한 곳으로 보내 주는 시설
水分(수분) 물기
水平線(수평선) 바다와 하늘이 맞닿아 보이는 선
湖水(호수) 사면이 육지로 싸이고 우묵하게 패여 물이 괸 곳. 못이나 늪보다 훨씬 크고도 깊음

Q 이 곳은 水質(수질)이 나빠서 약숫물로 적합하지 않다.

丨 刁 才 水

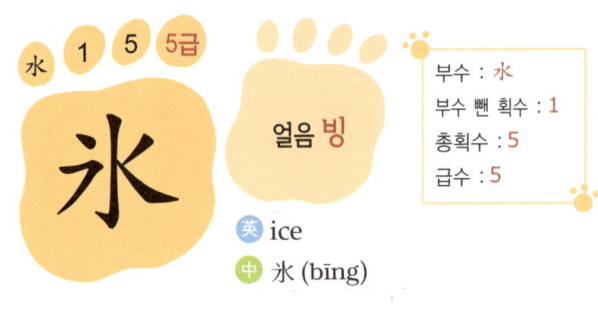

氷 1 5 5급

얼음 빙

부수 : 水
부수 뺀 획수 : 1
총획수 : 5
급수 : 5

英 ice
中 氷 (bīng)

얼음. 얼다

氷山(빙산) 남극이나 북극의 바다에 산처럼 떠 있는 얼음산

水 水 水   氷 氷 氷

氷水(빙수) ① 얼음 냉수 ② 얼음을 눈처럼 갈아 설탕 · 과일즙 등을 섞은 음료
氷河(빙하) 얼어붙은 큰 강

갑자기 날씨가 추워져서 길이 氷板(빙판)으로 바뀌었다.

亅 ㇀ 氵 氺 氷

길 영

부수 : 水
부수 뺀 획수 : 1
총획수 : 5
급수 : 6

英 eternal
中 永 (yǒng)

길다. 오래다

永訣(영결) 죽은 사람과 산 사람이 영원히 헤어짐
永住權(영주권) 일정한 자격을 갖춘 외국인에게 주는, 한 곳에 오래 살 수 있는 권리
永生(영생) 오래 사는 것

한 번 지나간 시간은 아무리 후회해도 永永(영영) 되돌릴 수 없다.

丶 亅 ㇀ 氶 永

 PLUS 漢字

모양이 비슷한 한자 3

水(물 수) – 氷(얼음 빙) – 永(길 영)　　　深(깊을 심) – 探(찾을 탐)
減(덜 감) – 滅(멸할 멸)　　　　　　　　　綠(푸를 록) – 緣(인연 연)
老(늙을 로) – 孝(효도 효) – 考(생각할 고)　色(색 색) – 兎(토끼 토) – 免(면할 면)
里(마을 리) – 重(무거울 중) – 童(아이 동)　貧(가난할 빈) – 貪(탐할 탐)
辛(매울 신) – 幸(다행 행)　　　　　　　　郡(고을 군) – 群(무리 군)
問(물을 문) – 間(사이 간) – 聞(들을 문)　鳥(새 조) – 烏(까마귀 오) – 島(섬 도)

永　永　永

水 2 7 4급

求 구할 구

英 seek
中 求 (qiú)

부수 : 水
부수 뺀 획수 : 2
총획수 : 7
급수 : 4

❶ 구하다 ❷ 탐내다

求乞(구걸) 남에게 돈·곡식 등을 거져 달라고 청함
求職(구직) 직장을 구함
請求(청구) 달라고 요구함
追求(추구) 목적한 것을 이루기 위해 계속 뒤쫓아 구함

🔍 사람들은 피해에 대한 보상을 要求(요구)하고 나섰다.

一 十 寸 才 才 求 求

水 3 6 7급

江 강 강

英 river
中 江 (jiāng)

부수 : 水
부수 뺀 획수 : 3
총획수 : 6
급수 : 7

❶ 물 이름 ❷ 큰 내

江南(강남) 강의 남쪽 지역
江山(강산) ① 강과 산 ② 나라의 영토
漢江(한강) 한국의 중부에 있어, 황해로 들어가는 강

🔍 우리 나라는 온 국민의 노력과 희생으로 漢江(한강)의 기적을 이루었다.

丶 氵 氵 汀 江 江

求 求   江 江

| 부수 : 水 |
| 부수 뺀 획수 : 4 |
| 총획수 : 7 |
| 급수 : 5 |

英 decide
中 决 (jué)

❶ 결정하다 ❷ 끊다. 끊어지다

決斷(결단) 딱 잘라 결정함
決算(결산) 계산을 마감함
決定(결정) 결심하여 작정함
判決(판결) 시비나 선악을 판단하여 결정함

Q 오늘부터 하루에 착한 일 한 가지씩 하기로 決心(결심)했어.

丶 冫 冫 冫 汀 江 决 決

| 부수 : 水 |
| 부수 뺀 획수 : 5 |
| 총획수 : 8 |
| 급수 : 4 |

英 conditions
中 况 (kuàng)

상황

近況(근황) 요사이의 형편
實況(실황) 실제 상황
情況(정황) ① 사정과 상황 ② 인정상 딱한 처지에 있는 상황
現況(현황) 현재의 상황. 지금의 형편

Q 지금 일의 狀況(상황)이 어떻게 돌아가고 있는 거야?

丶 冫 冫 冫 汀 汀 沪 況

決 決   況 況

| 부수 : 水 |
| 부수 뺀 획수 : 5 |
| 총획수 : 8 |
| 급수 : 5 |

英 law
中 法 (fǎ)

❶ 법 ❷ 방법 ❸ 본받다

法律(법률) 나라에서 정한, 국민이 지켜야 할 법규
文法(문법) 문장을 지을 때의 규칙
不法(불법) 법에 거슬림
Q 교통 法規(법규)를 어기면 벌금을 내야 한다.

丶 丶 氵 氵 汁 注 法 法

| 부수 : 水 |
| 부수 뺀 획수 : 5 |
| 총획수 : 8 |
| 급수 : 6 |

英 oil
中 油 (yóu)

기름

注油所(주유소) 자동차나 용기에 경유나 휘발
  유 등 기름을 넣어 주는 곳
食用油(식용유) 음식에 사용하는 기름
潤滑油(윤활유) 기계가 맞닿는 부분의 마찰을
  덜기 위하여 쓰는 기름
Q 우리 나라에서도 石油(석유)가 많이 나왔으
  면 참 좋겠다.

丶 丶 氵 氵 汩 油 油 油

法 法　　　　油 油

- 부수 : 水
- 부수 뺀 획수 : 5
- 총획수 : 8
- 급수 : 6

英 pour
中 注 (zhù)

❶ 물을 붓다. 물 대다 ❷ 뜻을 두다

注目(주목) 한 곳에다 시선을 모아 봄
注文(주문) 어떤 상품이 모양·크기·수량 등을 일러 주고 그것을 맞추거나 보내 달라고 함
注意(주의) 마음에 새겨 두어 조심함
注入(주입) 흘러들어가도록 쏟아서 넣음

Q. 독감 예방 注射(주사)는 적당한 시기에 맞아야 효과가 있다.

丶 丶 氵 氵 汁 汁 注 注

- 부수 : 水
- 부수 뺀 획수 : 5
- 총획수 : 8
- 급수 : 4

英 govern
中 治 (zhì)

❶ 다스리다 ❷ 병을 고치다

治療(치료) 병이나 다친 곳을 고쳐 낫게 함
完治(완치) 병을 완전히 고침
統治(통치) ① 도맡아 다스림 ② 주권을 가지고 국토와 국민을 지배함

Q. 학교의 운영을 自治(자치)적으로 해야 한다.

丶 丶 氵 氵 汒 治 治 治

217

注 注　　　　治 治

물결 **파**

英 wave
中 波 (bō)

부수 : 水
부수 뺀 획수 : 5
총획수 : 8
급수 : 4

❶ 물결 ❷ 진동하는 결

波及(파급) 어떤 일의 영향이 퍼져 멀리 미침
波動(파동) 물결의 움직임
音波(음파) 소리로써 느껴지는 파동
내 목소리가 電波(전파)를 타고 중국까지 전해졌다.

丶 丶 氵 氵 汇 沪 波 波

물 **하**

英 river
中 河 (hé)

부수 : 水
부수 뺀 획수 : 5
총획수 : 8
급수 : 5

❶ 물 ❷ 강

河口(하구) 바다 등으로 흘러들어가는 강물의 어귀
河馬(하마) 아프리카 열대 지방의 강이나 호수에 사는 포유 동물
山河(산하) 산과 강
방학 때 河川(하천)에서 친구들과 고기잡이를 하던 일이 생각난다.

丶 丶 氵 氵 汀 河 河 河

波 波   河 河

水 6 9 7급

골 동
꿰뚫을 통

부수 : 水
부수 뺀 획수 : 6
총획수 : 9
급수 : 7

英 cave
中 洞 (dòng)

❶ 골. 구렁 ❷ 마을 ❸ 행정 구역의 한 단위
❹ 꿰뚫다

洞里(동리) 동네. 마을
洞事務所(동사무소) 행정 구역의 하나인 동의 행정 사무를 맡아보는 곳
洞察(통찰) 전체를 환하게 내다봄

Q 곰과 호랑이는 인간이 되기 위해 洞窟(동굴)에서 쑥과 마늘을 먹었다.

丶 丶 冫 冫 汀 洞 洞 洞 洞

水 6 9 5급

씻을 세

부수 : 水
부수 뺀 획수 : 6
총획수 : 9
급수 : 5

英 wash
中 洗 (xǐ)

❶ 씻다 ❷ 깨끗하다

洗鍊(세련) 갈고 다듬어 우아하고 고상하게 함
洗面(세면) 얼굴을 씻음
洗濯(세탁) 빨래. 빨래를 함

Q 洗手(세수)하고 밥을 먹을까, 밥을 먹고 세수를 할까?

丶 丶 冫 冫 汁 汁 泙 洗 洗

부수 :	水
부수 뺀 획수 :	6
총획수 :	9
급수 :	6

英 ocean
中 洋 (yáng)

❶ 큰 바다 ❷ 서양

洋服(양복) 서양식의 옷
西洋(서양) 유럽과 아메리카 대륙의 여러 나라를 일컫는 말
海洋(해양) 크고 넓은 바다

💬 요즘 아이들은 한식보다 洋食(양식)을 더 좋아한단 말야.

丶丶氵氵氵氵洋洋洋

부수 :	水
부수 뺀 획수 :	6
총획수 :	9
급수 :	7

英 live
中 活 (huó)

❶ 살다 ❷ 생기가 있다 ❸ 응용하다

活動(활동) 기운차게 움직임
活力(활력) 살아 움직이는 힘
活路(활로) 고난을 헤치고 살아나갈 수 있는 길
活用(활용) 쓰임새에 맞게 잘 응용함

💬 活火山(활화산)에서 지금 막 불을 뿜어 대기 시작했다.

丶丶氵氵氵氵活活活

英 flow
中 流 (liú)

❶ 흐르다 ❷ 떠돌아다니다 ❸ 귀양 보내다 ❹ 펴다 ❺ 품격. 계층

流浪(유랑) 일정한 목적 없이 떠돌아다님
流入(유입) 흘러들어옴
流出(유출) 밖으로 흘러 나감
流行(유행) 옷·말·생각 따위가 일시적으로 널리 퍼지는 현상

🔍 上流(상류)의 물이 맑지 않은데 하류의 물이 맑을 수 있겠는가.

丶 丶 氵 氵 汀 沪 浐 浐 浐 流 流

英 extinguish
中 消 (xiāo)

❶ 사라지다 ❷ 쇠하여 줄어들다 ❸ 거닐다

消毒(소독) 약품·열 따위로 병균을 죽이는 일
消息(소식) 안부를 전하는 편지나 말
消化(소화) ① 먹은 음식물을 몸 속에서 삭임 ② 읽거나 들은 것을 익혀 자기 것으로 만듦
取消(취소) 약속했던 것을 나중에 없었던 것으로 함

🔍 오늘은 화재 발생시 消火器(소화기) 사용법에 대해 배워 봅시다.

丶 丶 氵 氵 氵 沪 沪 消 消 消

- 부수 : 水
- 부수 뺀 획수 : 7
- 총획수 : 10
- 급수 : 5

목욕할 **욕**

英 bathe
中 浴 (yù)

목욕. 목욕하다

浴室(욕실) 목욕하는 방
冷水浴(냉수욕) 찬물로 목욕함
沐浴(목욕) 온몸을 씻음

오랜 시간 日光浴(일광욕)을 하는 것은 오히려 몸에 해롭다.

丶 丶 氵 氵 浐 浴 浴 浴 浴

- 부수 : 水
- 부수 뺀 획수 : 7
- 총획수 : 10
- 급수 : 7

바다 **해**

英 sea
中 海 (hǎi)

바다

海流(해류) 거의 일정한 방향과 속도로 흐르는 바닷물의 큰 흐름
海産物(해산물) 바다에서 나는 물건
海水浴(해수욕) 바닷가에서 놀거나 수영하는 일
航海(항해) 배를 타고 바다를 다님

예전에 비해 海外(해외)로 여행을 떠나는 사람이 부쩍 늘었다.

丶 丶 氵 氵 氵 海 海 海 海

英 deep
中 深(shēn)

깊이. 깊다

深刻(심각) 정도가 아주 깊고 중요함
深夜(심야) 깊은 밤
深海(심해) 깊은 바다

그 호수의 水深(수심)이 얼마나 되는지 궁금하다.

丶 丶 氵 氵 氵 汁 沽 海 海 海 海

英 clear
中 清(qīng)

❶ 맑다. 깨끗하다   ❷ 끝맺다

清廉(청렴) 마음이 깨끗하고 욕심이 없음
清白吏(청백리) 욕심이 없고 마음이 깨끗한 관리
清算(청산) 빚 따위를 셈하여 깨끗이 정리함
清掃(청소) 깨끗이 쓸고 닦음

오늘은 하루종일 清明(청명)한 날씨가 계속 되겠습니다.

丶 丶 氵 氵 汁 清 清 清 清 清

深 深   清 清

水部 · 混 減

水 8 11 4급

섞을 혼

英 mix
中 混 (hùn)

부수 : 水
부수 뺀 획수 : 8
총획수 : 11
급수 : 4

섞다. 섞이다

混同(혼동) 뒤섞여 잘못 판단함
混亂(혼란) 뒤범벅이 되어서 어지러움
混雜(혼잡) 한데 뒤섞여 복잡함
混合(혼합) 뒤섞어서 한데 합함

Q 흰 쌀밥보다는 混食(혼식)을 하는 것이 건강에 도움이 된다.

丶 丶 氵 氵 沪 沪 沪 浔 浔 混 混

水 9 12 4급

덜 감

英 decrease
中 減 (jiǎn)

부수 : 水
부수 뺀 획수 : 9
총획수 : 12
급수 : 4

덜다. 줄이다

減員(감원) 사람 수를 줄임
節減(절감) 아껴서 줄임
急減(급감) 급히 줆. 갑자기 깎아서 줄임

Q 정부는 시민들의 부담을 줄이기 위해 세금을 減免(감면)해 주기로 했다.

丶 丶 氵 氵 氵 沪 沪 減 減 減 減

224   混 混   減 減

水 9 12 5급

호수 **호**

부수 : 水
부수 뺀 획수 : 9
총획수 : 12
급수 : 5

英 lake
中 湖 (hú)

호수

湖畔(호반) 호수의 가
江湖(강호) ① 강과 호수 ② 세상을 비유하는 말

'백조의 湖水(호수)' 는 차이코프스키의 유명한 발레곡이다.

丶 丶 氵 氵 汁 汁 泔 浐 浐 湖 湖 湖

水 10 13 6급

따뜻할 **온**

부수 : 水
부수 뺀 획수 : 10
총획수 : 13
급수 : 6

英 warm
中 温 (wēn)

❶ 따뜻하다 ❷ 부드럽다 ❸ 익히다

溫帶林(온대림) 온대에 발달한 삼림
溫度(온도) 덥고 찬 정도. 온도계가 나타내는 도수
溫順(온순) 마음이 부드럽고 순함
溫和(온화) ① 날씨가 따뜻하고 화창함 ② 성질·태도 등이 온순하고 인자함
三寒四溫(삼한사온) 겨울철에 3일 가량 추웠다가 다음 4일 가량은 따뜻한 날씨가 되풀이되는 현상

실내 溫度(온도)가 얼마나 되는지 온도계를 보고 오너라.

丶 丶 氵 氵 沪 沪 泗 泗 涃 澗 溫 溫 溫

水 11 14 4급

滿 찰 만

- 英 full
- 中 满 (mǎn)

부수 : 水
부수 뺀 획수 : 11
총획수 : 14
급수 : 4

❶ 차다. 가득하다 ❷ 넉넉하다

滿期(만기) 정한 기간이 다 됨
滿足(만족) 마음에 흐뭇하여 모자람이 없음
圓滿(원만) ① 일이 순조롭게 되어 감 ② 성격이 모난 데가 없이 온화함

🔍 버스는 이미 滿員(만원)이라 더 이상 사람이 탈 수 없었다.

丶 丶 氵 汁 汁 浐 浐 浐 浐 浐 滿 滿 滿 滿

水 11 14 5급

漁 고기 잡을 어

- 英 fishing
- 中 渔 (yú)

부수 : 水
부수 뺀 획수 : 11
총획수 : 14
급수 : 5

고기 잡다

漁船(어선) 고기잡이하는 배
漁業(어업) 고기잡이를 하거나 기르는 직업
漁村(어촌) 어부가 사는 마을

🔍 漁父(어부)는 배에 고기를 가득 싣고 항구로 돌아왔다.

丶 丶 氵 汁 汁 汋 洛 渔 渔 漁 漁 漁 漁

水 11 14 7급

한수 한

부수 : 水
부수 뺀 획수 : 11
총획수 : 14
급수 : 7

英 name of a river
中 汉 (hàn)

❶ 한나라 ❷ 한족. 중국 민족 ❷ 사나이

漢文(한문) ① 한자만으로 쓴 문장 ② 중국의 문장
漢陽(한양) 조선 시대에 서울을 일컫던 말
惡漢(악한) 나쁜 짓을 하는 사람

Q 매일 漢字(한자)를 네 글자씩만 공부해도 일 년이면 1400자 이상을 익힐 수 있다.

丶 丶 氵 氵 汁 汁 洴 淩 漢 漢 漢

漢 漢

水 12 15 4급

깨끗할 결

부수 : 水
부수 뺀 획수 : 12
총획수 : 15
급수 : 4

英 pure
中 洁 (jié)

깨끗하다

潔白(결백) 깨끗하고 흼
高潔(고결) 성품이 고상하고 깨끗함
不潔(불결) 깨끗하지 못함

Q 이제 나도 내 방은 스스로 淸潔(청결)하게 청소할 수 있는 나이가 되었다.

丶 丶 氵 氵 氵 浐 浐 浐 潔 潔 潔

潔 潔 潔

'火'가 한자의 아래에 쓰일 때는 '灬'의 형태를 취한다.

火 0 4 8급

불 화

부수 : 火
부수 뺀 획수 : 0
총획수 : 4
급수 : 8

英 fire
中 火 (huǒ)

❶ 불. 불사르다 ❷ 급하다

火山(화산) 땅 속의 마그마가 땅 위로 터져나와 이루어진 산
火傷(화상) 불에 덴 상처
放火(방화) 일부러 불을 지름
이번 올림픽을 위해 여러 주자들은 열심히 聖火(성화) 봉송을 했다.

丶 ⺍ 少 火

火 3 7 5급

재앙 재

부수 : 火
부수 뺀 획수 : 3
총획수 : 7
급수 : 5

英 calamity
中 灾 (zāi)

❶ 재앙 ❷ 화재

災難(재난) 뜻밖에 일어난 불행한 일
災害(재해) 재앙으로 생기는 피해
水災(수재) 홍수나 장마로 인한 피해

火 火　　災 災

Q 火災(화재)는 언제 어디서 일어날지 모르니 항상 대비해야 한다.

丶 ⺍ ⺌ 灬 災 災

火 6 10 4급

烈 매울 렬

부수 : 火
부수 뺀 획수 : 6
총획수 : 10
급수 : 4

英 fierce
中 烈 (liè)

❶ 맵다 ❷ 세차다 ❸ 굳세다

烈女(열녀) 절개가 곧은 여자
烈士(열사) 나라를 위해 절개를 굳게 지킨 사람
壯烈(장렬) 의기가 씩씩하며 용감하고 훌륭함
Q 強烈(강렬)한 햇빛 때문에 눈을 뜰 수가 없을 지경이야.

一 ア 歹 歹 列 列 列 烈 烈 烈

火 8 12 5급

無 없을 무

부수 : 火
부수 뺀 획수 : 8
총획수 : 12
급수 : 5

英 nothing
中 无 (wú)

없다

無關(무관) 관계가 없음
無分別(무분별) 사물의 옳고 그름을 구별하지 못함
無心(무심) 아무 생각이 없음
Q 인기 많은 배우도 아무도 알아주지 않던 無名(무명) 시절이 있었다.

丿 亻 亠 卜 年 무 無 無 無 無 無

火部 · 然 熱

- 부수 : 火
- 부수 뺀 획수 : 8
- 총획수 : 12
- 급수 : 7

英 so
中 然 (rán)

❶ 그러하다 ❷ 그러면

當然(당연) 마땅히 그럴 것임
自然(자연) 사람의 힘을 가하지 않은 상태
必然(필연) 그렇게 될 수밖에 다른 도리가 없음

길을 걷다 偶然(우연)히 친구를 만났다.

丿 ク タ タ ター 外 外 狄 狄 然 然 然

- 부수 : 火
- 부수 뺀 획수 : 11
- 총획수 : 15
- 급수 : 5

英 hot
中 热 (rè)

❶ 열 ❷ 더위. 덥다

熱帶雨林(열대 우림) 비가 많이 내리고, 세계에서 가장 기온이 높고 습기가 많은 지역
熱情(열정) 열렬한 애정
熱中(열중) 한 가지 일에 정신을 쏟음

자기가 맡은 일을 熱心(열심)히 하는 모습은 보기 참 좋다.

一 十 土 耂 耂 赱 幸 坴 刲 刲 埶 埶 熱 熱 熱

'爪'가 한자의 위에 쓰일 때는 'ᄊ'의 형태를 취한다.

爭

爪 4 8 5급

다툴 쟁

부수 : 爪
부수 뺀 획수 : 4
총획수 : 8
급수 : 5

英 contest
中 争 (zhēng)

❶ 다툼. 다투다. ❷ 간하다

紛爭(분쟁) 어떤 말썽 때문에 서로 시끄럽게 다툼
言爭(언쟁) 말다툼
鬪爭(투쟁) 어떤 목적을 이루려고 싸우는 일
　우리는 지금 競爭(경쟁)시대에 살고 있다.

ノ ⺈ ⺈ ⺈ 与 当 争 爭

爲

爪 8 12 4급

할 위

부수 : 爪
부수 뺀 획수 : 8
총획수 : 12
급수 : 4

英 do
中 为 (wéi, wèi)

❶ 행위. 하다 ❷ 되다 ❸ 만들다. 짓다 ❹ 위하다

爲始(위시) 여럿을 들어 말할 때 어떤 대상을 첫째로 삼아 시작함
爲主(위주) 주가 되는 것으로 삼음
人爲的(인위적) 사람이 일부러 한 모양이나 성질
　거짓말로 자기의 잘못된 行爲(행위)를 감출 수는 없다.

ノ ⺈ ⺈ ⺈ 广 产 序 爲 爲 爲 爲 爲

父 0 4 8급

父

아비 **부**

부수 : 父
부수 뺀 획수 : 0
총획수 : 4
급수 : 8

英 father
中 父 (fù)

아버지

父女(부녀) 아버지와 딸
父親(부친) 아버지
學父母(학부모) 학생의 아버지와 어머니

💡 내 얼굴이 아버지와 닮아서 다들 父傳子傳(부전자전)이래.

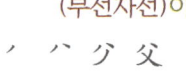

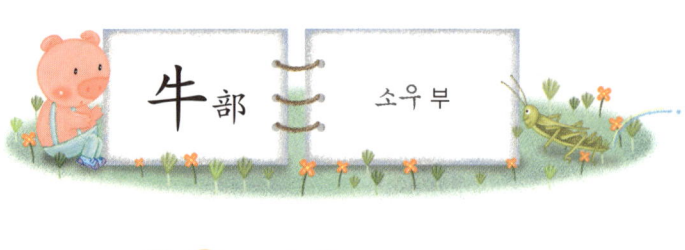

牛 0 4 5급

牛

소 우

부수 : 牛
부수 뺀 획수 : 0
총획수 : 4
급수 : 5

英 cow
中 牛 (niú)

牛部 · 物

소
牧牛 (목우) 소를 먹여 기름
鬪牛 (투우) ① 투우사가 사나운 소와 벌이는 결투 ② 소끼리 싸움을 붙임
韓牛 (한우) 우리 나라에서 키운 소
牛乳(우유)에는 어린이가 성장할 때 필요한 영양소가 많이 있다.
ノ 𠂉 ㄠ 牛

牛 4 8 7급

物

물건 물

부수 : 牛
부수 뺀 획수 : 4
총획수 : 8
급수 : 7

英 article
中 物 (wù)

❶ 물건 ❷ 일 ❸ 헤아리다. 살피다

物質 (물질) 물체를 이루는 내용이나 성질
物體 (물체) 물질이 모여서 일정한 모양을 이루고 있는 것
萬物 (만물) 세상에 있는 모든 것
財物(재물)이 많다고 해서 꼭 행복해지는 것은 아니다.

ノ 𠂉 ㄠ 牛 牜 牞 物 物

PLUS 漢字

십이지(十二支)
우리는 태어난 해를 십이지(十二支)라고 하는 열 두 동물에 연관지어 부르곤 한다. 이것을 '띠'라고 한다. 십이지는 쥐(子(자)), 소(丑(축)), 호랑이(寅(인)), 토끼(卯(묘)), 용(辰(진)), 뱀(巳(사)), 말(午(오)), 양(未(미)), 원숭이(申(신)), 닭(酉(유)), 개(戌(술)), 돼지(亥(해))이다. 많은 동물들 중 왜 이 동물들이 십이지가 되었는가에 대한 유래는 여러 가지가 있다.

物 物 物

牛 6 10 6급

特

특별할 특

英 special
中 特 (tè)

부수 : 牛
부수 뺀 획수 : 6
총획수 : 10
급수 : 6

❶ 특별하다 ❷ 유다르다 ❸ 홀로

特別(특별) 보통보다 훨씬 뛰어남
特性(특성) 그것에만 있는 특별히 다른 성질
獨特(독특) 특별하게 다르거나 뛰어남

자기만이 가지고 있는 特色(특색)을 살리는 것이 중요하다.

犬部 개견 부

'犬'이 한자의 왼쪽에 쓰일 때는 '犭'의 형태를 취한다.

犬 13 16 5급

獨

홀로 독

英 alone
中 独 (dú)

부수 : 犬
부수 뺀 획수 : 13
총획수 : 16
급수 : 5

❶ 홀로 ❷ 외롭다

獨島(독도) 우리 나라의 동해 끝에 있는 섬. 경상 북도 울릉군에 속해 있음
獨立(독립) 남에게 의지하지 않고 혼자 힘으로 해 나감
無男獨女(무남 독녀) 아들이 없는 집안의 외동딸

Q 나의 형은 열심히 獨學(독학)하여 요리사 자격증을 땄다.

丿 犭 犭 犭 犲 犲 犭 犲 犭 獨 獨 獨
獨 獨 獨 獨

'玉'이 한자의 왼쪽에 쓰일 때는 'ㅣ'의 형태를 취한다.

英 king
中 王 (wáng)

부수 : 玉
부수 뺀 획수 : 0
총획수 : 4
급수 : 8

❶ 임금. 임금 노릇하다 ❷ 으뜸

王國(왕국) 왕이 다스리는 나라
王權(왕권) 임금의 권력
王室(왕실) 임금의 집안
Q 왕이 죽자 그 아들이 다음 王位(왕위)를 물려받았다.

一 二 Ŧ 王

 PLUS 漢字

약자(略字), 간체자(簡體字), 속자(俗字)
복잡한 한자의 자획이나 점을 생략하여 간단하게 만든 한자를 약자(略字) 또는 간체자(簡體字)라고 한다. 點(점 점)-点이 그 예이다. 한편, 한자의 해서체에서 올바른 자체(字體)는 아니지만 일반적으로 관용되어 틀린 것으로 취급되지 않는 단순화시킨 글자를 속자(俗字)라고 한다. 吊(조상할 조)-吊 등을 예로 들 수 있다.

王 王 王

玉部 · 玉 班

구슬 **옥**

부수 : 玉
부수 뺀 획수 : 0
총획수 : 5
급수 : 4

英 gem
中 玉 (yù)

❶ 옥. 구슬 ❷ 아름답다 ❸ 훌륭하다

玉童子(옥동자) 옥같이 어여쁜 아들
玉體(옥체) ① 임금의 몸 ② 남의 몸을 높이어 이름
珠玉(주옥) ① 진주와 구슬 ② 아름답고 귀한 것
한자 사전을 玉篇(옥편) 혹은 자전이라고 한다.

一 二 干 王 玉

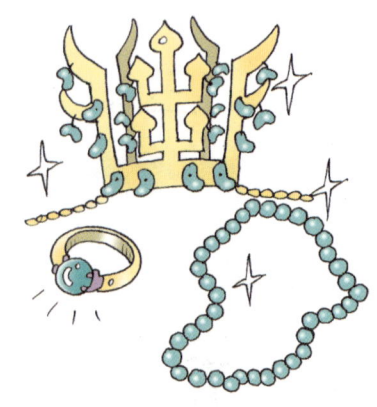

나눌 **반**

부수 : 玉
부수 뺀 획수 : 6
총획수 : 10
급수 : 6

英 share
中 班 (bān)

❶ 나누다 ❷ 줄 ❸ 자리. 지위

班常會(반상회) 반 단위로 주민이 모여 매달
　한 번씩 열리는 모임
分班(분반) 몇 반으로 나눔
兩班(양반) 조선 중엽, 지체나 신분이 높은 상
　류 계급의 사람
국회의원 선거는 班長(반장)을 뽑는 것과 비
　슷한 점이 많다.

一 二 干 王 王 珏 班 班 班

236

玉　玉　　　　班　班

공

球技種目 (구기 종목) 공을 사용하는 운동 종목
電球 (전구) 전기가 흐르면 밝은 빛을 내는 기구
地球 (지구) 우리 인류가 살고 있는 땅덩이
蹴球 (축구) 11명씩 두 팀으로 나누어 상대방 골
  에 공을 넣어 승부를 다투는 경기

野球 (야구) 경기는 각각 9명씩 편을 짜서 하는 운동이다.

一 二 于 王 𤣩 𤣩' 𤣩丁 𤣩丆 𤣩求 球 球

❶ 다스리다 ❷ 이치. 도리 ❸ 깨닫다

理念 (이념) 옳다고 생각하는 이상적인 생각
理性 (이성) 사물의 이치를 논리적으로 생각하고 판단을 하는 능력
物理 (물리) ① 세상 모든 것의 이치 ② 물질의 성질이나 구조 등을 연구하며 그 사이
  의 관계·법칙을 밝히는 학문. 물리학
眞理 (진리) 언제나 누구에게나 타당하다고 인정되는 지식

理解 (이해)가 되지 않는 부분은 질문해 주세요.

一 二 于 王 𤣩 𤣩' 𤣩刀 𤣩甲 理 理

現

나타날 현

英 appear
中 现 (xiàn)

부수 : 玉
부수 뺀 획수 : 7
총획수 : 11
급수 : 6

❶ 나타나다 ❷ 이제. 지금

現代(현대) 지금의 시대
現實(현실) 지금 있는 그대로의 상태
表現(표현) 생각·감정 등을 드러내어 나타냄

UFO의 出現(출현)으로 지구인들은 몹시 놀라고 있다.

一 二 三 王 玎 玎 玑 玥 珇 現 現

生部   날생 부

生

날 생

英 be born
中 生 (shēng)

부수 : 生
부수 뺀 획수 : 0
총획수 : 5
급수 : 8

❶ 낳다. 생기다 ❷ 삶. 살다 ❸ 자라다 ❹ 서투르다
❺ 날 것. 싱싱하다 ❻ 주로 말의 끝에 붙어서 '젊은이'의 뜻을 나타냄

生動感(생동감) 살아 움직이는 듯한 느낌
生命體(생명체) 목숨이 있는 물체

現 現 現   生 生 生

留學生(유학생) 외국에서 가서 머무르며 공부하는 학생

Q, 취미를 하나 가져 봐. 生活(생활)에 활력을 줄 거야.

丿 ㅏ ㅑ 牛 生

낳을 산

부수 : 生
부수 뺀 획수 : 6
총획수 : 11
급수 : 5

英 product
中 产 (chǎn)

❶ 낳다 ❷ 생산하다

産物(산물) 그 지방에서 나거나 생산되는 물건
産業(산업) 생산을 목적으로 하는 사업
財産(재산) 경제적 가치가 있는 모든 것

Q, 그 제품의 生産(생산)이 중단되어 무척 아쉽게 느껴진다.

丶 ㅏ ㅑ 立 立 产 产 产 産 産 産

 STORY 漢字

가정맹어호(苛政猛於虎) : 가혹한 정치는 호랑이보다 무섭다는 말로, 혹독한 정치의 폐해가 큼을 비유하여 이름. 공자가 제나라로 가던 중 세 개의 무덤 앞에서 슬피우는 여인을 만났다. 울고 있는 이유를 물으니 시아버지, 남편, 아들이 모두 호랑이에게 잡아먹혔다는 것이었다. 그 말을 듣고 공자가 "그렇다면 이 곳을 떠나 다른 곳에 사는 것이 어떻겠소?"라고 하자 그 여인은 "여기서 사는 것이 그나마 낫습니다. 다른 곳으로 가면 무거운 세금 때문에 살 수가 없습니다."라고 대답하였다. 이에 공자가 "가혹한 정치가 호랑이보다 무섭다는 것을 알려 주는 말이로구나."라고 하였다.

苛 가혹할 가   政 정사 정   猛 사나울 맹   於 어조사 어   虎 범 호

用部·用 / 田部·田

用 0 5 6급

用

쓸 용

英 use
中 用(yòng)

❶ 쓰다. 쓰이다　❷ 용도. 도구　❸ 씀씀이

用度(용도) ① 씀씀이 ② 드는 비용

用語(용어) 사용하는 말. 어떤 분야에서 전문적으로 쓰이는 말

學用品(학용품) 학습에 필요한 물건

Q '절약' 이라는 단어를 利用(이용)하여 짧은 글을 지어 보자.

丿 冂 冂 月 用

부수 : 用
부수 뺀 획수 : 0
총획수 : 5
급수 : 6

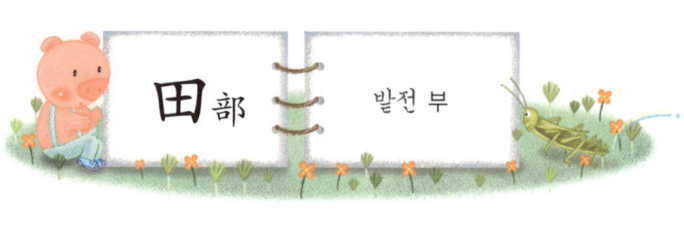

田 0 5 4급

田

밭 전

英 field
中 田(tián)

부수 : 田
부수 뺀 획수 : 0
총획수 : 5
급수 : 4

240

❶ 밭. 밭 갈다 ❷ 사냥하다

田畓(전답) 논밭
田園(전원) ① 논밭과 동산 ② 시골. 교외
耕田(경전) 논밭을 갊
🔍 田園(전원) 생활이 생각보다 낭만적이지만은 않다.

丨 冂 日 田 田

부수 : 田
부수 뺀 획수 : 0
총획수 : 5
급수 : 6

英 cause
中 由 (yóu)

❶ 말미암다 ❷ 까닭 ❸ …에서부터 ❹ 지나다

由來(유래) 어떤 일을 겪어 온 자취
經由(경유) 거쳐 지나감
理由(이유) 까닭
🔍 自由(자유)는 인간에게 들이마시는 공기만큼이나 중요하다.

丨 冂 日 由 由

 PLUS 漢字

수를 나타내는 한자

一(한 일)	二(두 이)	三(석 삼)	四(넉 사)
五(다섯 오)	六(여섯 륙)	七(일곱 칠)	八(여덟 팔)
九(아홉 구)	十(열 십)	百(일백 백)	千(일천 천)
萬(일만 만)	億(억 억)	兆(조 조)	

由 由 由

男

田 2 7 7급

사내 **남**

英 man
中 男 (nán)

부수 : 田
부수 뺀 획수 : 2
총획수 : 7
급수 : 7

❶ 사내. 남자 ❷ 아들 ❸ 작위 이름

男女共學(남녀 공학) 남자와 여자가 같은 학교나 학급에서 배움

男女老少(남녀노소) ① 남자와 여자와 늙은이와 젊은이 ② 모든 사람

男妹(남매) 오빠와 누이

次**男**(차남) 둘째 아들

❓ 예전에는 長**男**(장남)이 그 집안의 대를 이을 의무가 있었다.

丨 冂 曰 田 田 罗 男

界

田 4 9 6급

지경 **계**

英 border
中 界 (jiè)

부수 : 田
부수 뺀 획수 : 4
총획수 : 9
급수 : 6

❶ 지경. 한계. 범위 ❷ 둘레. 경계 안 ❸ 구분하다. 한정하다

境**界**(경계) 서로 맞닿은 자리

世**界**史(세계사) 세계 인류의 역사

限**界**(한계) ① 땅의 경계 ② 사물의 정해 놓은 범위

❓ 다른 행성에 과연 外**界**人(외계인)이 살고 있을까?

丨 冂 曰 田 田 罗 界 界 界

| 田 | 5 | 10 | 4급 |

留 머무를 류

- 부수 : 田
- 부수 뺀 획수 : 5
- 총획수 : 10
- 급수 : 4

英 stay
中 留 (liú)

❶ 머무르다. 묵다 ❷ 지체하다 ❸ 뒤지다. 늦다

留念(유념) 마음에 깊이 새기고 생각함
留意(유의) 마음에 둠
留置(유치) 사람이나 물건을 일정한 곳에 잡아 둠
殘留(잔류) 남아 처져 있음

결정을 잠시 留保(유보)하도록 하겠습니다.

丶 ㄴ ㄷ 匹 叨 叨 留 留 留 留

| 田 | 7 | 12 | 6급 |

番 차례 번

- 부수 : 田
- 부수 뺀 획수 : 7
- 총획수 : 12
- 급수 : 6

英 turn
中 番 (fān)

❶ 차례. 번 ❷ 횟수

番地(번지) 땅을 나누어서 매겨 놓은 번호
當番(당번) 어떤 일을 할 차례
不寢番(불침번) 밤에 자지 않고 경비를 서는 일. 또는 그 사람
非番(비번) 당번이 아님
順番(순번) 차례대로 돌아오는 순서

우선 番號票(번호표)를 뽑고 순서를 기다리세요.

丶 ㄴ ㄷ 厶 ㅈ 采 采 番 番 番 番

田 7 12 6급

그림 화
가를 획

英 picture
中 画 (huà)

부수 : 田
부수 뺀 획수 : 7
총획수 : 12
급수 : 6

❶ 그림. 그리다 ❷ 가르다. 긋다 ❸ 꾀하다 ❹ 획

畫像(화상) 텔레비전 화면에 나타나는 상
畫順(획순) 글자 획의 순서
畫一(획일) 한결같음
漫畫(만화) 이야기를 그림으로 그려서 나타낸 것

畫家(화가)는 사물의 보이지 않는 부분도 그릴 수 있어야 한다.

一 ㄱ ㄲ ㅋ 丯 丰 聿 畫 畵 畵 畵 畫

田 8 13 5급

마땅 당

英 suitable
中 堂 (dāng, dàng)

부수 : 田
부수 뺀 획수 : 8
총획수 : 13
급수 : 5

❶ 마땅히. 마땅하다 ❷ 당하다 ❸ 저당하다 ❹ 이. 그

當付(당부) 단단히 부탁함
當事者(당사자) 그 일에 직접 관계하고 있는 사람
當時(당시) 어떤 일이 생긴 그 때
合當(합당) 꼭 알맞음

나이 많으신 할머니에게 자리를 양보하는 것은 當然(당연)하다.

丨 丨 ⺌ ⺌ 屶 屶 尚 尚 當 當 當 當 當

广部 · 病

广部　병질엄 부

广 5 10 6급

병 병

英 disease
中 病 (bìng)

부수 : 广
부수 뺀 획수 : 5
총획수 : 10
급수 : 6

❶ 병. 병들다. 앓다　❷ 근심하다　❸ 흠. 결점

病名(병명) 병의 이름
病院(병원) 병자를 진찰하고 치료하는 곳
病患(병환) 윗사람의 병을 높여 이르는 말

Q 학교가 끝난 후 병원에 입원한 친구를 問病(문병)하기로 했다.

丶 亠 广 广 广 疒 疒 病 病 病

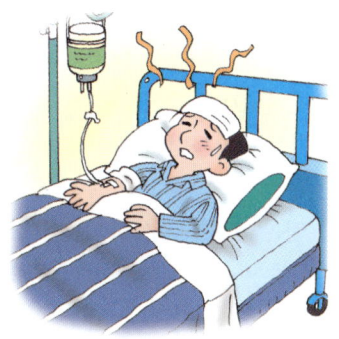

STORY 漢字

중과부적(衆寡不敵) : 적은 수효로 많은 수효를 대적하지 못한다는 뜻. 중국 전국 시대, 여러 나라를 방문하며 왕도론을 힘써 말하던 맹자가 제나라 선왕에게 말했다. "작은 나라는 결코 큰 나라를 이길 수 없고, 적은 수의 사람으로는 많은 수의 사람을 맞서 싸우지 못하며, 약자는 강자에게 패하기 마련이옵니다. 지금 천하에는 나라가 아홉 개 있사온데, 제나라도 그 중 하나이옵니다. 한 나라가 여덟 나라를 굴복시키려 하는 것은 결국 소국인 추나라가 대국인 초나라를 이기려 하는 것과 같지 않사옵니까? 왕도로써 백성을 기쁘게 하며 복종하게 한다면 그들은 모두 전하의 덕에 기꺼이 굴복할 것입니다. 천하 또한 전하의 뜻에 따라 움직이게 될 것입니다."

衆 무리 중　　寡 적을 과　　不 아닐 불　　敵 대적할 적

病 病 病

오를 **등**

英 climb
中 登 (dēng)

❶ 오르다. 올리다 ❷ 기재하다 ❸ 나아가다

登校(등교) 학교에 나감
登用(등용) 사람을 뽑아 씀
登場(등장) 배우 등이 무대에 나타남

Q. 이른 아침부터 登山(등산)을 하여 해돋이를 구경했다.

丁 了 癶 癶 癶 癶 癶 登 登 登 登 登

필 **발**

英 bloom
中 发 (fā)

❶ 피다 ❷ 쏘다 ❸ 일어나다. 일으키다. 생기다
❹ 떠나다 ❺ 나타나다. 드러내다. 들추다

發達(발달) 사물이 점차 나아져 훌륭한 것으로 되어 감
發明(발명) 이제까지 없던 어떠한 물건이나 방법을 새로 만들어 냄

發行(발행) 책 등을 인쇄하여 펴냄
🔍 그 꽃의 이름은 처음 發見(발견)한 사람의 이름을 따서 붙인 것이다.

丿 ㇇ 癶 癶 癶 癶 癶 癶 發 發 發

흰백 부

부수 : 白
부수 뺀 획수 : 0
총획수 : 5
급수 : 8

英 white
中 白 (bái)

❶ 흰빛. 희다 ❷ 깨끗하다 ❸ 밝다 ❹ 아뢰다 ❺ 없다

白頭山(백두산) 함경 북도·함경 남도와 중국 만주의 국경 지역에 있는 우리 나라
    에서 가장 높은 산
告白(고백) 마음 속에 숨기고 있는 것을 털어놓음
明白(명백) 분명하고 뚜렷함
🔍 요즘은 黑白(흑백) 텔레비전을 거의 볼 수 없다.

丿 ㇀ 白 白 白

 PLUS 漢字

색을 나타내는 한자

靑(푸를 청)	綠(푸를 록)	紅(붉을 홍)	赤(붉을 적)
丹(붉을 단)	紫(자주빛 자)	藍(남색 람)	紺(감색 감 : 보라)
白(흰 백)	黑(검을 흑)	灰(재 회 : 회색)	黃(누를 황)

白 白 白

| 부수 : 白 |
| 부수 뺀 획수 : 1 |
| 총획수 : 6 |
| 급수 : 7 |

일백 **백**

英 hundred
中 百 (bǎi)

❶ 일백 ❷ 모든 ❸ 많다

百科(백과) ① 많은 과목 ② 온갖 학과
百發百中(백발백중) 백 번 쏘아 백 번 맞힘
百分率(백분율) 전체의 백분의 일을 단위로 하여 나타내는 비율
🐾 百貨店(백화점)은 온갖 물건들을 다 모아 놓고 파는 대형 가게이다.

一 丆 丆 百 百 百

| 부수 : 白 |
| 부수 뺀 획수 : 3 |
| 총획수 : 8 |
| 급수 : 5 |

과녁 **적**

英 target
中 的 (de, dí, dì)

❶ 과녁. 목표 ❷ 확실하다 ❸ 형용사나 명사를 만드는 접미사

具體的(구체적) 사물이 누구나 알 수 있게 뚜렷한 모양으로 다루어진 (것)
目的(목적) 이루려는 목표나 방향
消極的(소극적) 무슨 일에 대하여 스스로 나서지 않는
🐾 내 예상은 화살이 과녁 중앙에 정확히 맞듯 딱 的中(적중)했다.

丿 丨 ⺈ 甪 自 自 的 的

百 百 百   的 的 的

부수 : 皿
부수 뺀 획수 : 5
총획수 : 10
급수 : 4

英 increase
中 益 (yì)

❶ 더하다. 보태다 ❷ 이익. 이롭다

公益(공익) 여러 사람의 이익
權益(권익) 권리와 이익
無益(무익) 전혀 이로움이 없음
富益富貧益貧(부익부빈익빈) 부자일수록 더욱 부자가 되고, 가난한 사람일수록
　　더욱더 가난해짐

Q. 자기에게는 利益(이익)이 되지만 남에게는 무익한 것일 수 있다.

´ ⺀ ⺈ 乂 产 产 夲 夲 益 益

 STORY 漢字

오십보백보(五十步百步) : 약간의 차이는 있으나 본질적으로는 같다는 뜻. 중국 위나라의 양혜왕이 백성들을 위해 열심히 일한 효과가 나타나지 않는다고 불평하자 맹자가 말했다. "전쟁터에서 겁이 난 두 병사가 무기를 버리고 도망쳤는데 50보를 도망친 병사가 100보를 도망친 병사를 보고 비겁하다고 비웃었다면 전하께서는 어떻게 생각하시겠습니까?" 양혜왕이 "100걸음이 아닐 뿐이지 도망친 것은 마찬가지입니다."라고 대답하였다. 그러자 맹자는 "전하는 그것을 아시면서 어찌 불평을 하십니까? 전하가 백성들을 위해 일했다고는 하나 그것은 단지 다른 왕들보다 조금 나은 것뿐입니다."라고 하였다.

　　　五 다섯 오　　十 열 십　　步 걸음 보　　百 일백 백

目部 눈목부

目 ０ ５ 6급

目

눈 목

英 eye
中 目 (mù)

부수 : 目
부수 뺀 획수 : 0
총획수 : 5
급수 : 6

❶ 눈 ❷ 보다 ❸ 조목 ❹ 제목 ❺ 요점 ❻ 우두머리

目擊(목격) 일이 벌어진 광경을 눈으로 직접 봄
目標(목표) 목적으로 삼는 것
題目(제목) ① 글이나 책·그림 따위의 이름 ② 겉장에 쓴 책의 이름

책을 많이 읽을수록 좋은 책을 고르는 眼目(안목)이 생긴다.

丨 冂 冃 月 目

目 ３ ８ 7급

直

곧을 직

英 straight
中 直 (zhí)

부수 : 目
부수 뺀 획수 : 3
총획수 : 8
급수 : 7

❶ 곧다. 바르다 ❷ 바로 ❸ 번. 당직

直立(직립) 똑바로 섬
直前(직전) 바로 앞
直接(직접) 중간에 다른 것을 거치지 않고 바로 접함

곧바로 100미터 정도 直進(직진)하면 주유소가 나온다.

一 十 ナ 方 直 直 直 直

目 目   直 直

目部・相 省

부수 : 目
부수 뺀 획수 : 4
총획수 : 9
급수 : 5

서로 상

英 mutual
中 相 (xiāng, xiàng)

❶ 서로 ❷ 보다 ❸ 돕다 ❹ 모습 ❺ 정승

相談(상담) 어떤 일을 서로 의논함
相對方(상대방) 상대가 되는 쪽
首相(수상) 내각의 우두머리. 국무총리
人相(인상) 사람의 얼굴 생긴 모양
Q. 서로 얼굴을 마주보고 相議(상의)하면 좋은 해결 방법을 찾을 거야.

一 十 才 木 村 机 相 相 相

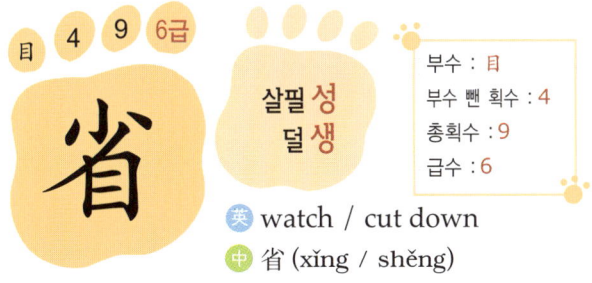

부수 : 目
부수 뺀 획수 : 4
총획수 : 9
급수 : 6

살필 성
덜 생

英 watch / cut down
中 省 (xǐng / shěng)

❶ 살피다. 보다 ❷ 덜다. 생략하다

省略(생략) 간단하게 줄이거나 뺌
省墓(성묘) 조상의 산소를 찾아 돌봄
省察(성찰) 반성하여 살핌
歸省(귀성) 객지에서 부모를 뵈러 고향에 돌아감
Q. 反省(반성)을 하는 가장 좋은 방법 중 하나가 일기를 쓰는 것이다.

丿 丶 小 少 少 省 省 省 省

相 相   省 省

251

英 true
中 眞 (zhēn)

❶ 참. 진리. 진짜　❷ 사진

眞談(진담) 진실된 이야기
眞面目(진면목) 본래의 모습
眞實(진실) 거짓이 없이 바르고 참됨
寫眞(사진) 사진기로 물체의 형상을 찍어 낸 것

그 그림은 아주 값진 眞品(진품)으로 밝혀졌다.

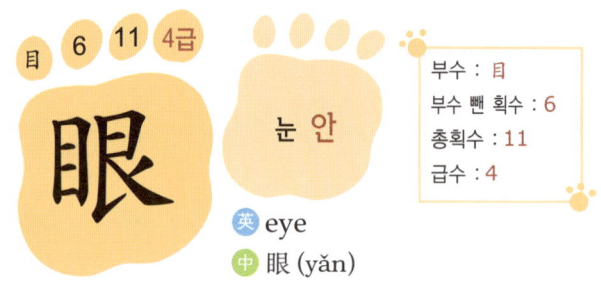

英 eye
中 眼 (yǎn)

❶ 눈　❷ 요점

眼科(안과) 눈에 관한 질병을 다루는 의학의 한 분과
眼目(안목) 사물을 보고 분별하는 힘
肉眼(육안) 안경을 쓰지 않고 직접 보는 눈
主眼點(주안점) 중요한 점

요즘은 한 반의 학생 중 절반이 眼鏡(안경)을 쓰는 경우도 있다.

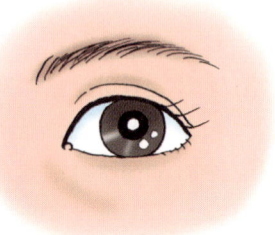

矢部 화살시 부

矢 3 8 5급

알 지

부수 : 矢
부수 뺀 획수 : 3
총획수 : 8
급수 : 5

英 know
中 知 (zhī)

❶ 알다. 알리다. 깨닫다 ❷ 지식

知能(지능) 지적인 능력
無知(무지) 아는 것이 없음
未知(미지) 아직 알지 못함

Q. 학교에서 우리는 지금까지 쌓아온 知識(지식)의 일부를 배우고 있다.

丿 ㄴ ㄷ 午 矢 矢 知 知

矢 7 12 6급

짧을 단

부수 : 矢
부수 뺀 획수 : 7
총획수 : 12
급수 : 6

英 short
中 短 (duǎn)

❶ 짧다 ❷ 모자라다 ❸ 허물. 결점

短點(단점) 모자라거나 흠이 되는 점
短縮(단축) 짧게 줄어듦
長短(장단) ① 길고 짧음 ② 장점과 단점

Q. 천재는 短命(단명)한다고 하지만 모든 천재가 다 일찍 죽는 것은 아니다.

丿 ㄴ ㄷ 午 矢 矢 知 知 短 短 短

石 0 5 5급

돌 석

부수 : 石
부수 뺀 획수 : 0
총획수 : 5
급수 : 5

英 stone
中 石 (shí)

돌

石塔(석탑) 돌로 만든 탑
一石二鳥(일석이조) 한 가지 일로 두 가지 이익을 얻음
定石(정석) 어떤 일을 처리할 때의 정해진 방법
石器(석기) 시대에는 돌로 도구를 만들어 사용하였다.

一 丆 ア 石 石

石 5 10 4급

깨뜨릴 파

부수 : 石
부수 뺀 획수 : 5
총획수 : 10
급수 : 4

英 break
中 破 (pò)

① 깨뜨리다. 깨어지다 ② 다하다 ③ 쪼개다

破格(파격) 격식을 깨뜨림
破壞(파괴) 깨뜨리어 헐어 버림
破片(파편) 깨어진 조각
이순신 장군은 노량 앞바다에서 왜구를 大破(대파)하였다.

一 丆 ア 石 石 石 矿 矿 破 破

石 石   破 破

石部·研 / 示部·示

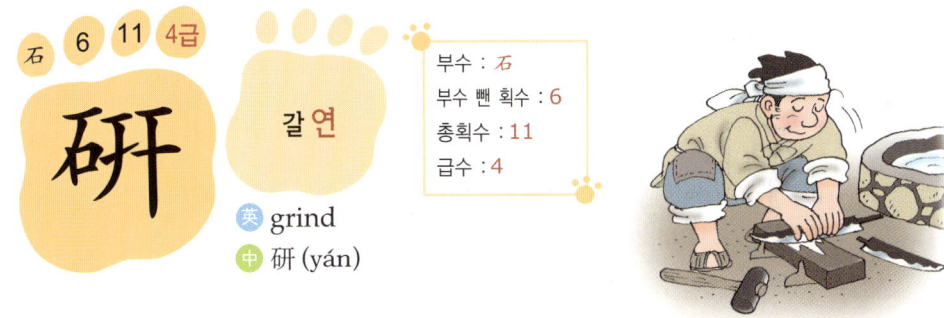

石 6 11 4급

研 갈 연

부수 : 石
부수 뺀 획수 : 6
총획수 : 11
급수 : 4

英 grind
中 研 (yán)

❶ 갈다 ❷ 연구하다

研究(연구) 어떤 일이나 사물에 대하여 조사하고 생각하여 진리를 밝히는 일
研磨(연마) 학문이나 기술 등을 연구하고 닦음
研修(연수) 학업을 연구하고 닦음
우리 언니는 미국으로 어학 研修(연수)를 떠난다.

一 丁 T 石 石 石 研 研 研 研

示部 보일시 부

示 0 5 5급

示 보일 시

부수 : 示
부수 뺀 획수 : 0
총획수 : 5
급수 : 5

英 exhibit
中 示 (shì)

❶ 보이다 ❷ 지시하다. 가르치다 ❸ 알리다

暗示(암시) 넌지시 알림
展示(전시) 여러 가지 물건을 모아 늘어놓고 보여 줌
表示(표시) 알아차리도록 겉으로 드러내 보임
민중 태권도 시범단이 멋진 격파 示範(시범)을 선보였다.

一 二 亍 示 示

255

부수 : 示
부수 뺀 획수 : 3
총획수 : 8
급수 : 6

英 society
中 社 (shè)

❶ 모이다 ❷ 단체

社交(사교) 사회 생활에서 사람들이 서로 사귀는 일
社說(사설) 신문·잡지 등에 그 회사의 주장을 내세워 싣는 글
社員(사원) 회사에서 일을 하는 사람
社會(사회) 같은 무리끼리 모여 사는 집단
🔍 우리 회사 社長(사장)님은 개방적인 분이시다.

`一 亠 亍 子 示 示 示 社 社`

부수 : 示
부수 뺀 획수 : 5
총획수 : 10
급수 : 6

英 god
中 神 (shén)

❶ 귀신, 신 ❷ 정신 ❸ 영묘하다

神奇(신기) 신묘하고 기이하다
神檀樹(신단수) 단군 신화에서, 환웅이 처음 하늘에서 그 밑에 내려왔다는 신령한 나무
鬼神(귀신) 죽은 사람의 넋
🔍 어릴 때 누구나 한 번쯤은 神童(신동)이라는 소리를 들어 본 적이 있다.

`一 亠 亍 子 示 示 和 和 和 神`

示部 · 祖 祝

할아비 조

부수 : 示
부수 뺀 획수 : 5
총획수 : 10
급수 : 7

英 grandfather
中 祖 (zǔ)

❶ 할아비 ❷ 조상 ❸ 처음. 근본

祖國(조국) 조상 때부터 살아온 나라
祖父(조부) 할아버지
祖上(조상) 한 갈래의 핏줄을 받아 온 돌아가신 어른
元祖(원조) 어떤 일을 처음으로 시작한 사람

할아버지의 아버지를 曾祖(증조)할아버지라고 한다.

一 二 于 于 禾 禾 和 祖 祖 祖

빌 축

부수 : 示
부수 뺀 획수 : 5
총획수 : 10
급수 : 5

英 celebrate
中 祝 (zhù)

❶ 빌다. 기원하다 ❷ 축문. 축하하다

祝杯(축배) 축하하는 뜻으로 마시는 술잔
祝福(축복) 앞날의 행복을 빎
慶祝(경축) 경사를 축하함

사랑하는 언니의 생일을 祝賀(축하)합니다.

一 二 于 于 禾 禾 和 和 祝 祝

祖 祖　　　祝 祝

257

禁

示 8 13 4급

금할 금

부수 : 示
부수 뺀 획수 : 8
총획수 : 13
급수 : 4

英 forbid
中 禁 (jìn, jīn)

❶ 금지하다 ❷ 꺼리다 ❸ 대궐

禁物(금물) 해서는 안 되는 일
禁食(금식) 얼마 동안 음식을 먹지 아니함
通禁(통금) 특정한 시간에 사람이나 차량의 통
　　　　　행을 일체 금지함
解禁(해금) 금지하던 것을 풂

안국선의 '금수회의록'은 일제 강점기의 대
표적인 禁書(금서)였다.

一 十 才 オ ポ 村 材 林 杯 梺 埜 禁 禁

福

示 9 14 5급

복 복

부수 : 示
부수 뺀 획수 : 9
총획수 : 14
급수 : 5

英 blessing
中 福 (fú)

❶ 복 ❷ 음복하다

福利(복리) 행복과 이익
福祉(복지) 만족할 수 있는 생활 환경
壽福(수복) 오래 사는 일과 복을 누리는 일

나중에 둘은 결혼해서 幸福(행복)하게 오래오래 살았답니다.

一 二 亍 亓 示 示 示 祀 祀 祠 福
福 福

부수 : 示
부수 뺀 획수 : 13
총획수 : 18
급수 : 6

英 etiquette
中 礼 (lǐ)

❶ 예절 ❷ 인사 ❸ 예물 ❹ 예우하다

禮物(예물) 사례의 뜻으로 주는 물건
禮儀(예의) 사람이 지켜야 할 올바른 예절과 몸가짐
禮節(예절) 예의와 범절
終禮(종례) 학교 공부를 마친 뒤에, 담임 선생님과 학생들이 모여서 하는 인사

우리 나라는 예로부터 예의 바른 나라, 즉 東方禮義之國(동방예의지국)이라고 불렸습니다.

一 丁 干 示 示 示 和 和 祠 祠 禮 禮 禮 禮 禮 禮 禮

PLUS 漢字

뜻이 비슷한 한자

去(갈 거) – 往(갈 왕)   見(볼 견) – 觀(볼 관) – 視(볼 시)
計(셈 계) – 算(셈 산)   教(가르칠 교) – 訓(가르칠 훈)
圖(그림 도) – 畫(그림 화)   木(나무 목) – 樹(나무 수)
思(생각할 사) – 考(생각할 고) 始(처음 시) – 初(처음 초)
身(몸 신) – 體(몸 체)   言(말씀 언) – 語(말씀 어)
如(같을 여) – 若(같을 약)   午(낮 오) – 晝(낮 주)
友(벗 우) – 朋(벗 붕)   衣(옷 의) – 服(옷 복)
停(머무를 정) – 留(머무를 류) 助(도울 조) – 扶(도울 부)
知(알 지) – 識(알 식)   充(찰 충) – 滿(찰 만)
他(다를 타) – 異(다를 이)

禮 禮 禮

259

禾部·私 科

사사 **사**

英 private
中 私 (sī)

부수 :	禾
부수 뺀 획수 :	2
총획수 :	7
급수 :	4

사사. 사사로이 하다

私談(사담) 개인적으로 하는 이야기
私服(사복) 교복이나 군복 등의 제복이 아닌 보통 옷
私生活(사생활) 개인의 사사로운 일상 생활
Q 내일은 교복을 입지 않고 私服(사복)을 입고 수학 여행을 간다.

丿 二 千 禾 禾 私 私

과목 **과**

英 course
中 科 (kē)

부수 :	禾
부수 뺀 획수 :	4
총획수 :	9
급수 :	6

❶ 과목 ❷ 품등 ❸ 법 ❹ 과거

科學(과학) ① 사물의 법칙과 이치에 대한 지식을 체계적으로 연구하는 학문 ② 좁은 뜻으로는 '자연 과학'을 일컬음
文科(문과) 문학·사학·철학 등 문화에 관한 학문의 부문
Q 누구나 좋아하는 科目(과목)과 싫어하는 과목이 있기 마련이다.

丿 二 千 禾 禾 禾 科 科 科

私 私 私   科 科 科

부수 : 禾
부수 뺀 획수 : 4
총획수 : 9
급수 : 7

가을 추

英 autumn
中 秋 (qiū)

가을

秋夕(추석) 우리 나라 명절의 하나. 음력 8월 15일이며 송편을 빚고 햇과일과 햇곡식으로 차례를 지내고 성묘를 함

秋夜(추야) 가을 밤

春夏秋冬(춘하추동) 봄·여름·가을·겨울의 네 계절

Q 매년 우리 집은 할머니가 계신 시골집으로 秋夕(추석)을 쇠러 내려간다.

丿 二 千 乔 禾 禾 禾 秋 秋

春

夏

秋

冬

秋 秋 秋

| 禾 | 6 | 11 | 4급 |

移 옮길 이

英 remove
中 移 (yí)

부수 : 禾
부수 뺀 획수 : 6
총획수 : 11
급수 : 4

❶ 옮기다 ❷ 바꾸다 ❸ 모내다

移動(이동) 옮겨 움직임. 움직여 자리를 바꿈
移徙(이사) 살던 곳에서 다른 곳으로 짐을 옮김
移秧(이앙) 모내기
移轉(이전) ① 장소나 주소 등을 옮김 ② 옮기어 바꿈

Q 은채는 호주로 移民(이민)을 갔다.

丿 二 千 禾 禾 利 利 移 移 移 移

| 禾 | 7 | 12 | 4급 |

稅 세금 세

英 tax
中 稅 (shuì)

부수 : 禾
부수 뺀 획수 : 7
총획수 : 12
급수 : 4

❶ 세금 ❷ 구실

稅金(세금) 나라에서 쓰는 비용을 마련하기 위해 국민으로부터 거두어 들이는 돈
關稅(관세) 외국에서 들여오는 물건에 대해 매기는 세금
免稅品(면세품) 세금이 면제되는 상품
脫稅(탈세) 세금을 내는 사람이 세금의 전부 또는 일부를 내지 않음

Q 외국에서 들여오는 물건에 대해 매기는 稅金(세금)을 關稅(관세)라고 한다.

丿 二 千 禾 禾 利 利 利 税 税 税 税

- 부수 : 禾
- 부수 뺀 획수 : 9
- 총획수 : 14
- 급수 : 5

英 seed
中 种 (zhǒng, zhòng)

❶ 씨. 씨앗 ❷ 심다 ❸ 종족 ❹ 종류

種類(종류) 물건의 상태, 성질 등을 어떤 기준에 따라 나눈 갈래
種目(종목) 종류의 이름
種族(종족) 조상이 같고, 언어·풍속 등이 같은 사회 집단
各種(각종) 여러 가지 종류

Q 날이 갈수록 新種(신종) 바이러스가 증가하고 있다.

丿 二 千 禾 禾 秆 秆 秆 秆 和 稻 稻 種 種

STORY 漢字

양약고어구(良藥苦於口) : 좋은 약은 입에 쓰다는 뜻으로, 바르게 충고하는 말은 귀에 거슬리지만 자신을 이롭게 함을 비유하여 이르는 말. 중국의 진나라의 시황제가 죽자 많은 사람이 진나라를 타도하려고 군사를 일으켰다. 그 중 유방이 진나라의 수도 함양에 입성하여 황제로부터 항복을 받고 궁중의 호화로움에 마음이 끌려 그대로 머물러 있으려고 했다. 그러자 그의 부하 중 번쾌가 속히 떠날 것을 충고했다. 유방이 그 말을 듣지 않자, 또다른 부하 장량이 말했다. "진나라가 무도하였기 때문에 우리가 성공할 수 있었습니다. 우리의 남은 임무는 천하를 위해 남아 있는 적을 소탕하고 민심을 안정시키는 것입니다. 그러기 위해서는 검소해야 합니다. 그런데 보물과 미색에 현혹되어 진나라 왕의 부덕함을 본받으려 하니 포악한 하나라의 걸왕과 다를 바가 없습니다. 원래 충언은 귀에 거슬리나 행실에 이롭고, 독한 약은 입에 쓰나 병에 이롭다고 하였습니다. 부디 번쾌의 간언을 들으시옵소서." 이 말을 들은 유방은 불현듯 깨닫게 되어 왕궁을 물러나 패상에 진을 쳤다.

良 어질 량   藥 약 약   苦 쓸 고   於 어조사 어   口 입 구

種 種 種

구멍혈 부

궁구할 **구**

부수 : 穴
부수 뺀 획수 : 2
총획수 : 7
급수 : 4

英 inquire
中 究 (jiū)

❶ 궁구하다　❷ 다하다

究明(구명) 깊이 연구하여 밝힘
講究(강구) ① 사물을 깊이 조사하여 연구함 ② 알맞은 방법을 연구함
探究(탐구) 진리나 법칙 등을 더듬어 깊이 연구함
學究(학구) 오로지 학문 연구에만 몰두하는 일
예 그는 환갑이 지났는데도 學究熱(학구열)이 대단하다.

丶 宀 宀 宍 宄 究

빌 **공**

부수 : 穴
부수 뺀 획수 : 3
총획수 : 8
급수 : 7

英 empty
中 空 (kōng, kòng)

❶ 비다　❷ 하늘　❸ 헛되다. 쓸데없다

空氣(공기) ① 지구를 둘러싼, 빛깔이나 냄새가 없는 기체. 주로 질소와 산소의 혼합 기체로, 비율은 4:1임. ② 주위에 감도는 느낌 · 상태 · 분위기
空白(공백) 아무 것도 없이 비어 있음

空想(공상) 이루어질 수 없는 헛된 생각
❓ 이제 새로 이사를 가면 나만의 空間(공간)이 생기게 된다.

丶 丶 宀 宀 宀 宀 空 空 空

부수 : 穴
부수 뺀 획수 : 6
총획수 : 11
급수 : 6

英 window
中 窓 (chuāng)

창. 창문

窓門(창문) 공기나 빛이 들어올 수 있도록 벽에 만들어 놓은 작은 문
窓戶紙(창호지) 문을 바르는 종이의 한 가지
同窓(동창) 같은 학교에서 공부하거나 졸업한 사람

❓ 새 집은 窓門(창문)을 열고 자주 환기를 시켜주어야 한다.

丶 丶 宀 宀 宀 宀 宀 窓 窓 窓 窓

 STORY 漢字

살신성인(殺身成仁) : 자신을 희생하여 어진 일을 한다는 말로, 다른 사람 또는 큰일을 위해 목숨을 바친다는 뜻. '논어(論語)'라는 책에 "높은 뜻을 지닌 선비와 어진 사람은 자기 목숨만을 건지기 위해 인(仁)을 저버리는 것이 아니고 스스로 자신의 목숨을 희생해서 인을 이룬다."라고 하였다. 아무도 나서지 못하는 상황에서 사람들을 살리기 위해 위험한 불 속을 뛰어 들어가는 소방대원들이나 위험에 처한 사람을 살리려다 안타깝게 돌아가신 분들이 있다. 이런 사람들을 보고 우리는 '살신성인(殺身成仁)'하신 분이라고 말한다. 이런 일은 쉽게 할 수 있는 일이 아니기 때문에 다른 사람들로부터 존경을 받는 것이다.

殺 죽일 살   身 몸 신   成 이룰 성   仁 어질 인

설립부

설 립

英 stand
中 立 (lì)

부수 : 立
부수 뺀 획수 : 0
총획수 : 5
급수 : 7

❶ 서다 ❷ 세우다

立席(입석) 서서 타거나 구경하는 자리
立證(입증) 증거 따위를 내세워 증명함
立體(입체) 길이·폭·두께가 있는 물체

Q. 나라에서 세운 대학을 國立(국립) 대학이라고 한다.

丶 亠 亣 立 立

글 장

英 writing
中 章 (zhāng)

부수 : 立
부수 뺀 획수 : 6
총획수 : 11
급수 : 6

❶ 글 ❷ 문채 ❸ 나타나다 ❹ 도장 ❺ 장

文章(문장) 생각이나 느낌을 글로 나타낸 것
體力章(체력장) 학생들의 기초 체력을 검사하여 그 결과를 적은 기록부
勳章(훈장) 나라에 공을 세운 사람에게 주는 휘장

Q. 圖章(도장)을 가져오지 않았으면 指章(지장)이라도 찍으세요.

丶 亠 亣 立 产 音 音 音 章 章

立 立   章 章

부수 : 立
부수 뺀 획수 : 7
총획수 : 12
급수 : 6

아이 동

英 child
中 童 (tóng)

아이. 어린이

童詩(동시) 어린이가 짓거나 어린이를 위해 지은 시
牧童(목동) 말·소·양 따위 가축에 풀을 뜯기는 아이
神童(신동) 여러 가지 재주와 지혜가 남달리 뛰어난 아이
◎ 童話(동화)를 통해 아이들은 다양한 모험의 세계를 여행할 수 있다.

丶 亠 亠 亍 立 产 产 咅 咅 音 音 音 童 童

부수 : 立
부수 뺀 획수 : 15
총획수 : 20
급수 : 5

다툴 경

英 compete
中 竞 (jìng)

다투다. 겨루다

競馬(경마) 일정한 거리를 말을 타고 달려 승부를 겨루는 일
競賣(경매) 사겠다는 사람이 많을 때 값을 가장 높게 부르는 사람에게 파는 일
競爭(경쟁) 같은 목적에 관하여 서로 겨루어 다툼
競走(경주) 일정한 거리를 정하고 달려 빠름을 겨루는 일
◎ 축구 競技(경기)가 시작되자 온 식구가 텔레비전 앞에 모여 앉았다.

丶 亠 亠 亍 立 产 音 咅 咅 咅 咅 竟 竞 竞 竞 竞 竞 竞 競 競

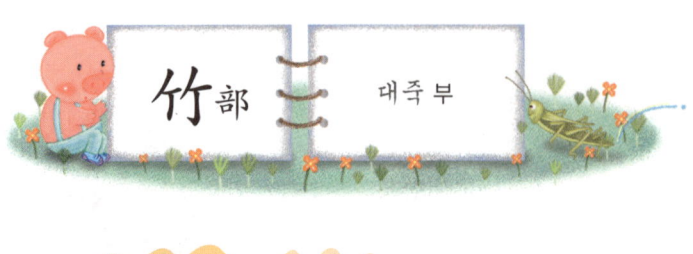

竹部 대죽부

竹 0 6 4급

竹 대 죽

- 英 bamboo
- 中 竹 (zhú)

대. 대나무

竹馬故友(죽마고우) 대말(대로 만든 막대기)을 함께 타고 놀던 친구라는 뜻으로, 어릴 때부터 가깝게 지내며 자란 벗

竹夫人(죽부인) 대오리(가늘게 다듬은 대나무 가지)로 길고 둥글게 만든 물건. 여름 밤에 서늘한 기운이 들도록 끼고 잠

竹筍(죽순) 대의 어리고 연한 싹

Q 검도에서 사용하는 대나무로 만든 칼을 竹刀(죽도)라고 한다.

丿 ㇒ ㅗ ㅗㅏ 竹 竹

부수 : 竹
부수 뺀 획수 : 0
총획수 : 6
급수 : 4

竹 4 10 4급

笑 웃음 소

- 英 laugh
- 中 笑 (xiào)

부수 : 竹
부수 뺀 획수 : 4
총획수 : 10
급수 : 4

웃다

冷笑(냉소) 업신여겨 쌀쌀한 태도로 웃음
談笑(담소) 스스럼없이 웃으며 이야기함
微笑(미소) 소리를 내지 않고 빙긋이 웃는 웃음

268 竹 竹   笑 笑

○ 그 표정이 너무나 우스워 우리는 갑자기 爆笑(폭소)를 터뜨렸다.

丿 ㅏ ㅗ ㅓ 竹 竹 竺 竺 笙 笑

차례 제

英 order
中 第 (dì)

부수 : 竹
부수 뺀 획수 : 5
총획수 : 11
급수 : 6

❶ 차례 ❷ 과거 ❸ 집

第三世界(제삼 세계) 제 2차 세계 대전 후, 아시아·아프리카·라틴 아메리카의 개발 도상국들을 일컫는 말

第一人者(제일인자) 어느 방면에서 그와 견줄 자가 없는 뛰어난 사람

及第(급제) 시험에 합격함

○ 우리 두 사람의 문제이니 第三者(제삼자)는 빠졌으면 좋겠어.

丿 ㅏ ㅗ ㅓ 竹 竹 竺 笃 第 第

대답 답

英 answer
中 答 (dā, dá)

부수 : 竹
부수 뺀 획수 : 6
총획수 : 12
급수 : 7

❶ 대답. 대답하다 ❷ 갚다

答狀(답장) 회답하여 보내는 편지
問答(문답) 물음과 대답
正答(정답) 옳은 답

○ 다른 친구들도 들을 수 있게 큰 소리로 對答(대답)해 주기 바랍니다.

丿 ㅏ ㅗ ㅓ 竹 竹 竺 笭 笒 答 答

| 부수 : 竹 |
| 부수 뺀 획수 : 6 |
| 총획수 : 12 |
| 급수 : 6 |

英 band
中 等 (děng)

❶ 무리 ❷ 가지런하다. 같다 ❸ 등급 ❹ 기다리다

等數(등수) 차례를 매겨 붙인 번호
均等(균등) 수량이나 상태 등이 차별 없이 고름
對等(대등) 낫고 못함이 없이 서로 비슷함
同等(동등) 자격·수준·입장 등이 같음
🔍 인간은 피부색에 관계없이 누구나 平等(평등)하다.

丿 𠂉 𠂉 𠂉 𠂉 𠂉 等 等 等 等

| 부수 : 竹 |
| 부수 뺀 획수 : 6 |
| 총획수 : 12 |
| 급수 : 5 |

英 brush
中 笔 (bǐ)

❶ 붓 ❷ 글씨. 글

筆記(필기) ① 글씨를 씀 ② 말을 받아 씀
筆順(필순) 글씨를 쓸 때 획을 긋는 차례
筆體(필체) 글씨의 모양. 글씨체
親筆(친필) 손수 쓴 글씨
🔍 너무 惡筆(악필)이라서 도무지 무슨 글씨인지 알아볼 수 없다.

丿 𠂉 𠂉 𠂉 𠂉 筆 筆 筆 筆 筆

竹部 · 算 節

竹 8 14 7급

算

셈 산

부수 : 竹
부수 뺀 획수 : 8
총획수 : 14
급수 : 7

英 count
中 算 (suàn)

셈(하다)

算出(산출) 계산해 냄
勝算(승산) 이길 가망성
暗算(암산) 필기 도구나 계산기를 쓰지 않고 머릿
　　 속으로 계산함
合算(합산) 합하여 셈함

답이 틀렸으니 다시 한 번 計算(계산)해 보도록 하세요.

丿 ㅏ ㅊ ㅅ 竹 竹 竹 竹 笞 笞 算 算 算

算 算

竹 9 15 5급

節

마디 절

부수 : 竹
부수 뺀 획수 : 9
총획수 : 15
급수 : 5

英 joint
中 节 (jiē, jié)

❶ 마디. 토막 ❷ 예절 ❸ 절개 ❹ 절제하다 ❺ 계절

節度(절도) 말이나 행동 등을 똑똑 끊어 맺는 마디
節約(절약) 아껴 씀. 함부로 쓰지 않고 꼭 필요한 데에만 씀
時節(시절) ① 일 년을 네 철로 구분한 한 철 ② 때

무엇이든 함부로 쓰지 않고 節約(절약)하는 습관을 길러야 한다.

丿 ㅏ ㅊ ㅅ 竹 竹 竹 竹 笞 笞 笞 笞

節 節 節

算 算　　　節 節

米 0 6 6급

쌀 미

英 rice
中 米 (mǐ)

부수 : 米
부수 뺀 획수 : 0
총획수 : 6
급수 : 6

쌀

米穀(미곡) 쌀 또는 갖가지 곡식
米飮(미음) 쌀이나 잣을 넣어 푹 끓인 죽
精米所(정미소) 기계를 이용하여 곡식을 찧거나 빻는 곳. 방앗간

난 흰쌀보다 玄米(현미)로 지은 밥을 더 좋아한다.

丶 ⸢ 二 半 米 米

米 8 14 4급

정할 정

英 fine
中 精 (jīng)

부수 : 米
부수 뺀 획수 : 8
총획수 : 14
급수 : 4

❶ 정하다   ❷ 찧다   ❸ 깨끗하다   ❹ 정신

精巧(정교) 꼼꼼하고 자세하며 교묘함
精讀(정독) 자세히 살피어 읽음
精神(정신) ① 마음이나 생각 ② 생각하고 판단하는 능력 ③ 마음의 자세나 사상

Q 크게 혼이 났으니 이제는 精神(정신)을 차리겠지.

丶 丶 亠 半 米 米 米 米 精 精 精 精

糸部 　　 실사 부

糸 3 9 5급

約

맺을 약

부수 : 糸
부수 뺀 획수 : 3
총획수 : 9
급수 : 5

英 promise
中 约 (yuē)

❶ 맺다　❷ 대략, 대개　❸ 약속하다　❹ 간추리다

約婚(약혼) 결혼하기로 약속함
言約(언약) 말로 약속함
要約(요약) 말이나 글 등에서 중요한 것만 추려 냄

Q 난 친구와 2시 반에 신촌에서 만나기로 約束(약속)을 했다.

𠃍 𠃋 𠃋 爫 爫 糸 糹 約 約

 PLUS 漢字

같은 뜻의 다른 모양 한자

途 – 塗 (길 도)　　　　裏 – 裡 (속 리)
氷 – 冰 (얼음 빙)　　　姊 – 姉 (손윗누이 자)
蹟 – 跡 – 迹 (자취 적)　證 – 証 (증거 증)
鍼 – 針 (바늘 침)　　　畫 – 畵 (그림 화)
效 – 効 (효과 효)

約 約 約

- 英 class
- 中 级 (jí)

① 등급 ② 층계

高級(고급) ① 수준이 높음 ② 품질이 좋음
同級(동급) ① 같은 등급 ② 같은 학급
等級(등급) 높고 낮음이나 위아래를 여러 단계로 나누어 놓은 차례
下級(하급) 낮은 계급

요즘은 초등 학생 사이에 한자 級數(급수) 시험의 인기가 높다.

- 英 white
- 中 素 (sù)

① 희다 ② 바탕 ③ 질박하다

素朴(소박) 꾸밈이나 거짓이 없이 있는 그대로임
素服(소복) ① 하얗게 차려 입은 옷 ② 흰 천으로 만든 상복(喪服)
素養(소양) 평소에 닦아 쌓은 교양
素質(소질) ① 날 때부터 가지고 있는 바탕 ② 장래 발전할 기초로서 지니고 있는 성질

저는 음악에는 별로 素質(소질)이 없습니다.

| 부수 : 糸 |
| 부수 뺀 획수 : 4 |
| 총획수 : 10 |
| 급수 : 7 |

英 paper
中 纸 (zhǐ)

종이

用紙(용지) 어떤 일에 쓰이는 종이
便紙(편지) 소식을 전하거나 용건을 적어 보내는 글
表紙(표지) 책의 겉장

Q 나는 파란색 色紙(색지)로 예쁜 학 몇 마리를 접었다.

丿 ㄣ ㄠ ㄠ 幺 糸 糸 紅 紅 紙 紙

| 부수 : 糸 |
| 부수 뺀 획수 : 5 |
| 총획수 : 11 |
| 급수 : 4 |

英 thin
中 细 (xì)

❶ 가늘다 ❷ 세밀하다. 자세하다

細菌(세균) 생물 중에서 가장 작아 눈으로 볼 수 없는 작은 미생물
細胞(세포) 생물체를 이루고 있는 기본적인 구성 단위
微細(미세) 매우 가늘고 작음

Q 그는 꼼꼼해서 細部(세부)적인 곳까지 신경을 쓴다.

丿 ㄣ ㄠ ㄠ 幺 糸 糸 細 細 細 細

紙 紙   細 細

糸 5 11 5급

마칠 종

英 end
中 终 (zhōng)

부수 : 糸
부수 뺀 획수 : 5
총획수 : 11
급수 : 5

❶ 마치다. 끝내다 ❷ 죽다 ❸ 끝. 마지막 ❹ 마침내

終身(종신) ① 한평생을 마침 ② 한평생을 다할 때까지의 동안
終日(종일) 아침부터 저녁까지. 하루 동안
終章(종장) 시조나 노래의 마지막 장
終止符(종지부) 끝을 내는 부호. 마침표

終禮(종례)를 마치고 아이들은 각자 집으로 향했다.

丿 ㄥ 幺 乍 乍 糸 紁 紁 終 終 終

糸 6 12 5급

맺을 결

英 join
中 结 (jiē, jié)

부수 : 糸
부수 뺀 획수 : 6
총획수 : 12
급수 : 5

❶ 맺다 ❷ 끝맺다. 마치다 ❸ 엉기다

結果(결과) 어떤 원인으로 생긴 일의 끝
結論(결론) 말이나 글의 끝맺는 부분
結合(결합) 둘 이상의 것이 서로 관계를 맺고 합쳐져서 하나가 됨

두 섬을 連結(연결)하기 위한 다리 공사가 진행 중이다.

丿 ㄥ 幺 乍 乍 糸 紅 結 結 結 結

終 終　　結 結

糸部・給 絶

糸 6 12 5급

줄 급

부수 : 糸
부수 뺀 획수 : 6
총획수 : 12
급수 : 5

英 give
中 给 (gěi, jǐ)

❶ 주다 ❷ 넉넉하다 ❸ 대다. 공급하다

供給(공급) 필요에 따라서 물품을 대어 줌
配給(배급) 똑같이 나누어 줌
支給(지급) 물품 따위를 내어 줌

🔎 이제 대부분의 학교에서 給食(급식)을 실시하고 있다.

丿 ㄥ 纟 乡 幺 糸 糹 紒 紒 給 給 給

糸 6 12 4급

끊을 절

부수 : 糸
부수 뺀 획수 : 6
총획수 : 12
급수 : 4

英 cut off
中 绝 (jué)

❶ 끊다. 끊어지다 ❷ 으뜸. 뛰어나다

絶望(절망) 희망이 끊어짐. 희망을 버리고 단념함
絶頂(절정) ① 산의 맨 꼭대기 ② 어떤 일의 상태가 최고에 이른 때
拒絶(거절) 요구나 제의 따위를 받아들이지 않고 물리침

🔎 둘은 만난 지 얼마 되지도 않았는데 絶交(절교)하고 헤어졌다.

丿 ㄥ 纟 乡 幺 糸 糹 紒 紒 紒 絶 絶

給 給   絶 絶

277

系部・統 經

系 6 12 4급

統

거느릴 **통**

英 govern
中 统 (tǒng)

부수 : 糸
부수 뺀 획수 : 6
총획수 : 12
급수 : 4

❶ 거느리다 ❷ 계통 ❸ 합치다

統一(통일) ① 나누어진 것들을 몰아서 하나로 만듦 ② '남북통일' 의 준말
系統(계통) ① 같은 핏줄을 이름 ② 이치나 성질 등에 따라 갈라 놓은 순서
統合(통합) 모두 합쳐 하나로 모음

🔍 인수는 50년의 傳統(전통)이 있는 학교에 입학하게 되었다.

系 7 13 4급

經

글 **경**

英 letters
中 经 (jīng)

부수 : 糸
부수 뺀 획수 : 7
총획수 : 13
급수 : 4

❶ 글 ❷ 지나다 ❸ 경서 ❹ 날실 ❺ 법. 도리

經濟(경제) 사람들이 생활에 필요한 물건을 생산・
  분배하고, 그것을 소비하는 데 관계되는 모든
  활동
經驗(경험) 실지로 보고 듣고 겪는 일. 또는 그 과정
神經(신경) 뇌의 명령을 몸의 각 부분에 전하고, 몸에서 느낀 자극을 뇌에 전하는 일
  을 하는 실 모양의 기관
牛耳讀經(우이독경) 쇠귀에 경 읽기. 어떤 방법을 써도 아무런 소용이 없다는 말

🔍 詩經(시경), 書經(서경) 등은 유교의 經典(경전)이다.

糸 8 14 6급

푸를 **록**

부수 : 糸
부수 뺀 획수 : 8
총획수 : 14
급수 : 6

英 green
中 绿 (lǜ)

❶ 초록빛 ❷ 푸르다

綠色(녹색) 파랑과 노랑의 중간색
綠十字(녹십자) 녹색으로 십자 모양을 나타낸 표지. 재해로부터의 안전을 상징함
葉綠素(엽록소) 식물의 세포인 엽록체 속에 들어 있는 녹색의 색소

💬 푸른 나무들이 가득한 綠地(녹지)를 보니 마음이 안정된다.

乙 幺 幺 纟 糸 糸 糸 紆 紆 紆 綠 綠 綠

糸 9 15 5급

익힐 **련**

부수 : 糸
부수 뺀 획수 : 9
총획수 : 15
급수 : 5

英 practice
中 练 (liàn)

❶ 익히다 ❷ 가리다 ❸ 단련하다

未練(미련) 생각을 딱 끊을 수 없음. 또는 그런 마음
熟練(숙련) 어떠한 일에 아주 익숙함
訓練(훈련) 어떠한 능력이나 기술을 되풀이해 연습시킴

💬 훌륭한 연주가는 끊임없는 練習(연습)을 통해 탄생한다.

乙 幺 幺 纟 糸 糸 糸 紡 紳 紳 絅 練 練 練

綠 綠   練 練

糸部・線 / 网部・罪

糸 9 15 6급

줄 선

英 line
中 线 (xiàn)

부수 : 糸
부수 뺀 획수 : 9
총획수 : 15
급수 : 6

줄. 금

接線(접선) ① 곡선의 한 점에 닿은 직선 ② 비밀리에 만남
車線(차선) 한 대의 차가 지나가는 데 필요한 너비로 그어 놓은 선
混線(혼선) 전신이나 전화 등의 신호나 통화가 뒤섞여 엉클어짐

Q. 눈으로 볼 수 있는 빛의 줄기를 가시 光線(광선)이라고 한다.

丶 𠂊 幺 幺 幺 糸 糸 糹 紀 紀 紀 紀
綿 綿 線

网部 = 그물망 부

'网'이 한자의 위에 쓰일 때는 '罒'의 형태를 취한다.

网 8 13 5급

허물 죄

英 sin
中 罪 (zuì)

부수 : 网
부수 뺀 획수 : 8
총획수 : 13
급수 : 5

허물. 죄

線 線 線   罪 罪 罪

罪人(죄인) 죄를 지은 사람
犯罪(범죄) 죄를 지음. 또는 지은 죄
謝罪(사죄) 자기가 지은 죄에 대하여 용서를 빎
판사는 그 사람이 죄가 없다며 無罪(무죄)를 선고했다.

丨 冂 罒 罒 罒 罒 罪 罪 罪 罪 罪 罪 罪

置

둘 치

| 부수 : 网
| 부수 뺀 획수 : 8
| 총획수 : 13
| 급수 : 4

英 place
中 置 (zhì)

두다

配置(배치) 알맞은 자리에 나누어 둠
設置(설치) 어떤 목적에 필요한 기관이나 시설을 갖추어 놓음
處置(처치) 일을 마무리하여 끝냄
네가 서 있는 位置(위치)에서 앞쪽으로 세 걸음만 가라.

丨 冂 罒 罒 罒 罒 罒 罩 罝 罝 罝 置 置

 STORY 漢字

불치하문(不恥下問) : (학식·지위·나이 따위가) 자기보다 아래인 사람에게 묻는 일을 부끄러워하지 아니함. 공자의 제자 중 자공(子貢)이 위(衛)나라의 대부인 공문자(孔文子)의 시호(諡號)가 어떻게 해서 '문(文)'이 되었는지를 묻자 공자는 다음과 같이 말하였다. "그는 민첩해서 배우기를 좋아하고, 아랫사람에게 묻는 것을 부끄럽게 여기지 않았다. 이로써 시호를 문이라 한 것이다."

不 아닐 불   恥 부끄러울 치   下 아래 하   問 물을 문

置 置 置

'羊'이 한자의 위쪽에 쓰일 때는 '⺶'의 형태를 취한다.

羊 0 6 4급

양 양

英 sheep
中 羊 (yáng)

부수 : 羊
부수 뺀 획수 : 0
총획수 : 6
급수 : 4

양

羊毛(양모) 양의 털
白羊(백양) 흰 양
羊頭狗肉(양두구육) 양의 대가리를 내걸고는 개고기를 판다는 뜻. 겉으로 훌륭한 체하나 속은 변변찮음

우리 나라에서는 山羊(산양)을 쉽게 보기 힘들다.

丶 丷 䒑 半 羊

羊 3 9 6급

아름다울 미

英 beautiful
中 美 (měi)

부수 : 羊
부수 뺀 획수 : 3
총획수 : 9
급수 : 6

❶ 아름답다. 곱다 ❷ 맛나다 ❸ '미국'의 약칭

美國(미국) 북아메리카에 있는 연방 공화국. 수도는 워싱턴
美術(미술) 색채나 형태의 아름다움을 표현하는 예술의 한 분야

羊 羊 羊   美 美 美

美德(미덕) 아름다운 덕행
Q 美人(미인)의 기준은 사람마다 다를 수 있다.
丶 丷 䒑 䒑 䒑 䒑 羊 羊 美 美

英 attach
中 着 (zhāo, zháo, zhe, zhuó)

❶ 붙다. 붙이다 ❷ 입다. 신다. 쓰다 ❸ 다다르다 ❹ 손대다

着陸(착륙) 비행기가 땅 위에 내림
到着(도착) 목적지에 다다름
附着(부착) 들러붙음. 또는 붙이거나 닮
愛着(애착) 사랑하고 아끼는 마음에 사로잡혀 있음
Q 이 풀은 接着力(접착력)이 좋아서 한 번 붙으면
잘 떨어지지 않는다.

丶 丷 䒑 䒑 䒑 羊 䒑 羊 着 着 着

 PLUS 漢字

부수 구별이 어려운 한자 2

九(아홉 구) → 乙(새을)部   年(해 년) → 干(방패간)部
能(능할 능) → 肉(고기육)部   來(올 래) → 人(사람인)部
兩(두 량) → 入(들입)部   理(다스릴 리) → 玉(구슬옥)部
問(물을 문) → 口(입구)部   美(아름다울 미) → 羊(양양)部
民(백성 민) → 氏(각시씨)部   報(갚을 보) → 土(흙토)部
事(일 사) → 亅(갈고리궐)部   參(석 삼) → 厶(마늘모)部
相(서로 상) → 目(눈목)部   勝(이길 승) → 力(힘력)部

着 着 着

옳을 의

英 righteous
中 义 (yì)

부수 : 羊
부수 뺀 획수 : 7
총획수 : 13
급수 : 4

❶ 옳다. 바르다 ❷ 의리 ❸ 뜻

義理(의리) 사람이 지켜야 할 바른 도리
義兵(의병) 나라를 구하기 위해 국민들이 스스로 조직한 군대
正義(정의) 올바른 도리

마땅히 해야 할 일이 義務(의무)이고, 학생의 의무 중 하나는 공부이다.

丶 丷 亠 龷 羊 羊 羊 羊 義 義 義

羽部   깃우부

익힐 습

英 study
中 习 (xí)

부수 : 羽
부수 뺀 획수 : 5
총획수 : 11
급수 : 6

❶ 익히다. 배우다 ❷ 익숙하다 ❸ 버릇. 습관

習慣(습관) 버릇
自習(자습) 가르쳐 주는 사람 없이 혼자서 공부하여 익힘

學習 (학습) 배워서 익힘
지금까지 배운 것을 직접 實習(실습)해 보도록 하겠습니다.

ㄱ ㄱ ㄱ ㄱㄱ ㄱㄱ ㄲㄲ 羽 羽 習 習 習

老部 늙을로 부

'老'가 부수로 쓰일 때는 생략체인 '耂'가 흔히 쓰인다.

老 0 6 7급

늙을 로

부수 : 老
부수 뺀 획수 : 0
총획수 : 6
급수 : 7

英 old
中 老 (lǎo)

❶ 늙다 ❷ 늙은이

老弱者(노약자) 늙은이와 몸이 약한 어린이
老化(노화) 나이가 들면서 신체적·정신적 기능이 약해지는 현상
養老(양로) 노인을 편히 지낼 수 있게 보살펴 모심
老人(노인)들에게도 우리와 같은 어린 시절이 있으셨다.

一 十 土 耂 耂 老

 PLUS 漢字

모양이 비슷한 한자 4

土(흙 토) – 士(선비 사)　　　　大(클 대) – 太(클 태) – 犬(개 견)
天(하늘 천) – 夫(지아비 부)　　己(몸 기) – 已(이미 이) – 巳(뱀 사)
干(방패 간) – 于(어조사 우) – 千(일천 천)　　午(낮 오) – 牛(소 우)
書(글 서) – 晝(낮 주) – 畫(그림 화)　　木(나무 목) – 本(근본 본)
未(아닐 미) – 末(끝 말)　　村(마을 촌) – 材(재목 재)

老 老 老

| 부수 : 老 |
| 부수 뺀 획수 : 2 |
| 총획수 : 6 |
| 급수 : 5 |

생각할 고

英 think
中 考 (kǎo)

곰곰이 생각하다

考古學(고고학) 유물이나 유적 등을 가지고 옛날 사람의 문화를 과학적으로 연구하는 학문
考慮(고려) 생각하여 봄
考案(고안) 새로운 물건이나 방법을 연구하여 생각해 냄
考察(고찰) 자세하고 깊이 살펴봄

여러 책들을 參考(참고)하여 이 문제의 답을 찾아보자.

一 十 土 耂 耂 考

| 부수 : 老 |
| 부수 뺀 획수 : 5 |
| 총획수 : 9 |
| 급수 : 6 |

놈 자

英 man
中 者 (zhě)

❶ 사람 ❷ 것. 곳

記者(기자) 신문사·방송국 등에서 취재하거나 기사를 쓰고 편집하는 사람
讀者(독자) 책이나 신문 따위를 읽는 사람
一人者(일인자) 어느 방면에서 견줄 자가 없는 뛰어난 사람

내가 감명 깊게 읽은 책을 쓴 著者(저자)를 직접 만나다니!

一 十 土 耂 耂 者 者 者

考 考　　　　者 者

耳 0 6 5급

- 부수 : 耳
- 부수 뺀 획수 : 0
- 총획수 : 6
- 급수 : 5

英 ear
中 耳 (ěr)

귀
耳目(이목) ① 귀와 눈 ② 듣는 일과 보는 일
耳順(이순) 나이 60세를 이르는 말
中耳炎(중이염) 귀청 속에 생기는 염증
Q. 그 아이는 귀·눈·입·코 즉 耳目口鼻(이목구비)가 뚜렷하다.

一 丁 下 F 王 耳

耳 7 13 4급

聖 성인 성

- 부수 : 耳
- 부수 뺀 획수 : 7
- 총획수 : 13
- 급수 : 4

英 saint
中 圣 (shèng)

❶ 성인 ❷ 성스럽다 ❸ 거룩하다

聖骨(성골) 신라 때의 계급 제도에서 가장 높은 신분. 부모가 다 왕족인 계급
聖堂(성당) ① 천주교의 교회당 ② 공자를 모신 사당
神聖(신성) 거룩하고 높고 엄숙하여 신과 같이 성스러움
Q. 많은 사람들이 교직을 神聖(신성)한 것으로 여긴다.

一 丁 下 F 王 耳 耳 耵 耵 聖 聖 聖 聖

耳 8 14 6급

들을 **문**

英 hear
中 闻 (wén)

부수 : 耳
부수 뺀 획수 : 8
총획수 : 14
급수 : 6

❶ 듣다. 들리다 ❷ 널리 알려지다

見聞(견문) ① 보고 들음 ② 보고 들어서 아는 지식
新聞(신문) 새로운 사실을 알려 주려고 정기적으로 펴 내는 인쇄물
後聞(후문) 어떠한 사건이 끝난 뒤, 그 사건에 관계되는 여러 가지 소문
별것 아닌 所聞(소문)이 눈덩이처럼 불어났다.

丨 冂 冂 冃 冃' 門 門 門 門 門 聞 聞

聞 聞

耳 11 17 4급

소리 **성**

英 sound
中 声 (shēng)

부수 : 耳
부수 뺀 획수 : 11
총획수 : 17
급수 : 4

❶ 소리. 목소리 ❷ 노래 ❸ 이름. 명예

聲樂(성악) 사람의 목소리로 하는 음악
名聲(명성) 세상에 널리 퍼져 평판이 높은 이름
歡呼聲(환호성) 기뻐서 크게 부르짖는 소리
민형이는 훌륭한 성악가가 되기 위해 發聲(발성) 연습을 열심히 했다.

一 十 土 냪 냪 声 声 殸 殸 殸 殸

聲 聲 聲 聲 聲

聞 聞 聞　　　聲 聲 聲

직분 **직**

부수 : 耳
부수 뺀 획수 : 12
총획수 : 18
급수 : 4

英 official duty
中 职 (zhí)

❶ 직분 ❷ 벼슬 ❸ 직업

職員 (직원) 직장에서 근무하는 모든 사람
職場 (직장) 회사·공장·관청 등 사람이 일하는 곳
失職 (실직) 일자리를 잃음

우리 아버지는 職業(직업)상 자주 해외 출장을 나가신다.

一 厂 F F E 耳 耳 耳 耵 耵 耴
聕 聕 聕 職 職 職

 STORY 漢字

우공이산(愚公移山) : 우공이 산을 옮긴다는 뜻으로, 어리석게 보이는 일도 꾸준하게 끝까지 한다면 아무리 큰 일이라도 할 수 있다는 뜻. 중국의 태행산과 왕옥산은 둘레가 7백 리, 높이가 만 길로 이 두 산이 북쪽을 막고 있어 어디를 가고자 하면 항상 이 산을 돌아가야 했다. 우공(愚公)이란 사람은 나이가 90세로 이 두 산을 이웃하여 살고 있었는데, 하루는 가족들을 불러모아 의논한 결과 산을 깎아 평평하게 만들기로 했다. 우공은 아들과 손자들을 데리고 산을 파헤쳐 바다로 운반하기 시작했다. 그런데 바다까지 한 번 다녀오는 데 1년이 걸렸다. 이것을 보고 지수라는 사람이 비웃으며 말했다. "당신의 그 연약한 힘으로는 산의 귀퉁이도 허물기 어려운데 어떻게 큰 산의 돌과 흙을 다 옮긴단 말이오?" 그러자 우공이 대답했다. "당신같이 생각이 좁은 사람은 당연히 이해할 수 없을 거요. 설사 내가 도중에 죽더라도 내 아들이 있고, 내 아들은 또 아들을 낳을 것이고, 다시 손자는 아들을 낳아 자자손손 이 일을 한다면 언젠가는 반드시 산이 평지가 되고 말 것이오." 그러자 이 두 산의 산신이 우공의 말에 놀라 천제에게 호소하여 다른 곳으로 산을 옮기었다고 한다.

愚 어리석을 우   公 어른 공   移 옮길 이   山 메 산

職 職 職

肉部 고기육 부

'肉'이 한자의 왼쪽에 쓰일 때는 '月', 아래에 쓰일 때는 '月'의 형태를 취한다.

肉 0 6 4급

고기 **육**

英 meat
中 肉 (ròu)

부수 : 肉
부수 뺀 획수 : 0
총획수 : 6
급수 : 4

❶ 고기, 살 ❷ 몸 ❸ 혈연

肉類(육류) 먹을 수 있는 짐승의 고기 종류를 이르는 말
肉身(육신) 사람의 몸
肉體(육체) 사람의 몸뚱이

나는 肉食(육식)보다 채식을 좋아한다.

丨 冂 内 内 肉 肉

肉 4 8 7급

기를 **육**

英 bring up
中 育 (yù)

부수 : 肉
부수 뺀 획수 : 4
총획수 : 8
급수 : 7

❶ 기르다 ❷ 낳다

育成(육성) 길러서 키움
育兒(육아) 어린아이를 기르는 것
敎育(교육) 지식·기술 등을 가르치며 품성을 길러 줌

오늘은 體育(체육) 시간에 뜀틀 운동을 했다.

亠 云 云 产 育 育 育

肉 6 10 5급

능할 **능**

부수 : 肉
부수 뺀 획수 : 6
총획수 : 10
급수 : 5

英 ability
中 能 (néng)

❶ 능하다 ❷ 능력. 재능

能力(능력) 어떤 일을 해낼 수 있는 힘
能率(능률) 일정한 시간이나 조건에서 해낼 수 있는 일의 비율
本能(본능) 타고난 성질이나 능력
장애우를 위한 봉사 활동은 네 힘으로도 可能(가능)한 일이다.

亠 厶 宀 宀 宀 宀 能 能 能

臣部 신하신 부

臣 0 6 5급

신하 **신**

부수 : 臣
부수 뺀 획수 : 0
총획수 : 6
급수 : 5

英 minister
中 臣 (chén)

신하

臣下(신하) 임금을 섬기며 나랏일을 돌보던 관리
姦臣(간신) 간사한 신하
功臣(공신) 나라를 위해 공을 세운 신하
忠臣(충신)은 두 임금을 섬기지 않는다.

一 T 厂 厅 臣 臣

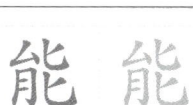

스스로 자

英 self
中 自 (zì)

❶ 스스로. 몸소. 자기 ❷ 저절로 ❸ ~부터

自國(자국) 자기 나라
自己(자기) 그 사람 자신
自信(자신) 무엇을 할 수 있다고 스스로 믿음. 또는 그렇게 믿는 마음
이 비행기는 自動(자동) 조종 장치로 운항할 수 있다.

´ 丨 冂 冃 自 自

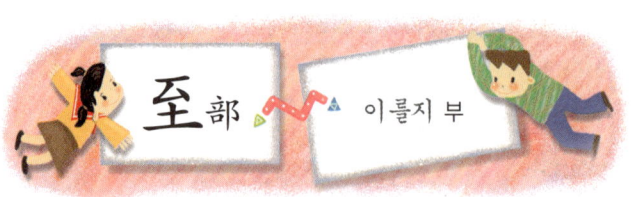

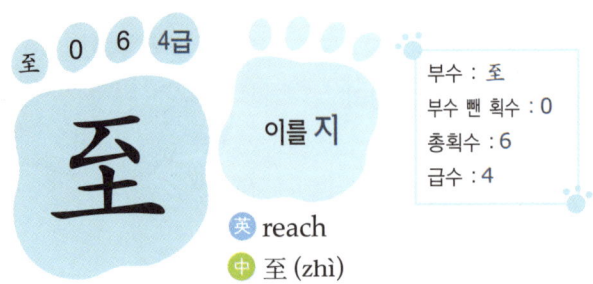

이를 지

英 reach
中 至 (zhì)

❶ 이르다 ❷ 닿다 ❸ 지극하다

至極(지극) 더할 수 없이 마음과 힘을 다함
至當(지당) 이치에 맞음. 매우 당연함
至誠(지성) ① 지극한 정성 ② 지극히 성실함

🔍 엄마는 할머니 할아버지를 至誠(지성)으로 모셨다.

一 丆 云 즈 주 至

至 4 10 5급

이를 치

부수 : 至
부수 뺀 획수 : 4
총획수 : 10
급수 : 5

英 reach
中 致 (zhì)

❶ 이르다 ❷ 다하다 ❸ 이루다 ❹ 주다. 드리다

致富(치부) 재물을 모아 부자가 됨
理致(이치) 사물의 정당한 조리. 도리에 맞는 뜻
才致(재치) 눈치 빠른 재주

🔍 금강산은 景致(경치)가 좋기로 유명하다.

一 丆 云 즈 주 至 到 到 致 致

致 致 致

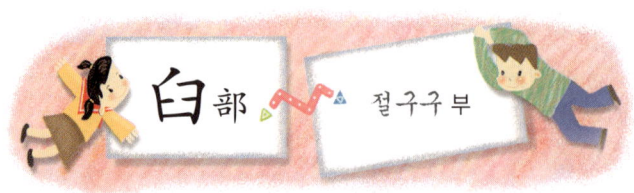

臼 9 16 4급

興

일 흥

부수 : 臼
부수 뺀 획수 : 9
총획수 : 16
급수 : 4

英 rise
中 兴 (xīng, xìng)

❶ 일다. 일어나다 ❷ 성하다. 일으키다 ❸ 흥겹다

興亡(흥망) 잘 되어 일어남과 못 되어 없어짐
興味(흥미) 마음이 끌려 느끼는 재미
感興(감흥) 마음에 깊이 감동되어 일어나는 흥취

Q. 네가 십대들의 우상 때문에 興奮(흥분)할 나이는 지났다고 생각해.

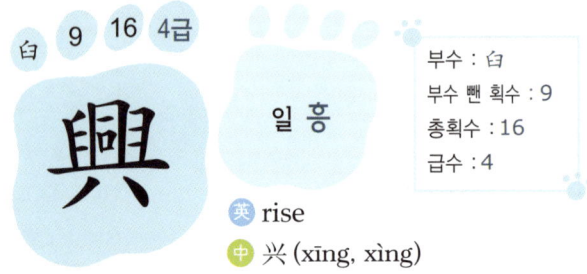

臼 12 18 5급

舊

예 구

부수 : 臼
부수 뺀 획수 : 12
총획수 : 18
급수 : 5

英 old
中 旧 (jiù)

❶ 예. 옛 ❷ 오래다

舊式(구식) 옛 형식. 오래된 양식
復舊(복구) 그 전의 상태로 돌아가게 함
親舊(친구) 오래 두고 가깝게 사귄 벗

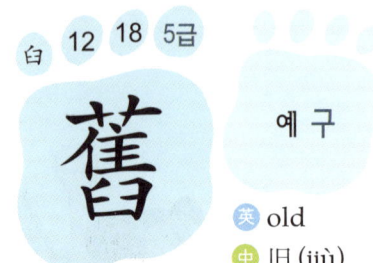

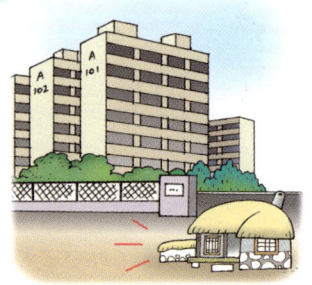

Q. 舊態依然(구태의연)한 학습 방법으로는 더 이상 네 성적을 올릴 수 없다.

丨 亻 卝 卝 芍 芍 芢 芢 萑 萑 萑
萑 萑 舊 舊 舊 舊

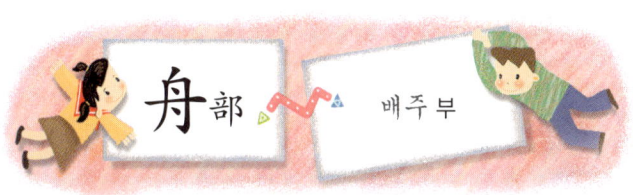

舟 5 11 5급

船

배 선

부수 : 舟
부수 뺀 획수 : 5
총획수 : 11
급수 : 5

英 ship
中 船 (chuán)

배

船長(선장) 선원의 우두머리. 배를 지휘하며 선원
　　　을 감독함
船着場(선착장) 배가 와 닿는 곳
造船所(조선소) 배를 만들거나 고치는 곳

Q. 태풍으로 인해 외국 船舶(선박)이 부산항에 정박하고 있다.

丿 丿 月 月 月 舟 舟 舡 舡 船 船

 PLUS 漢字

상대되는 한자가 결합된 단어 2

전후(前後) : 앞 전, 뒤 후　　　조석(朝夕) : 아침 조, 저녁 석
좌우(左右) : 왼쪽 좌, 오른쪽 우　　표리(表裏) : 겉 표, 속 리
해륙(海陸) : 바다 해, 뭍 륙　　　화복(禍福) : 재앙 화, 복 복
흥망(興亡) : 일 흥, 망할 망

船 船 船

英 good
中 良 (liáng)

① 어질다 ② 좋다

良心(양심) 사람으로서 마땅히 지녀야 할 바르고 착한 마음
改良(개량) 품질이나 성능 등의 나쁜 점을 고치어 좋게 함
不良(불량) ① 행실의 나쁨 ② 품질이나 성적이 나쁨

국회의원은 善良(선량)한 국민들을 정치에 이용해서는 안 된다.

英 color
中 色 (sè, shǎi)

빛. 색깔. 낯빛

色盲(색맹) 빛깔을 구별하지 못하는 상태. 또는 그런 사람
色相(색상) 빨강·파랑 등 사람의 눈으로 볼 수 있는 색의 종류
染色(염색) 물을 들임
脫色(탈색) ① 들인 물색을 뺌 ② 빛이 바래어 엷어짐

💬 내일 학교에 가져갈 준비물은 色鉛筆(색연필)이야.

丶 冖 夕 岑 刍 多 色

'艸'가 한자의 위에 쓰일 때는 '艹'의 형태를 취한다.

艸 4 8 7급

꽃 화

부수 : 艸
부수 뺀 획수 : 4
총획수 : 8
급수 : 7

英 flower
中 花 (huā)

① 꽃 ② 아름답다

花壇(화단) 꽃을 심으려고 뜰 한쪽에 흙을 조금 높게 쌓은 곳. 꽃밭
花盆(화분) 꽃을 심어 가꾸는 데 쓰는 그릇
花菜(화채) 꿀·설탕을 탄 오미잣국에 과일을 썰어 넣고 잣을 띄운 음료
花草(화초) 꽃이 피는 풀과 나무. 보기 위해 꽃밭·화분에 심음

💬 이모 집 마당에는 아름다운 花草(화초)들이 가득하다.

丶 艹 艹 艹 艹 花 花 花

花 花 花

苦

艹 5 9 6급

쓸 고

英 bitter
中 苦 (kǔ)

1 쓰다 **2** 괴롭다

苦難(고난) 괴로움과 어려움
苦惱(고뇌) 몹시 괴로워하고 번민함. 또는 그 괴로움과 번뇌
苦悶(고민) 괴로워하며 몹시 속이 타 함
苦生(고생) 괴로운 생활

苦生(고생) 끝에 낙이 있다는데 낙심하지 말고 열심히 살아야 한다.

부수 : 艹
부수 뺀 획수 : 5
총획수 : 9
급수 : 6

英

艹 5 9 6급

꽃부리 영

英 corolla
中 英 (yīng)

1 꽃부리. 꽃 **2** 빼어나다 **3** 꽃답다. 아름답다 **4** '영국'의 약칭

英靈(영령) 죽은 사람의 영혼을 높여 이르는 말
英美(영미) 영국과 미국
英語(영어) 영국의 언어. 영국 외에 미국, 캐나다, 뉴질랜드 등에서 쓰이는 말
英才(영재) 뛰어난 재주. 또는 그런 재주를 가진 사람

오늘 영어 숙제는 이 英文(영문)을 한글로 번역하는 것이다.

부수 : 艹
부수 뺀 획수 : 5
총획수 : 9
급수 : 6

艸 6 10 7급

草

풀 초

부수 : 艸
부수 뺀 획수 : 6
총획수 : 10
급수 : 7

英 grass
中 草 (cǎo)

❶ 풀 ❷ 거칠다 ❸ 시작하다

草綠(초록) 푸른 빛깔과 누른 빛깔의 중간 빛으로 '초록빛'의 준말
草原(초원) 풀이 난 넓은 들
藥草(약초) 약이 되는 풀
Q 농촌의 지붕 개량 사업으로 草家(초가)가 사라졌다.

一 十 丬 丬 艹 艾 芦 苩 草 草

艸 9 13 5급

落

떨어질 락

부수 : 艸
부수 뺀 획수 : 9
총획수 : 13
급수 : 5

英 fall down
中 落 (là, luò)

❶ 떨어지다 ❷ 마을

落島(낙도) 외따로 떨어져 있는 섬
落書(낙서) 장난으로 아무데나 함부로 쓴 글자나 그림
落花(낙화) 꽃이 떨어짐
Q 특공대가 중요 임무를 띠고 적진에 落下(낙하)했다.

一 十 丬 丬 艹 艾 芄 䒑 茨 茨 落 落 落

草 草   落 落

| 부수 : 艹 |
| 부수 뺀 획수 : 9 |
| 총획수 : 13 |
| 급수 : 8 |

일만 만

英 ten thousand
中 万 (wàn)

❶ 일만 ❷ 수의 많음을 나타내는 말

萬古(만고) ① 아주 먼 옛날 ② 끝없이 긴 세월
萬國(만국) 세계의 여러 나라
萬能(만능) 모든 사물에 능통함
萬民(만민) 온 국민. 모든 백성들

Q 할머니, 할아버지 萬壽無疆(만수무강)하세요.

一 十 艹 艹 芍 芍 芮 芮 莒 萬 萬 萬 萬

| 부수 : 艹 |
| 부수 뺀 획수 : 9 |
| 총획수 : 13 |
| 급수 : 5 |

잎 엽

英 leaf
中 叶 (yè)

❶ 잎 ❷ 세대. 시대

葉書(엽서) 짤막한 소식 등을 적어 보내는 카드
葉茶(엽차) 차나무의 잎을 달여서 만든 차
末葉(말엽) 어떤 시기를 셋으로 나눌 때의 끝 무렵. 말기

Q 바람이 심하게 불던 날 落葉(낙엽)이 오솔길에 뒹굴고 있었다.

一 十 艹 艹 苎 苎 苺 苺 莘 葉 葉 葉

萬 萬　　　　　葉 葉

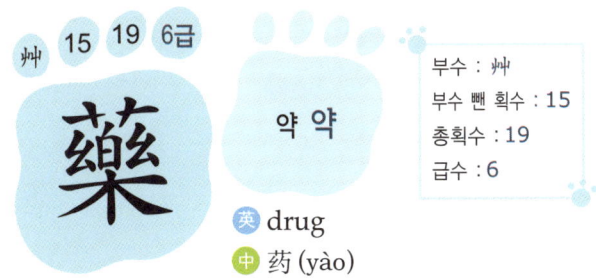

艹 15 19 6급

약 약

英 drug
中 药 (yào)

부수 : 艹
부수 뺀 획수 : 15
총획수 : 19
급수 : 6

약

藥局(약국) 약사가 의사의 처방에 따라 약을 조제·판매하는 곳
藥效(약효) 약의 효력
醫藥(의약) ① 병을 고치는 데 쓰이는 약 ② 의학과 약학

Q. 쓰라린 경험은 나중에 반드시 藥(약)이 된다.

丶 一 艹 ガ ガ ガ 苎 苎 苎 苗 苗
荹 蒋 蒋 蕐 藥 藥 藥

艹 15 19 4급

재주 예

英 skill
中 艺 (yì)

부수 : 艹
부수 뺀 획수 : 15
총획수 : 19
급수 : 4

❶ 재주 ❷ 심다

藝能(예능) ① 예술과 기능 ② 음악·무용·연
   극·영화 따위를 통틀어 이르는 말
藝名(예명) 예술가나 예능인이 본이름 외에 쓰는
   이름
文藝(문예) ① 문학과 예술 ② 시·소설·희곡·
   수필 등 아름다움을 말과 글로써 표현한 예술 작품을 통틀어 이르는 말

Q. 유진이의 작품이 신춘 文藝(문예)에 당선되었다.

丶 一 艹 ガ ガ 劳 蓺 蓺 蓺
蓺 蓺 蓺 蓺 藝 藝 藝

虍部 · 處 虛

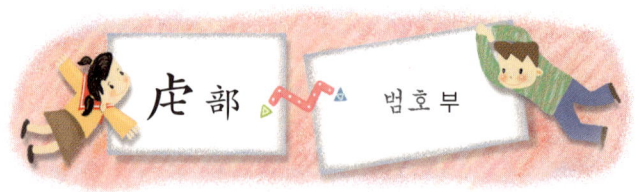
虍部 범호부

虍 5 11 4급

處
곳 처

英 place
中 处 (chǔ, chù)

부수 : 虍
부수 뺀 획수 : 5
총획수 : 11
급수 : 4

찾아가는 곳

❶ 곳 ❷ 살다. 머무르다 ❸ 처리하다

處理(처리) 일이나 사건 등을 마무리하여 끝맺음
處罰(처벌) 규칙이나 법을 어긴 데 대하여 벌을 줌
傷處(상처) 몸의 다친 자리

❓ 의사의 處方(처방)에 따라 약을 조제해야 한다.

丶 卜 卡 广 户 虍 虎 虎 處 處 處

虍 6 12 4급

虛
빌 허

英 empty
中 虚 (xū)

부수 : 虍
부수 뺀 획수 : 6
총획수 : 12
급수 : 4

❶ 비다 ❷ 헛되다

虛空(허공) 텅 빈 공중
虛構(허구) 사실이 아닌 것을 사실인 양 얽어 만듦

處 處 處   虛 虛 虛

空虛(공허) ① 속이 텅 빔 ② 헛됨
Q. 그 아이는 몸이 虛弱(허약)하여 자주 결석을 한다.

丨 ⺊ ⺊ 广 𠂆 虍 虍 虗 虛 虛 虛

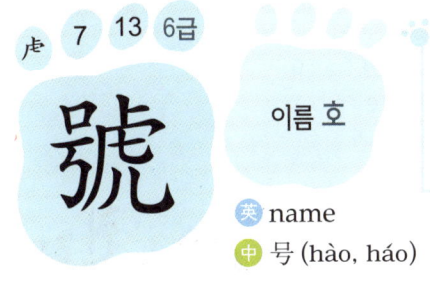

이름 호

부수 : 虍
부수 뺀 획수 : 7
총획수 : 13
급수 : 6

英 name
中 号 (hào, háo)

❶ 이름 ❷ 부르짖다. 울부짖다 ❸ 부르다 ❹ 부호
❺ 차례

國號(국호) 나라의 이름
符號(부호) 어떤 뜻을 나타내기 위하여 따로 정하여 쓰는 기호
番號(번호) 차례를 나타내는 호수
Q. 부하들에게 일을 빨리 하라고 號令(호령)을 했다.

丨 ㄇ ㅁ 므 号 号' 号⺍ 号虍 号虎 號 號 號

 STORY 漢字

결초보은(結草報恩) : 죽어 혼령이 되어서라도 은혜를 잊지 않고 갚는다는 뜻. 중국 춘추 시대 때 진(晋)나라에는 남편이 죽으면 아내를 같이 묻는 풍습이 있었다. 위무자(魏武子)라는 사람이 병이 들자 아들 위과(魏顆)에게 자기가 죽으면 후처를 재혼시키라고 유언하였다. 그러나 병세가 악화되어 정신이 혼미해지자 후처를 같이 묻어 달라고 유언을 바꾸었다. 위무자가 죽은 뒤 위과는 정신이 혼미했을 때의 유언을 따르지 않고 계모를 재혼시켰다. 후에 위과가 전쟁에 나가 진(秦)나라의 두회(杜回)와 싸워 위태로울 때 계모의 아버지의 혼령이 나타나 적군의 앞길에 풀을 묶어 두어 두회가 탄 말이 걸려 넘어지게 함으로써 두회를 사로잡을 수 있었다.

結 맺을 결   草 풀 초   報 갚을 보   恩 은혜 은

號 號 號

血 0 6 4급

피 혈

부수 : 血
부수 뺀 획수 : 0
총획수 : 6
급수 : 4

英 blood
中 血 (xiě, xuè)

피

血管(혈관) 몸 속에서 피가 돌아다니는 관. 핏줄
血肉(혈육) ① 피와 살 ② 자기가 낳은 자녀
　　　　　③ 부모, 자식, 형제, 자매들
輸血(수혈) 피가 모자라는 환자에게 그 혈액형
　　　　　과 같은 건강한 사람의 피를 혈관에 넣는 일
　그녀의 血色(혈색) 없는 얼굴에 근심이 가득했다.

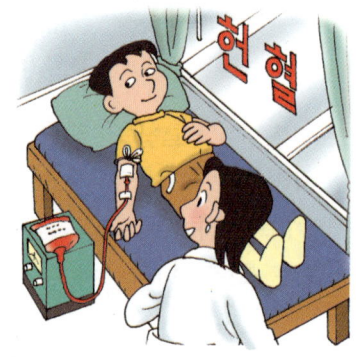

丶 亠 厂 白 血 血

血 6 12 4급

무리 중

부수 : 血
부수 뺀 획수 : 6
총획수 : 12
급수 : 4

英 crowd
中 众 (zhòng)

❶ 무리　❷ 많다

衆生(중생) 불교에서 부처를 믿어 구제되어야 할 인간과 그 밖의 모든 생물

公衆道德(공중도덕) 여러 사람이 함께 살아 가면서 다 같이 지켜야 할 도리
民衆(민중) 국가나 사회를 구성하고 있는 사람들
Q. 경기장에는 6만을 헤아리는 많은 觀衆(관중)이 운집했다.

丶 亠 宀 血 血 血 衆 衆 衆 衆

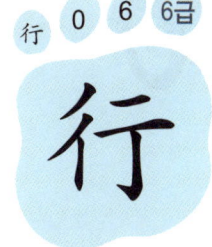

行 0 6 6급

다닐 행
항렬 항

부수 : 行
부수 뺀 획수 : 0
총획수 : 6
급수 : 6

英 go
中 行 (háng, xíng)

❶ 다니다 ❷ 걷다 ❸ 행하다 ❹ 항렬

行軍(행군) 군대나 학생 등이 줄을 지어 걸어감
行事(행사) 정해진 계획대로 일을 행함
行列(항렬) 같은 혈족 간의 촌수를 나타내는 계열
Q. 시험을 대신 봐 주는 것은 학생으로서 있을 수 없는 行動(행동)이다.

丿 彳 彳 行 行 行

 PLUS 漢字

부수 구별이 어려운 한자 3

五(다섯 오) → 二(두이)部
全(온전할 전) → 入(들입)部
行(다닐 행) → 行(다닐행)部

以(써 이) → 人(사람인)部
取(가질 취) → 又(또우)部
興(일 흥) → 臼(절구구)部

行 行 行

術

行 5 11 6급

재주 술

英 artifice
中 术 (shù)

부수 : 行
부수 뺀 획수 : 5
총획수 : 11
급수 : 6

❶ 재주 ❷ 기술 ❸ 꾀 ❹ 도

術策(술책) 꾀. 계략. 술수
武術(무술) 무기나 맨손으로 상대와 싸우는 기술. 무예
藝術(예술) 특별한 재료나 모양 기교 따위를 써서 아름다움을 표현하는 활동. 또는 그 작품. 미술, 음악, 문학, 연극 등

Q. 사회의 모순을 手術(수술)하고 개혁하여 새 질서를 세우자.

街

行 6 12 4급

거리 가

英 street
中 街 (jiē)

부수 : 行
부수 뺀 획수 : 6
총획수 : 12
급수 : 4

거리. 한길

街路燈(가로등) 큰 도로나 주택가의 골목길을 밝히기 위해 높게 달아 놓은 전등
街路樹(가로수) 길의 양쪽 가에 줄지어 나란히 심은 나무
市街(시가) 도시의 큰 길거리

Q. 온 가족과 함께 주말에 경춘 街道(가도)를 달렸다.

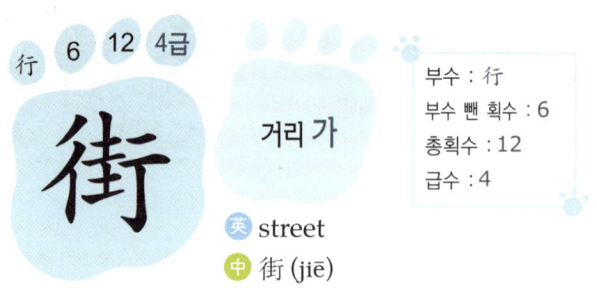

衣部 · 衣

'衣'가 한자의 왼쪽에 쓰일 때는 '衤'의 형태를 취한다.

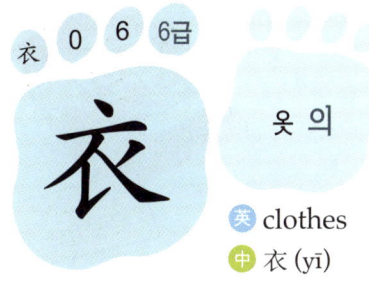

衣 0 6 6급

옷 의

부수 : 衣
부수 뺀 획수 : 0
총획수 : 6
급수 : 6

英 clothes
中 衣 (yī)

옷. 옷을 입다

衣類(의류) 입는 옷을 통틀어 이르는 말
衣食住(의식주) 사람이 생활해 가는 데 필요한 세 가지 요소. 곧 옷과 음식과 집
錦衣還鄉(금의환향) 비단옷을 입고 고향에 돌아온다는 뜻으로, 세상에서 성공하여 당당하게 고향에 돌아옴을 이르는 말

Q. 저 걸인의 衣冠(의관)은 남루하나 양반의 후예인 듯하니 술이나 먹여 보냄이 어떠한가.

`ㆍ 亠 ナ 亣 ㆆ 衣`

 STORY 漢字

금의야행(錦衣夜行) : 비단옷을 입고 밤길을 걷는다는 뜻으로, 아무 보람이 없는 행동을 이르는 말. 항우가 진나라를 쳐부수고 모든 궁전을 모조리 불지른 다음 고향으로 돌아가려 하자 부하 한 사람이 "이 곳 진나라 땅은 사방이 험한 산으로 막히고 땅이 기름지니 여기에 도읍을 정하면 천하를 얻을 수가 있습니다."라고 권하였다. 그러나 항우는 불탄 그 곳이 싫었고, 또 고향에 돌아가 뽐내고 싶은 마음에서 "부귀를 얻고도 고향에 돌아가지 않는다면 마치 비단옷을 입고 밤길을 가는 것과 같으니 누가 알아 줄 사람이 있겠는가"라고 말한 데서 비롯되었다.

錦 비단 금   衣 옷 의   夜 밤 야   行 다닐 행

衣 3 8 6급

겉 표

부수 : 衣
부수 뺀 획수 : 3
총획수 : 8
급수 : 6

英 surface
中 表 (biǎo)

❶ 겉. 바깥 ❷ 나타내다

表記(표기) 겉에 표시해 기록함
表面(표면) 거죽으로 드러난 면
表情(표정) 마음 속의 감정을 얼굴에 드러내 보임
發表(발표) 세상에 널리 드러내어 알림
곧 관계 당국의 공식적인 입장 表明(표명)이 있을 것이다.

一 二 キ 主 尹 夫 表 表

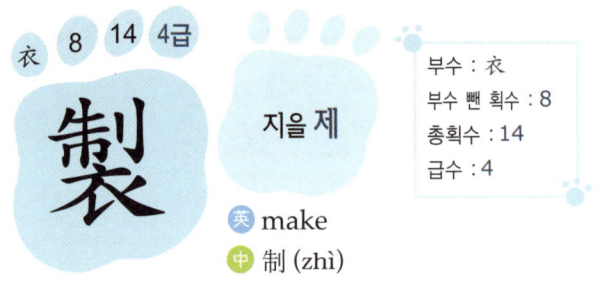

衣 8 14 4급

지을 제

부수 : 衣
부수 뺀 획수 : 8
총획수 : 14
급수 : 4

英 make
中 制 (zhì)

❶ 짓다 ❷ 만들다 ❸ 마르다

製菓(제과) 과자나 빵을 만듦
製圖(제도) 기계, 건물, 공작물 등의 도면을 그려 만듦
製藥(제약) 약을 만들어 냄
製作(제작) 물건이나 영화 등을 만듦
우리들의 새 공장은 상품을 대량으로 製作(제작)하고 있다.

ノ ヒ 宀 屮 告 制 制 制 製 製
製 製

西部·西要

西部 덮을아 부

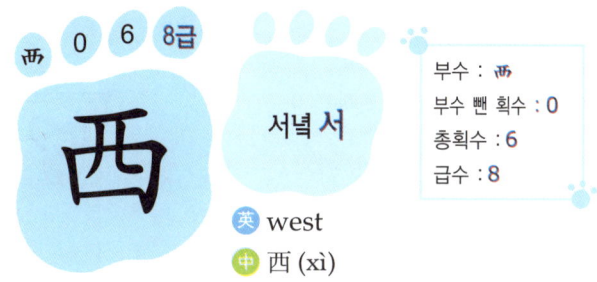

서녘 서

부수 : 西
부수 뺀 획수 : 0
총획수 : 6
급수 : 8

英 west
中 西 (xī)

서녘. 서쪽

西歐(서구) 서부 유럽
西紀(서기) 예수가 탄생한 해를 기원 1년으로 삼는 서양의 기원
西學(서학) ① 서양의 학문 ② 조선 시대 때 지금의 천주교를 이르는 말

Q 해가 너울너울 西山(서산)으로 넘어간다.

一 一 一 兀 两 两 西

요긴할 요

부수 : 西
부수 뺀 획수 : 3
총획수 : 9
급수 : 5

英 important
中 要 (yāo, yào)

❶ 요긴하다. 중요하다 ❷ 구하다 ❸ ~해야 하다

要求(요구) 필요하여 달라고 청함
要請(요청) 필요한 일을 해 달라고 청함
重要(중요) 가장 소중하고 요긴함

Q 기일 내에 숙제를 제출해 주시기를 要望(요망)합니다.

一 一 一 兀 两 两 覀 覀 要 要 要

309

見部·見 規

見 0 7 5급

見

볼 견
뵐 현

부수 : 見
부수 뺀 획수 : 0
총획수 : 7
급수 : 5

英 see
中 见 (jiàn, xiàn)

❶ 보다. 보이다 ❷ 뵙다 ❸ 의견. 생각

見本(견본) 전체 상품의 품질 등을 알기 위해 미리 만드는 소량의 상품
所見(소견) 사람이나 사물의 현상을 보고 가지는 의견이나 생각
謁見(알현) 지위나 신분이 높은 사람을 찾아 뵘

Q 우리는 자동차 공장에 見學(견학)을 다녀왔다.

丨 冂 冃 月 目 貝 見

見 4 11 5급

規

법 규

부수 : 見
부수 뺀 획수 : 4
총획수 : 11
급수 : 5

英 rule
中 规 (guī)

❶ 법. 규칙 ❷ 경계하다 ❸ 꾀하다

規格(규격) ① 일정한 표준 ② 제품의 품질·모양·크기 등의 정해진 기준
規模(규모) ① 본보기. 모범 ② 물건의 짜임새 또는 크기 ③ 씀씀이나 예산의 한도
規約(규약) 서로 지키도록 정한 규칙

Q 매일 規則的(규칙적)으로 운동하는 것이 건강에 좋다.

一 二 丰 夫 矢 刲 刲 担 担 規 規

見部 · 視 親

見 5 12 4급

볼 시

부수 : 見
부수 뺀 획수 : 5
총획수 : 12
급수 : 4

英 look at
中 视 (shì)

❶ 보다 ❷ 살피다

視覺(시각) 물체의 모양이나 빛깔 등을 구분하는 감각
視界(시계) 어떤 일정한 자리에서 바라볼 수 있는 거리 범위
視力(시력) 물체의 형상을 알아보는 눈의 능력
監視(감시) 감독하여 살펴봄
重視(중시) 중요시함

환경 문제에 대한 뭇 사람들의 視線(시선)이 날카롭다.

一 二 干 干 示 和 和 和 視 視 視 視

見 9 16 6급

친할 친

부수 : 見
부수 뺀 획수 : 9
총획수 : 16
급수 : 6

英 intimate
中 亲 (qīn, qìng)

❶ 친하다 ❷ 가깝다 ❸ 어버이 ❹ 친척

親分(친분) 매우 가깝게 느끼는 따뜻한 마음
親善(친선) 서로 친하여 사이가 좋음
親切(친절) 태도가 매우 정답고 고분고분함
親戚(친척) 같은 조상의 친족과 외가 쪽의 사람들

우리는 이웃과 형제처럼 親近(친근)한 사이다.

丶 一 二 立 立 辛 辛 辛 亲 亲 新 新 新 親 親 親

見部·觀 / 角部·角

見 18 25 5급

觀

볼 관

英 look
中 观 (guān)

부수 : 見
부수 뺀 획수 : 18
총획수 : 25
급수 : 5

❶ 보다 ❷ 생각 ❸ 관점

觀覽(관람) 연극, 영화, 경기 등을 구경함
觀點(관점) 사물을 관찰할 때 그 사람이 보는 입장이나 각도
主觀(주관) 자기만의 생각 또는 자기에게 치우친 생각

Q 부모님께서는 일주일 간 제주도를 觀光(관광)하고 돌아오셨다.

丶 ㆍ ㅛ ヰ ヰ ヰ ヰ 芇 芇 芇 芇
芇 芇 雚 雚 雚 雚 觀 觀 觀 觀 觀 觀

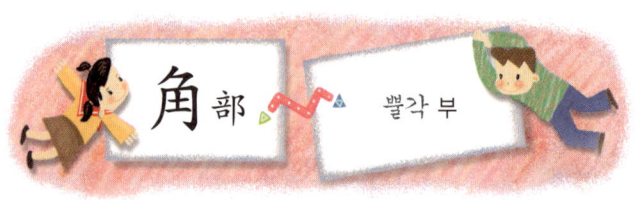

角部   뿔각 부

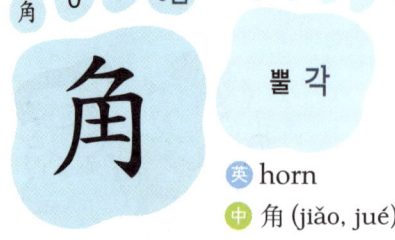

角 0 7 6급

角

뿔 각

英 horn
中 角 (jiǎo, jué)

부수 : 角
부수 뺀 획수 : 0
총획수 : 7
급수 : 6

❶ 뿔 ❷ 다투다 ❸ 모. 모나다 ❹ 각. 각도

角質(각질) 동물의 몸을 보호하는 비늘, 뿔, 털, 부리, 손톱 등을 이루고 있는 물질
角逐(각축) 서로 이기려고 경쟁함

觀 觀 觀   角 角 角

骨角器(골각기) 석기 시대에 동물의 뼈, 뿔 또는 송곳니로 만든 기구
모든 角度(각도)에서 문제를 검토하도록 하여라.

′ ⺈ ⺈ 午 角 角 角

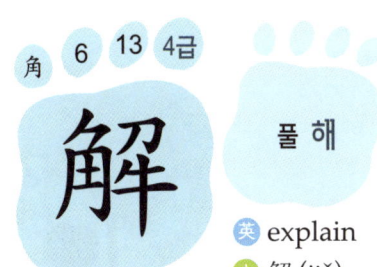

角 6 13 4급

풀 해

부수 : 角
부수 뺀 획수 : 6
총획수 : 13
급수 : 4

英 explain
中 解 (jiě)

❶ 풀다 ❷ 가르다. 해부하다 ❸ 흩어지다

解放(해방) 얽매임이나 짓눌림에서 벗어나 자유롭게 됨
解說(해설) 문제를 알기 쉽게 풀어 설명함
理解(이해) ① 말이나 글의 뜻을 깨쳐 앎 ② 사리를 분별하여 앎
그들은 서로 조금씩 양보하여 분쟁을 원만하게 解決(해결)했다.

′ ⺈ ⺈ 午 角 角 角 角′ 角″ 解 解 解

 PLUS 漢字

음이 두 개 이상인 한자

切 끊을 절 / 모두 체
宅 집 택 / 댁 댁
復 다시 부 / 회복할 복
拾 주울 습 / 열 십
更 고칠 경 / 다시 갱
樂 즐길 락 / 음악 악 / 좋아할 요
說 말씀 설 / 달랠 세
降 내릴 강 / 항복할 항

參 석 삼 / 참여할 참
度 법도 도 / 헤아릴 탁
惡 악할 악 / 미워할 오
易 바꿀 역 / 쉬울 이
暴 사나울 포 / 쬘 폭
省 살필 성 / 덜 생
識 알 식 / 적을 지

解 解 解

言部·言 計

言部 말씀언 부

言 0 7 6급

言
말씀 언

英 speech
中 言 (yán)

부수 : 言
부수 뺀 획수 : 0
총획수 : 7
급수 : 6

말씀. 말하다

言語(언어) 사람의 생각·감정을 표현하는 소리나 글자 따위의 수단
甘言利說(감언이설) 달콤한 말과 이로운 조건을 내세워 꾀는 말
方言(방언) 사투리
Q 역사학자들은 그 문제에 대하여 言及(언급)을 회피하고 있다.

丶 亠 宀 宁 言 言 言

言 2 9 6급

計
셈 계

英 count
中 計 (jì)

부수 : 言
부수 뺀 획수 : 2
총획수 : 9
급수 : 6

❶ 셈. 셈하다 ❷ 꾀. 꾀하다

計算(계산) ① 수량을 헤아림 ② 법칙에 따라 값을 구하거나 식을 간단히 하거나 함
計劃(계획) 해 나갈 일을 미리 생각해 놓음
家計(가계) 집안 살림을 꾸려 가는 계산이나 계획
Q 그가 무엇인가 비열한 計略(계략)을 꾸미고 있는 것이 분명하다.

丶 亠 宀 宁 言 言 言 訁 計

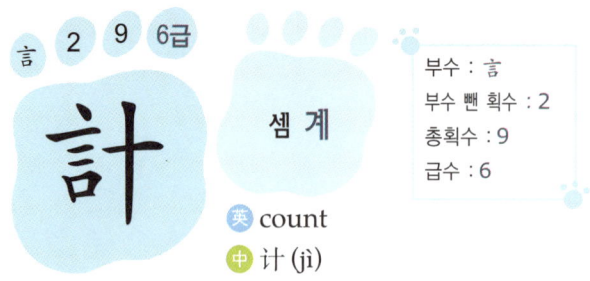

記

言 3 10 7급

기록할 기

부수 : 言
부수 뺀 획수 : 3
총획수 : 10
급수 : 7

英 record
中 记 (jì)

❶ 기록하다. 적다 ❷ 기억하다

記念(기념) 오래도록 기억하여 잊지 않음
記錄(기록) ① 적음. 또는 적은 서류 ② 운동 경기 등에서의 성적. 또는 지금까지의 최고 성적
記事(기사) 신문·잡지 등에 기록된 보도 내용

Q. 결국 그 사건은 사람들의 記憶(기억)에서 사라져 갔다.

丶 亠 亠 言 言 言 言 訂 記 記

訓

言 3 10 6급

가르칠 훈

부수 : 言
부수 뺀 획수 : 3
총획수 : 10
급수 : 6

英 instruct
中 训 (xùn)

❶ 가르치다. 훈계하다 ❷ 뜻을 새기다

訓戒(훈계) 알아듣도록 타이름
訓示(훈시) 아랫사람에게 주의 사항을 일러 줌
敎訓(교훈) 가르치고 이끌어 줌. 또는 본받을 만한 가르침

Q. 월요일마다 하는 조회 시간에는 교장 선생님의 訓話(훈화)가 있다.

丶 亠 亠 言 言 言 言 訓 訓 訓

記 記   訓 訓

英 visit
中 访 (fǎng)

부수 : 言
부수 뺀 획수 : 4
총획수 : 11
급수 : 4

❶ 찾다 ❷ 묻다

訪問(방문) 남을 찾아봄
訪韓(방한) 한국을 방문함
來訪(내방) 손님이 찾아옴
探訪(탐방) 어떤 일의 진상을 알아보기 위하여 사람이나 장소를 탐문하여 찾아봄

Q 역사 探訪(탐방)여행의 즐거움을 만끽하고 있다.

`丶 亠 言 言 言 言 訁 訪 訪 訪`

英 establish
中 设 (shè)

부수 : 言
부수 뺀 획수 : 4
총획수 : 11
급수 : 4

❶ 베풀다. 세우다 ❷ 가령. 설령

設計(설계) 제작이나 공사 따위에 앞서 그 목적에 맞도록 계획을 세우고 도면에 드러내 보이는 일
設立(설립) 만들어 세움
設備(설비) 어떤 일을 하는 데 필요한 기계, 기구, 건물 등을 갖추는 일
建設(건설) 건물이나 조직을 새로 세움

Q 우리 학교에 청소년 상담 센터를 設置(설치)하여야 한다.

`丶 亠 言 言 言 言 訁 訳 訳 設`

訪 訪   設 設

言 4 11 5급

허락 허

부수 : 言
부수 뺀 획수 : 4
총획수 : 11
급수 : 5

英 allow
中 许(xǔ)

❶ 허락하다 ❷ 매우

許多(허다) 매우 많음
免許(면허) 어떤 특정한 일을 행하는 것을 나라나 공공 기관에서 허가하는 일
特許(특허) 어떤 물건을 발명한 사람에게 특정한 권리를 주는 일

Q. 우리는 부모님의 許諾(허락)을 받고 여행을 떠났다.

`丶 亠 言 言 言 言 計 許 許`

言 6 13 4급

시험 시

부수 : 言
부수 뺀 획수 : 6
총획수 : 13
급수 : 4

英 test
中 试(shì)

시험. 시험하다

試圖(시도) 무엇을 실현하여 보려고 시험삼아 꾀하여 봄
試食(시식) 맛이나 요리 솜씨를 알아보기 위해 먹어 봄
應試(응시) 시험을 봄

Q. 이 회사에 應試(응시)하려면 성적 증명서와 자기 소개서를 내야 합니다.

`丶 亠 言 言 言 言 計 許 許 試 試`

言 6 13 7급

말씀 화

英 talk
中 话 (huà)

부수 : 言
부수 뺀 획수 : 6
총획수 : 13
급수 : 7

말씀. 이야기하다

話法(화법) 문장이나 이야기에서 다른 사람의 말을 다시 표현하는 방법. 직접 화법과 간접 화법이 있음

對話(대화) 마주 대하여 이야기 함. 또는 그 이야기

會話(회화) ① 서로 만나서 이야기 함 ② 외국어로 이야기 함

Q. 훌륭한 연구 성과로 인해 그녀는 요즘 話題(화제)에 자주 오른다.

丶 亠 ㄗ 䒑 言 言 言 訁 訊 訮 話 話

言 7 14 5급

말씀 설
달랠 세

英 speak
中 说 (shuō / yuè)

부수 : 言
부수 뺀 획수 : 7
총획수 : 14
급수 : 5

❶ 말씀. 말 ❷ 설명하다. 풀다 ❸ 달래다

說得(설득) 여러 가지로 설명하여 알아듣도록 함

說明(설명) 알기 쉽게 풀어서 밝힘

傳說(전설) 오래 전부터 전해 내려오는 말이나 이야기

遊說(유세) 각처로 돌아다니면서 자기 또는 자기가 소속한 당의 주장을 선전함

Q. 친구들과 싸움을 하는 바람에 선생님께 단단히 說敎(설교)를 들었다.

丶 亠 ㄗ 䒑 言 言 言 訁 訮 訲 説 説

言部 · 誠 語

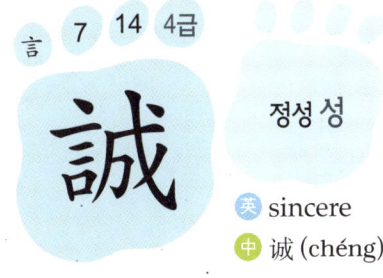

言　7　14　4급

정성 성

英 sincere
中 诚 (chéng)

❶ 정성　❷ 진실

誠金(성금) 정성으로 내는 돈
誠實(성실) ① 거짓이 없고 정성스러움 ② 부지런함
精誠(정성) 온갖 성의를 다하려는 참되고 거짓이 없는 마음
至誠(지성) 지극한 정성

🔍 그 동안 베풀어 주신 誠意(성의)에 감사드립니다.

부수 : 言
부수 뺀 획수 : 7
총획수 : 14
급수 : 4

` 二 言 言 言 言 訂 訂 訪 誠
誠 誠

言　7　14　7급

말씀 어

英 word
中 语 (yǔ)

❶ 말씀. 말　❷ 알리다

語句(어구) 말의 구절
語幹(어간) 말의 줄기. 동사 · 형용사의 활용에서 변하지 않는 부분
古語(고어) 옛말. 옛날에는 썼으나 지금은 쓰이지 않는 말
國語(국어) ① 국민 전체가 쓰는 그 나라의 고유한 말 ② 우리 나라의 말

🔍 재호는 語學(어학)에 소질이 있다.

부수 : 言
부수 뺀 획수 : 7
총획수 : 14
급수 : 7

` 二 言 言 言 言 訂 訂 語 語 語
語 語

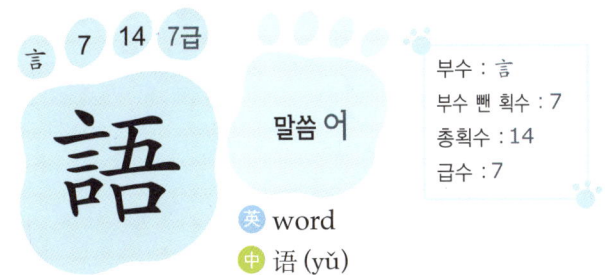

言 7 14 4급

認
알 인

英 recognize
中 认 (rèn)

부수 : 言
부수 뺀 획수 : 7
총획수 : 14
급수 : 4

❶ 알다 ❷ 인정하다 ❸ 허가하다

認可(인가) 인정하여 허락함
認定(인정) 옳다고 믿고 정하는 일. 알아줌
承認(승인) 정당하다고 인정하여 승낙함

요즘 학생들은 역사에 대한 認識(인식)이 부족하다.

丶 亠 亠 言 言 言 訂 訒 訒 訒 認
認 認

言 8 15 5급

課
과할 과

英 impose
中 课 (kè)

부수 : 言
부수 뺀 획수 : 8
총획수 : 15
급수 : 5

❶ 과하다 ❷ 시험하다. 매기다 ❸ 과목

課稅(과세) 세금을 매김. 또는 그 세금
課外(과외) 정해진 과정 이외에 하는 수업이나 공부
課長(과장) 관청이나 회사 등에서 한 과의 우두머리

그는 매일 아침 산책하는 것을 日課(일과)로 삼고 있다.

丶 亠 亠 言 言 言 訂 訊 訊 訊 課
課 課 課

談

말씀 담

- 부수 : 言
- 부수 뺀 획수 : 8
- 총획수 : 15
- 급수 : 5

英 talk
中 谈 (tán)

❶ 말씀. 이야기　❷ 이야기하다　❸ 농담하다

談判(담판) 서로 모여 의논하여 옳고 그름을 판단함
怪談(괴담) 괴상한 이야기
弄談(농담) 농으로 하는 말
會談(회담) 만나서 서로 의논함

Q. 며칠 전 대통령이 대국민 특별 談話(담화)를 발표했다.

丶亠亠亠言言言言訁訁訡談談談談

論

논할 론

- 부수 : 言
- 부수 뺀 획수 : 8
- 총획수 : 15
- 급수 : 4

英 discuss
中 论 (lùn)

❶ 논하다. 말하다　❷ 견해. 의견

論難(논란) 잘못을 논하여 비난함
論理(논리) 생각하는 것의 올바른 이치
論議(논의) 어떤 문제에 대하여 서로 의견을 내놓고 의논함
理論(이론) 어떠한 문제에 관한 특정한 학자의 견해나 학설

Q. 정부는 言論(언론)의 자유를 침해해서는 안 된다.

丶亠亠亠言言訁訁詥論論論論

調

言 · 8 · 15 · 5급

고를 조

- 부수 : 言
- 부수 뺀 획수 : 8
- 총획수 : 15
- 급수 : 5

英 harmonize
中 调 (diào, tiáo)

❶ 고르다 ❷ 어울리다 ❸ 살피다 ❹ 가락

調査(조사) 일이나 물건 등에 대한 내용을 알기 위하여 찾아보거나 자세히 살펴봄
調和(조화) 서로 잘 어울리게 함
曲調(곡조) ① 음악이나 가사의 가락 ② 곡이나 노래의 수를 세는 단위

소아 비만이 되지 않도록 체중 調節(조절)을 해야 한다.

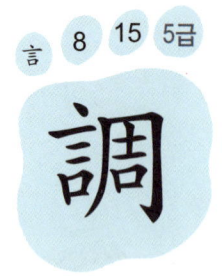

丶 亠 亠 亠 言 言 訂 訂 訂 調 調
調 調 調

請

言 · 8 · 15 · 4급

청할 청

- 부수 : 言
- 부수 뺀 획수 : 8
- 총획수 : 15
- 급수 : 4

英 request
中 请 (qǐng)

❶ 청하다 ❷ 묻다

請(청)하다 어떤 일을 남에게 부탁함
請婚(청혼) 결혼하기를 청함
申請(신청) 신고하여 청함

성적이 떨어지는 바람에 아버지께 용돈 請求(청구)도 못한다.

丶 亠 亠 亠 言 言 言 計 詩 請 請
請 請 請

- 부수 : 言
- 부수 뺀 획수 : 10
- 총획수 : 17
- 급수 : 4

외울 강

英 recite
中 讲 (jiǎng)

❶ 외다. 익히다 ❷ 풀이하다 ❸ 강론하다

講堂(강당) 학교·회사 등에서 많은 사람을 모아, 강의나 강연 또는 의식을 하는 데 쓰이는 건물이나 큰 방

講座(강좌) ① 대학 교수가 가르치는 학과목 ② 높은 수준의 학술을 가르치는 강습회나 강의록

講和(강화) 싸움을 벌인 나라끼리 서로 화해함

Q. 이번 여름 방학에는 수영 講習(강습)을 받을 예정이다.

丶 亠 亠 言 言 言 訁 訁 訁 訁 訁 講 講 講 講 講

- 부수 : 言
- 부수 뺀 획수 : 12
- 총획수 : 19
- 급수 : 5

알 식
적을 지

英 recógnize
中 识 (shí)

❶ 알다. 식견 ❷ 분별하다 ❸ 적다. 기록하다

識見(식견) 사물을 올바르게 판단할 수 있는 능력

知識(지식) 배우거나 연구하여 알고 있는 내용

標識(표지) 어떤 사물 혹은 위치나 장소 등을 나타내기 위해 설치된 것

Q. 나는 네가 그런 바보짓을 하지 않을 良識(양식)은 있는 줄 알았다.

丶 亠 亠 言 言 言 訁 訁 訁 訁 訁 諳 諳 諳 識 識 識

言 13 20 4급

의논할 의

英 discuss
中 议 (yì)

부수 : 言
부수 뺀 획수 : 13
총획수 : 20
급수 : 4

의논하다

議決(의결) 어떤 일을 여러 사람이 의논하여 결정함
議論(의논) 어떤 일에 대하여 서로 이야기함
建議(건의) 의견이나 희망을 내어 말함. 또는 그 의견이나 희망 사항

◎ 議會(의회)는 그 법안의 채택을 결의했다.

言 15 22 6급

읽을 독

英 read
中 读 (dú)

부수 : 言
부수 뺀 획수 : 15
총획수 : 22
급수 : 6

❶ 읽다 ❷ 구두(句讀)

讀解(독해) 글을 읽어 내용을 이해함
多讀(다독) 많이 읽음
吏讀(이두) 삼국 시대에 한자의 음과 뜻을 빌려 우리말을 적는 데 쓰이던 문자

◎ 신형이는 讀書(독서)를 좋아해서 매일 한 권씩 책을 읽는다.

言部 · 變

言 16 23 5급

變

변할 변

英 change
中 变 (biàn)

부수 : 言
부수 뺀 획수 : 16
총획수 : 23
급수 : 5

❶ 변하다 ❷ 고치다 ❸ 재앙. 변고

變更(변경) 바꾸어서 고침
變動(변동) 바뀌어 달라짐
異變(이변) 예상하지 못했던 사태

Q. 채린이는 變德(변덕)이 심해서 친구들을 힘들게 한다.

STORY 漢字

어부지리(漁父之利) : 도요새와 조개가 싸우고 있는 사이에 어부가 쉽게 둘을 잡았다는 이야기에서 유래한 것으로, 둘이 다투고 있는 사이에 엉뚱한 사람이 이익을 가로챈다는 말. 중국 전국 시대에 연나라는 이웃 조나라와 제나라로부터 끊임없이 위협을 받고 있었다. 어느 해 조나라가 연나라를 공격하려고 하자 연나라에서는 소대라는 사람을 조나라에 사신으로 보내 공격하지 않도록 설득했다. 소대가 조나라의 왕을 만나 다음과 같이 말했다. "제가 이리로 오는 도중 강변에서 큰 조개가 살을 드러내고 햇볕을 쬐고 있는 것을 보았습니다. 그런데 도요새가 나타나 조개의 살을 쪼아대자 조개는 껍질을 닫아 도요새의 부리를 물고 놓지 않았습니다. 도요새가 말하기를 '오늘도 비가 오지 않고 내일도 비가 오지 않는다면, 너는 말라 죽고 말 것이다.' 그러자 조개가 '오늘도 놓지 않고 내일도 놓지 않으면, 너야말로 굶어 죽을 것이다.' 하며 어느 쪽도 놓지 않았습니다. 지나가던 어부가 이를 보고 그들을 간단히 잡았습니다. 우리 두 나라가 헛되이 싸운다면 우리 두 나라 모두 도요새와 조개의 꼴이 될 것입니다." 이 말을 듣고 조나라는 연나라를 공격하려던 계획을 그만두었다.

漁 고기잡을 어   父 아버지 부   之 어조사 지   利 이로울 리

콩 두

英 bean
中 豆 (dòu)

콩

豆腐(두부) 물에 불린 콩을 갈아 자루에 넣고 짜낸 물을 끓인 다음 소금 녹은 물을 넣어 엉기게 한 음식

豆乳(두유) 간 콩에 물을 넣고 진하게 끓인, 희고 걸쭉한 액체

綠豆(녹두) 콩과의 한해살이 식물. 팥과 비슷한데 여름에 엷은 녹색 꽃이 피며 열매는 둥글고 긴 꼬투리로 되어 그 속에 팥보다 더 작고 녹색인 씨가 들어 있음

Q 비타민이 풍부한 녹황색 채소로는 豌豆(완두)와 당근, 시금치 등이 있다.

一 丅 亓 豆 豆 豆 豆

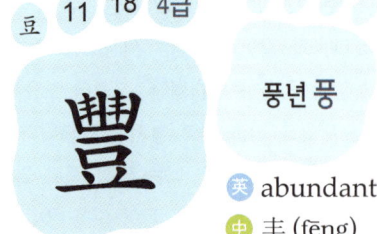

풍년 풍

英 abundant
中 丰 (fēng)

① 풍년 ② 풍성하다. 넉넉하다

豊年(풍년) 곡식 등이 잘 되어 수확이 많은 해
豊滿(풍만) ① 넉넉하게 가득 참 ② 살지고 몸집이 큼

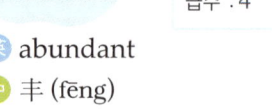

豊足(풍족) 매우 넉넉하여 모자람이 없음
Q 미국은 천연 자원이 豊富(풍부)하다.

丨 ㄧ ㅓ 𠃌 𠃌 ㅂ ㅂ ㅂ ㅂ ㅂ ㅂ ㅂ ㅂ

豊 豊 豊 豊 豊 豊

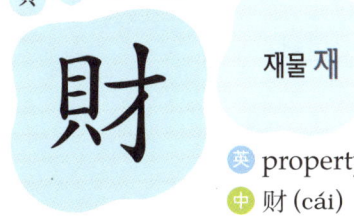

재물 재

英 property
中 财 (cái)

재물

財力(재력) ① 재물의 힘 ② 비용을 댈 수 있는 힘
財務(재무) 나라의 살림살이에 관한 일
財物(재물) 돈이나 그 밖의 온갖 값나가는 물건
 만일 너에게 갑자기 큰 財産(재산)이 생기면 어떻게 하겠니?

丨 ㄇ ㅔ ㅋ 目 貝 貝 財 財 財

 PLUS 漢字

신토불이(身土不二)
우리 농산물을 애용해야 한다는 뜻으로 자주 사용되는 이 성어는 본래 허준의 '동의보감(東醫寶鑑)' 가운데 '약식동원론(弱息同原論)'이란 곳에서 나온 말이다. 몸과 태어난 땅은 하나라는 말로, 같은 땅에서 산출된 것이라야 체질에 잘 맞는다는 뜻이다.

財 財 財

貝 4 11 4급

貧

가난할 빈

부수 : 貝
부수 뺀 획수 : 4
총획수 : 11
급수 : 4

英 poor
中 贫 (pín)

❶ 가난하다 ❷ 모자라다

貧困(빈곤) 가난하고 살기 어려움
貧血(빈혈) 혈액 속의 적혈구나 혈색소가 줄어드
　　　　는 현상
淸貧(청빈) 성품이 고결하고 재물에 욕심이 없어
　　　　서 살림이 가난함
Q 집안이 極貧(극빈)하여 학교를 제대로 다니지 못했다.

丿 八 分 分 分 癶 夯 夯 貧 貧 貧

貝 4 11 5급

責

꾸짖을 책

부수 : 貝
부수 뺀 획수 : 4
총획수 : 11
급수 : 5

英 reprove
中 责 (zé)

❶ 꾸짖다 ❷ 책임 ❸ 재촉하다

責望(책망) 허물을 들어 꾸짖음
自責(자책) 자기 자신을 스스로 꾸짖음
叱責(질책) 꾸짖어 나무람
Q 버스 운전사는 승객의 안전에 대한 責任(책임)
　이 있다.

一 二 丰 圭 青 青 青 青 責 責 責

貝 4 11 4급

貨 재물 화

英 property
中 货 (huò)

부수 : 貝
부수 뺀 획수 : 4
총획수 : 11
급수 : 4

❶ 재물, 화폐 ❷ 물건

貨物(화물) 실어 나르도록 만든 물품
貨車(화차) 화물을 실어 나르는 차
貨幣(화폐) 물건을 사거나 팔거나 할 때 쓰는 것. 돈
外貨(외화) 외국 돈

Q 무지개가 선 곳을 파면 金銀寶貨(금은보화)가 나온다는 전설이 있다.

貝 5 12 5급

貴 귀할 귀

英 noble
中 贵 (guì)

부수 : 貝
부수 뺀 획수 : 5
총획수 : 12
급수 : 5

❶ 귀하다 ❷ 값이 비싸다

貴公子(귀공자) ① 귀한 집안에서 태어난 남자 ② 용모가 뛰어나고 품위가 있는 남자
貴賓(귀빈) 귀한 손님
貴重(귀중) 귀하고 중요함
貴下(귀하) ① 상대방을 높이어 그 이름 대신 부르는 말 ② 편지 등에서 상대방을 높이기 위해 상대방 이름 밑에 붙여 쓰는 말

Q 옛날 이야기는 늘 착한 주인공이 富貴(부귀) 영화를 누리는 것으로 끝난다.

貝 5　12　5급

살 매

부수 : 貝
부수 뺀 획수 : 5
총획수 : 12
급수 : 5

英 buy
中 买 (mǎi)

사다

買入(매입) 사들임
賣買(매매) 사고 팖
不買(불매) 사지 않음
豫買(예매) 일정한 시기가 되기 전에 미리 삼
Q. 경영난을 겪고 있는 우리 기업을 외국 기업이 買收(매수)하였다.

丨 冂 罒 罒 罒 罒 罒 胃 胃 冒 買 買

貝 5　12　5급

쓸 비

부수 : 貝
부수 뺀 획수 : 5
총획수 : 12
급수 : 5

英 spend
中 费 (fèi)

❶ 쓰다. 소비하다　❷ 비용. 용도

費用(비용) 물건을 사거나, 어떤 일을 할 때 드는 돈
消費(소비) 돈이나 물건 따위를 써서 없앰
旅費(여비) 여행하는 데 드는 돈
學費(학비) 공부를 하는 데 드는 돈
Q. 자동차를 소유하려면 많은 經費(경비)가 소요된다.

一 二 弓 弓 弗 弗 弗 弗 費 費 費 費

貝 5 12 5급

貯

쌓을 저

부수 : 貝
부수 뺀 획수 : 5
총획수 : 12
급수 : 5

英 store up
中 贮 (zhù)

❶ 쌓다　❷ 저장하다　❸ 저축하다

貯水池(저수지) 상수도·수력 발전 또는 논밭에 물을 대기 위하여 강물이나 골짜기의 물을 끌어들여 모아 두려고 만든 못
貯藏(저장) 물건을 모아서 간직하여 둠
貯蓄(저축) 절약하여 모아 둠

Q. 그 저수지의 貯水量(저수량)은 천만 톤쯤 된다.

貝 8 15 5급

賣

팔 매

부수 : 貝
부수 뺀 획수 : 8
총획수 : 15
급수 : 5

英 sell
中 卖 (mài)

팔다

賣惜(매석) 물건 값이 오를 것을 예상하고 팔지 않으려는 것
賣盡(매진) 남김없이 모두 팔림
賣出(매출) 물건을 내어 팖

Q. 그 유명한 그림은 비싼 가격에 競賣(경매)되었다.

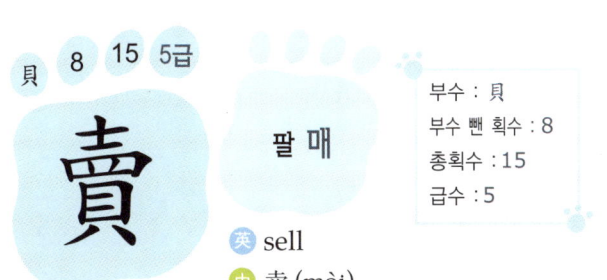

貝 8 15 5급

賞

상줄 상

英 reward
中 赏 (shǎng)

부수 : 貝
부수 뺀 획수 : 8
총획수 : 15
급수 : 5

❶ 상 주다 ❷ 칭찬하다 ❸ 즐기다

賞金(상금) 상으로 주는 돈
賞罰(상벌) 잘하는 것은 상을 주고 잘못하는 것은 벌을 주는 일
受賞(수상) 상을 받음
施賞(시상) 상장이나 상품 또는 상금을 줌

🔎 초등학교 졸업식 때 優等賞(우등상)으로 손목 시계를 받았다.

丨 丨 丨 丬 丬 丬 当 当 当 當 賞 賞
賞 賞 賞

貝 8 15 5급

質

바탕 질

英 tendency
中 质 (zhì)

부수 : 貝
부수 뺀 획수 : 8
총획수 : 15
급수 : 5

❶ 바탕 ❷ 볼모. 저당잡히다 ❸ 묻다. 바르게 하다

質量(질량) 물체가 가지고 있는 물질의 양
質疑(질의) 의심나는 점을 물어서 밝힘
品質(품질) 물건의 좋고 나쁜 바탕이나 성질

🔎 진영이는 잘 모르는 수학 문제에 대해 質問(질문)을 했다.

´ 厂 厂 厂 斤 斤 斤 斤 斤 質 質
質 質 質

| 부수 : 貝
| 부수 뺀 획수 : 8
| 총획수 : 15
| 급수 : 4

英 wise
中 贤 (xián)

❶ 어질다. 착하다 ❷ 현인 ❸ 남을 높이는 말

賢明(현명) 마음이 어질고 일의 이치를 잘 앎
賢母良妻(현모양처) 어진 어머니이면서 착한 아내
聖賢(성현) 덕망이 높고 어진 사람

Q. 賢人(현인)은 복을 받고 악인은 재앙을 만난다.

一 厂 匚 Ε 至 臣 臤 政 臤 臤 臤
臤 賢 賢

PLUS 漢字

한자의 유래

전설에 의하면 황제(黃帝)의 밑에서 사관(史官)으로 있던 창힐(蒼頡)이 새와 짐승의 발자국을 관찰하여 한자를 만들었다고 한다. 창힐은 관찰력이 뛰어나서 눈이 네 개였다는 전설마저 전해 온다. 그러나 한자는 오랜 시간에 걸쳐 만들어지고, 여러 사람들에 의해 정리되었다고 보는 것이 타당하다. 한자 가운데 가장 간단한 짜임인 상형 문자와 지사 문자가 먼저 만들어지고, 그것들을 기초로 회의 문자와 형성 문자가 만들어졌다고 추측된다. 특히 형성의 원리는 많은 글자를 만들 수 있게 하였다.

한자의 특징

한자는 한 글자가 곧 하나의 단어가 될 수 있다. 이와 같은 특징의 글자를 표의 문자(뜻글자)라고 한다. 예를 들어 '日'은 그 글자가 곧 '해'라는 뜻을 지닌 하나의 단어가 될 수 있다. 이것은 한글의 'ㄱ, ㄴ, ㄷ, ㄹ, ……'이나 'ㅏ, ㅑ, ㅓ, ㅕ, ……'가 하나의 단어가 될 수 없는 것과는 차이가 있다. 그래서 글자를 보고 그 뜻을 추측해 볼 수 있다. 그러나 기본적인 생활을 하기 위해서 배워야 할 글자의 수가 너무 많은 단점이 있다. 한자와 이집트 고대 문자가 대표적인·표의 문자이다.

賢 賢 賢

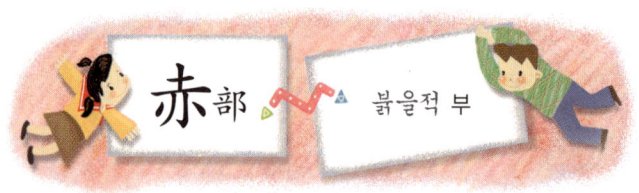

붉을 적

英 red
中 赤 (chì)

❶ 붉다. 붉은 빛 ❷ 비다. 아무것도 없다 ❸ 벌거벗다

赤道(적도) 위도의 기준이 되는 위선. 남북 양극으로부터 90°의 거리에 있음

赤字(적자) ① 붉은 글씨 ② 돈이 들어오는 것보다 나가는 것이 많은 상태

赤血球(적혈구) 피를 이루는 중요한 성분. 붉은 빛을 띠며 속에 헤모글로빈을 지님. 몸의 각 부분으로 산소를 나름

Q. 환자의 얼굴에 고통이 赤裸裸(적나라)하게 드러났다.

一 + 土 耂 亍 赤 赤

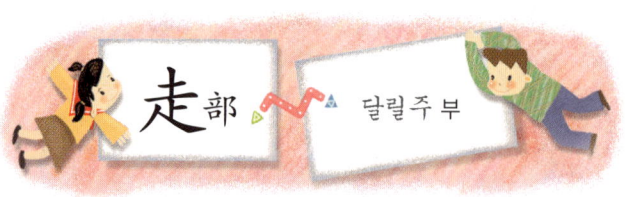

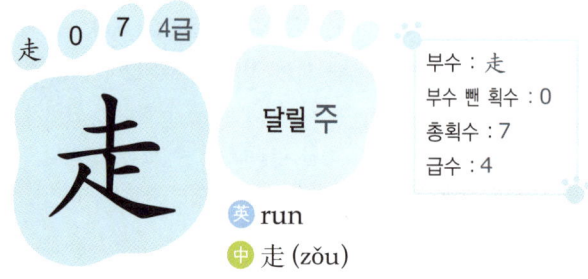

달릴 주

英 run
中 走 (zǒu)

❶ 달리다   ❷ 달아나다. 도망치다

走力(주력) 달리는 힘
走者(주자) ① 달리는 사람 ② 야구 경기에서 아웃되지 않은, 진루한 사람
疾走(질주) 빨리 달림
Q. 적군은 어두운 밤을 틈타 逃走(도주)해 버렸다.

一 + 土 キ キ 走 走

走 3 10 4급

起

일어날 기

부수 : 走
부수 뺀 획수 : 3
총획수 : 10
급수 : 4

英 rise
中 起 (qǐ)

❶ 일어나다. 일어서다   ❷ 일으키다. 시작하다

起立(기립) 일어섬
起床(기상) 잠에서 깨어 자리에서 일어남
起點(기점) 시작하는 곳
Q. 그 아파트의 起工式(기공식)이 예정대로 진행되었다.

一 + 土 キ キ 走 走 起 起 起

 PLUS 漢字

옥편(玉篇)과 자전(字典)
한자를 모를 때 우리가 찾아보는 사전을 옥편(玉篇)이라고도 하고 자전(字典)이라고도 한다. 옥편은 중국 육조 시대 양나라의 고야왕이 저술한 한자 사전의 이름이고, 자전은 중국 청나라 때 만든 한자 사전인 '강희자전(康熙字典)'에서 유래한 것이다. 이 두 사전이 널리 쓰이고 대중화됨에 따라 일반적인 한자 사전의 이름으로 쓰이게 되었다. 그러나 한자를 사용하는 나라 중 옥편이라는 명칭을 쓰는 것은 우리 나라밖에 없다.

足部・足 路

'足'이 한자의 왼쪽에 쓰일 때는 '𧾷'의 형태를 취한다.

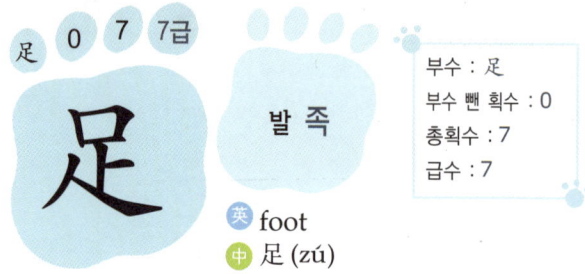

足 0 7 7급

발 족

英 foot
中 足 (zú)

부수 : 足
부수 뺀 획수 : 0
총획수 : 7
급수 : 7

① 발 ② 족하다

足鎖(족쇄) 죄인의 발목에 채우던 쇠사슬
手足(수족) 손과 발
自給自足(자급자족) 자기에게 필요한 물건을 스스로 만들어 씀
다양한 고객 요구를 充足(충족)시키기 위해 더욱 저렴한 상품을 판매하기로 했다.

丨 口 口 𠃊 𠄌 足 足

足 6 13 6급

길 로

英 road
中 路 (lù)

부수 : 足
부수 뺀 획수 : 6
총획수 : 13
급수 : 6

길

路線(노선) ① 버스·항공기·기차 등이 정해 놓고 다니도록 되어 있는 길 ② 개인이나 단체 등의 일정한 행동 방침
道路網(도로망) 그물처럼 이리저리 복잡하게 얽힌 도로

足 足 足   路 路 路

進路(진로) 앞으로 나아가는 길. 또는 나아갈 길
🔍 나는 복잡한 交叉路(교차로)에서 빨간 신호등을 무시하고 달렸다.

丶 丨 口 卫 尸 尸 昂 趵 趵 路 路

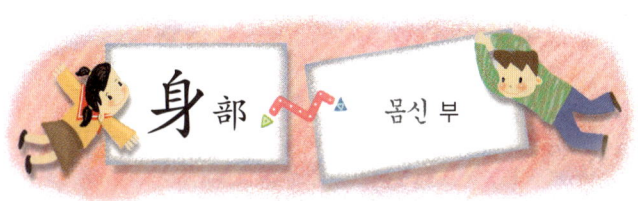

부수 : 身
부수 뺀 획수 : 0
총획수 : 7
급수 : 6

英 body
中 身(shēn)

❶ 몸 ❷ 아이를 배다

身分(신분) 개인의 사회적 지위나 계급
身世(신세) ① 자기가 처해 있는 형편 ② 남에게 도움을 받거나 괴로움을 끼치는 일
身長(신장) 사람의 키
🔍 우리 가족은 휴양지로 여행을 가서 心身(심신)의 피로를 말끔히 씻었다.

丿 亻 亻 冇 有 身 身

 STORY 漢字

사족(蛇足) : 하지 않아도 될 일을 덧붙여 도리어 일을 그르침을 이르는 말. 여러 사람이 술 한 대접을 놓고 땅바닥에 뱀을 먼저 그리는 사람이 그 술을 마시기로 하였다. 한 사람이 뱀을 제일 먼저 그리고 왼쪽 손으로 술대접을 들고 오른손으로 뱀의 발을 그리면서 "나는 발까지 그렸다."고 뽐내며 술을 마시려 하였다. 그러자 다른 사람이 뱀 그림을 끝내고 그 술대접을 빼앗아 들며 "뱀에는 원래 발이 없다. 그건 뱀이 아니다."라고 하며 술을 마셔 버렸다.

蛇 뱀 사   足 발 족

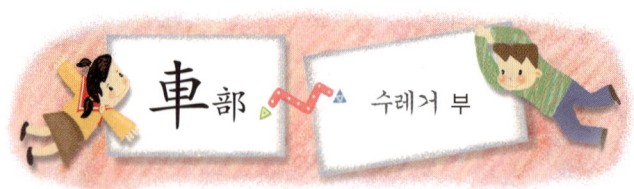

車 0 7 7급

車

수레 거/차

부수 : 車
부수 뺀 획수 : 0
총획수 : 7
급수 : 7

英 cart
中 车 (chē)

❶ 수레 ❷ 차

車道(차도) 차가 다니는 길
車票(차표) 차를 타기 위해 돈을 주고 산 표. 승차권
人力車(인력거) 사람의 힘으로 끄는 수레
Q. 시청에 가시려면 다음 停車場(정거장)에서 갈아 타셔야 해요.

一 厂 戶 百 百 亘 車

車 2 9 8급

軍

군사 군

부수 : 車
부수 뺀 획수 : 2
총획수 : 9
급수 : 8

英 military
中 军 (jūn)

❶ 군사 ❷ 진치다

軍歌(군가) 군대의 사기를 돋우기 위해 부르는 노래
軍隊(군대) 일정한 규율과 질서 아래 조직된 군인의 집단
軍人(군인) 군대의 장교와 사병을 통틀어 이르는 말

車 車 車   軍 軍 軍

車部 · 輕

Q. 전쟁은 엄청난 수의 我軍(아군)과 적군, 그리고 무고한 양민 희생자를 낳았다.

一 冖 冖 冖 冖 冝 冝 軍 軍

車 7 14 5급

輕

가벼울 경

부수 : 車
부수 뺀 획수 : 7
총획수 : 14
급수 : 5

英 light
中 轻 (qīng)

❶ 가볍다 ❷ 업신여기다. 가볍게 여기다 ❸ 경솔하다

輕減(경감) 덜어서 가볍게 함
輕妄(경망) 하는 짓이나 말이 가볍고 방정맞음
輕微(경미) 가볍고도 극히 적음
Q. 우리는 輕快(경쾌)한 리듬에 맞춰 흥겹게 춤을 추었다.

一 冖 冖 冖 車 車 車 車 軒 輕 輕 輕 輕

STORY 漢字

다다익선(多多益善) : 많으면 많을수록 더욱 좋음. 중국 한나라 유방이 천하 통일 후 한신이라는 신하에게 묻기를 "나는 얼마쯤의 군사를 거느릴 수 있느냐?" 하자 한신이 대답하기를 "폐하께서는 10만의 군사를 거느리는 데 불과합니다."라고 대답하였다. 임금이 다시 묻기를 "그러면 그대는 얼마쯤인가?" 하자 한신이 대답하기를 "신은 많으면 많을수록 더욱 좋습니다."라고 하였다. 유방이 웃으면서 "많으면 많을수록 좋다고 하는 사람이 어째서 10만의 장군에 불과한 나에게 포로가 되었느냐?" 하니 한신이 대답하기를 "폐하께서는 장군의 능력은 없지만 장군을 통솔하는 능력은 하늘이 주신 것이므로 도저히 사람의 능력으로는 논할 수 없는 것입니다."라고 하였다.

多 많을 다   益 더할 익   善 착할 선

輕 輕 輕

辰 6 13 7급

농사 농

부수 : 辰
부수 뺀 획수 : 6
총획수 : 13
급수 : 7

英 agriculture
中 农 (nóng)

❶ 농사 ❷ 농부

農耕(농경) 논밭을 갊
農民(농민) 농사 짓는 사람
農事(농사) 논밭을 갈고 가꾸는 일

이 가뭄이 오래 계속되면 農作物(농작물)은 큰 해를 입는다.

丨 冂 曱 甶 曲 曲 曲 芦 芦 農 農 農

'辶'이 한자의 왼쪽에 쓰일 때는 'i'의 형태를 취한다.

辶 4 8 6급

가까울 근

부수 : 辶
부수 뺀 획수 : 4
총획수 : 8
급수 : 6

英 near to
中 近 (jìn)

가깝다

近視(근시) 먼 데 있는 것을 선명하게 보지 못하는 일. 또는 그런 눈
遠近(원근) 멀고 가까움. 또는 먼 곳과 가까운 곳
接近(접근) 가까이 함. 바싹 다가 붙음
　近間(근간)에 한번 너희 집에 들르겠다.

丿 厂 厃 斤 斤 沂 沂 近

走 6 10 4급

보낼 송

送

부수 : 走
부수 뺀 획수 : 6
총획수 : 10
급수 : 4

英 send
中 送 (sòng)

❶ 보내다 ❷ 전송하다

送別(송별) 사람을 떠나 보냄
電送(전송) 사진 따위를 전류 또는 전파로 멀리 떨어진 곳으로 보냄
護送(호송) ① 보호하여 보냄 ② 죄인 따위를 감시하면서 데려감
　피의자를 부산에서 서울로 押送(압송)하였다.

丿 ㅅ ㅅ 으 乒 矢 浂 浂 送

PLUS 漢字

상대되는 한자가 결합된 단어 3

승패(勝敗) : 이길 승, 패할 패
신구(新舊) : 새 신, 예 구
완급(緩急) : 느릴 완, 급할 급
원근(遠近) : 멀 원, 가까울 근
음양(陰陽) : 그늘 음, 볕 양
인과(因果) : 원인 인, 결과 과

시종(始終) : 처음 시, 마칠 종
온냉(溫冷) : 따뜻할 온, 찰 랭
왕래(往來) : 갈 왕, 올 래
유무(有無) : 있을 유, 없을 무
이해(利害) : 이로울 리, 해로울 해
장단(長短) : 긴 장, 짧을 단

거스를 역

- 부수 : 辵
- 부수 뺀 획수 : 6
- 총획수 : 10
- 급수 : 4

英 oppose
中 逆 (nì)

❶ 거스르다 ❷ 배반하다

逆境(역경) 일이 뜻대로 안 되는 불행한 처지. 순조롭지 아니한 환경
逆轉勝(역전승) 경기에서 처음에는 지다가 나중에 이김
逆效果(역효과) 얻고자 하는 효과와는 반대가 되는 효과

Q. 逆風(역풍)이 부는 바람에 기록이 저조하였다.

丶 丷 屵 屵 屵 屰 逆 逆 逆 逆

물러날 퇴

- 부수 : 辵
- 부수 뺀 획수 : 6
- 총획수 : 10
- 급수 : 4

英 retreat
中 退 (tuì)

❶ 물러나다 ❷ 물리치다 ❸ 바래다

退却(퇴각) 물러감
退勤(퇴근) 직장에서 일을 마치고 나옴
退化(퇴화) ① 진보 이전의 상태로 되돌아감 ② 생물의 기관이 오래 쓰이지 않아서 점차 작아지거나 기능을 잃게 됨

Q. 그는 수술 경과가 좋아서 곧 退院(퇴원)할 것이다.

후퇴하라!

フ ㄱ ㅋ 尸 尸 艮 艮 浪 退 退

| 부수 : 辶 |
| 부수 뺀 획수 : 7 |
| 총획수 : 11 |
| 급수 : 4 |

連 이을 련

英 connect
中 连 (lián)

❶ 잇다 ❷ 연하다

連結(연결) 서로 이어서 맺음
連日(연일) ① 여러 날을 계속함 ② 매일. 날마다
連坐(연좌) ① 다른 사람이 저지른 범죄에 휘말려서 처벌을 받음 ② 같은 자리에 항상 나란히 앉음
連敗(연패) 두 차례 이상의 전쟁이나 시합에서 연달아 짐

Q. 그녀는 어느 일간 신문에 소설을 連載(연재)하고 있다.

一 𠃊 冂 冃 甫 亘 車 車 連 連 連

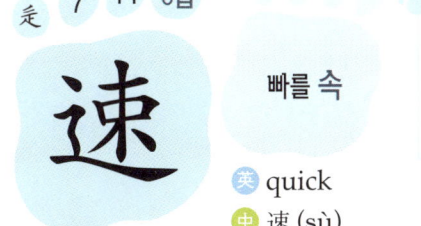

| 부수 : 辶 |
| 부수 뺀 획수 : 7 |
| 총획수 : 11 |
| 급수 : 6 |

速 빠를 속

英 quick
中 速 (sù)

빠르다

速斷(속단) 빨리 판단함. 재빠르게 결단함
速達(속달) ① 속히 배달함 ② 빨리 닿음
速戰速決(속전속결) 빨리 끝맺거나 결정함

Q. 고속도로에 들어서자 加速(가속) 페달을 힘껏 밟았다.

一 𠃊 冂 冃 甫 束 束 涑 涑 速 速

부수 : 辶
부수 뺀 획수 : 7
총획수 : 11
급수 : 4

지을 조

英 make
中 造 (zào)

❶ 짓다 ❷ 만들다

造景(조경) 경치를 아름답게 꾸밈
造物主(조물주) 우주 만물을 만들고 다스리는 신
造成(조성) 무엇을 만들어 이룸
造花(조화) 종이나 헝겊 등으로 만든 꽃

🔍 환경 造形物(조형물)을 설치할 때는 언제나 그 주변 환경과의 관계를 고려해야 한다.

丿 匕 牛 生 牛 告 告 告 浩 造 造

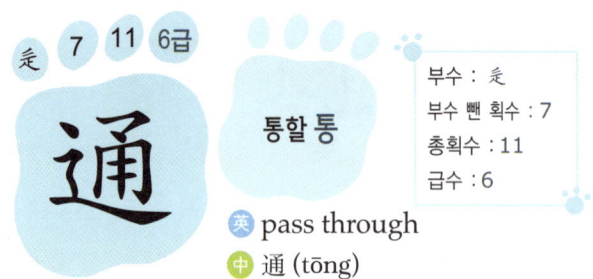

부수 : 辶
부수 뺀 획수 : 7
총획수 : 11
급수 : 6

통할 통

英 pass through
中 通 (tōng)

❶ 통하다 ❷ 내왕하다. 다니다 ❸ 알리다

通過(통과) ① 통하여 지나감 ② 회의에서 의논하여 결정됨 ③ 검사나 시험 등에 합격 됨 ④ 어려운 고비를 치러 넘김
通路(통로) 다닐 수 있게 트인 길
通行(통행) 길로 통하여 다님

🔍 우리 오빠는 사서삼경에 通達(통달)한 사람이다.

丶 フ 了 冂 甬 甬 甬 涌 涌 通

辵部·進 過

辵 8 12 4급

進 나아갈 진

부수 : 辵
부수 뺀 획수 : 8
총획수 : 12
급수 : 4

英 advance
中 进 (jìn)

❶ 나아가다 ❷ 오르다 ❸ 나아지다

進級(진급) 등급·계급·학년 등이 오름
進行(진행) ① 앞으로 나아감 ② 일을 처리하여 나아감
急進(급진) ① 앞으로 급하게 나아감 ② 목적이나 이상 따위를 급히 실현하고자 함

Q 우리는 악대의 연주에 맞추어 行進(행진)했다.

丿 彳 彳 彳 伫 伫 仹 佳 隹 准 淮 進

辵 9 13 5급

過 지날 과

부수 : 辵
부수 뺀 획수 : 9
총획수 : 13
급수 : 5

英 excess
中 过 (guò)

❶ 지나다 ❷ 실수하다 ❸ 죄. 허물

過食(과식) 지나치게 많이 먹음
過猶不及(과유불급) 정도를 지나침은 미치지 못한 것과 같음
過程(과정) 일이 되어 가는 형편이나 순서

Q 수술 후의 經過(경과)가 매우 좋다.

丨 冂 冋 冎 咼 咼 咼 咼 過 過 過 過

進 進   過 過

辵 9 13 4급

통달할 달

부수 : 辵
부수 뺀 획수 : 9
총획수 : 13
급수 : 4

英 master
中 达 (dá)

❶ 통달하다. 깨닫다 ❷ 이르다 ❸ 나타나다 ❹ 능숙하다

達觀(달관) ① 사물의 진실을 꿰뚫어 보는 뛰어난 관찰 ② 세속을 벗어나 높은 경지
에 이름

達人(달인) ① 학문·기술·예술 등의 분야를 막힘 없이 환히 알고 있는 사람 ② 널
리 사물의 도리에 통한 사람

Q 우유 配達(배달)을 열심히 해서 용돈을 벌어야겠다.

一 十 土 士 去 圭 幸 幸 幸 達 達 達

辵 9 13 7급

길 도

부수 : 辵
부수 뺀 획수 : 9
총획수 : 13
급수 : 7

英 road
中 道 (dào)

❶ 길 ❷ 도리 ❸ 도(행정 구역의 한 단위)

道路(도로) 사람이나 차가 다닐 수 있도록 만든 길
道廳(도청) 도의 행정을 맡아 보는 지방 관청
報道(보도) 신문이나 방송으로 새 소식을 널리 알림

Q 일이 軌道(궤도)에 오를 때까지는 참고 고생해야
한다.

丶 丷 屮 产 芐 首 首 首 渞 渞 道

辵部 · 運 遠

運 옮길 운

辵 9 13 6급

부수 : 辵
부수 뺀 획수 : 9
총획수 : 13
급수 : 6

英 move
中 运 (yùn)

❶ 옮기다 ❷ 돌다 ❸ 움직이다 ❹ 운수

運動(운동) ① 건강을 위해 몸을 움직임 ② 어떤 목적을 이루기 위해 바삐 돌아다니며 힘씀
運命(운명) ① 타고난 운수 ② 사람을 둘러싼 좋은 일과 언짢은 일
運轉(운전) 큰 기계나 자동차 따위를 움직이어 굴림

Q. 추석에는 임시 열차를 運行(운행)하는데도 늘 열차의 좌석이 없다.

丨 冂 冖 宀 目 目 冒 盲 軍 軍 運 運 運

遠 멀 원

辵 10 14 6급

부수 : 辵
부수 뺀 획수 : 10
총획수 : 14
급수 : 6

英 far
中 远 (yuǎn)

❶ 멀다 ❷ 심오하다

遠心力(원심력) 물체가 돌아갈 때 중심으로부터 떨어져 나가려고 하는 힘
遠征(원정) ① 먼 곳에 가서 운동 경기를 함 ② 정복하러 멀리 감
永遠(영원) ① 세월이 끝없이 길고 오래 됨 ② 시간을 초월하여 존재하는 일. 시간에 좌우되지 않는 존재

Q. 생일 선물로 遠隔(원격) 조종 비행기를 받았다.

一 十 土 耂 吉 吉 声 声 袁 袁 遠 遠 遠

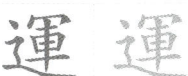

辶部 · 適 選

부수 : 辶
부수 뺀 획수 : 11
총획수 : 15
급수 : 4

英 suit
中 适 (shì)

❶ 맞다. 마땅하다 ❷ 즐기다 ❸ 가다

適當(적당) ① 꼭 알맞음 ② 정도에 알맞음
適合(적합) 꼭 알맞음. 알맞게 들어맞음
快適(쾌적) 몸과 마음에 알맞아 기분이 썩 좋음
Q 이 설명은 모든 경우에 適用(적용)되는 것이 아니다.

丶 亠 ㅗ 产 产 产 商 商 商 商 適
適 適 適

부수 : 辶
부수 뺀 획수 : 12
총획수 : 16
급수 : 5

英 select
中 选 (xuǎn)

❶ 가리다 ❷ 뽑다

選拔(선발) 여럿 가운데서 추려 뽑음
選手(선수) 운동 경기나 특정한 기술이 뛰어나
　　　　 여럿 중에서 대표로 뽑힌 사람
落選(낙선) ① 선거에서 떨어짐 ② 작품의 심사
　　　　 나 선발 대회 등에서 뽑히지 않음
Q 나에게는 열심히 공부하는 길밖에 選擇(선택)의 여지가 없다.

㇀ 巳 巳 巳 巳 巴 巴 巴 巽 巽 巽
巽 巽 選 選

邑部 · 邑 郡

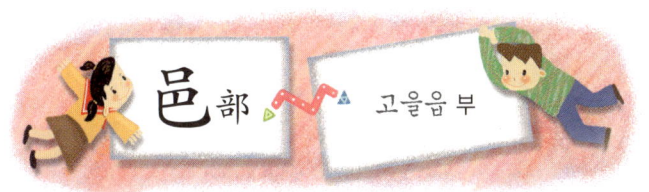

邑部 고을읍 부

'邑'이 한자의 오른쪽에 쓰일 때는 'ß'의 형태를 취한다.

邑 0 7 7급

고을 읍

英 town
中 邑 (yì)

부수 : 邑
부수 뺀 획수 : 0
총획수 : 7
급수 : 7

❶ 고을. 마을　❷ 영지

邑內(읍내) 읍의 구역 안
邑長(읍장) 읍의 행정 사무를 맡아보는 우두머리
都邑地(도읍지) 서울로 정한 곳. 도읍으로 삼은 곳

　邑內(읍내)까지 쉬지 않고 내쳐 걸었다.

丨 口 口 吕 吕 吕 邑

邑 7 10 6급

고을 군

英 county
中 郡 (jùn)

부수 : 邑
부수 뺀 획수 : 7
총획수 : 10
급수 : 6

❶ 고을　❷ 관청

郡(군) 광역시 또는 도의 관할 아래 있는 지방 행정 구역의 하나.
郡守(군수) 군의 행정을 집행하고 군직원을 감독하는 군의 대표자. 임기는 4년임
郡廳(군청) 군의 행정 사무를 맡아 보는 관청

　우리 郡(군)의 특산물은 사과와 고추입니다.

一 コ ヨ 尹 尹 君 君 君' 郡 郡

| 邑 | 邑 | | 郡 | 郡 |

邑 8 11 6급

떼 부

英 group
中 部 (bù)

부수 : 邑
부수 뺀 획수 : 8
총획수 : 11
급수 : 6

❶ 떼 ❷ 거느리다 ❸ 나누다 ❹ 마을

部隊(부대) ① 한 단위의 군인의 집단 ② 한 덩어리가 되어 행동하는 단체
部分(부분) 전체를 몇 개로 나눈 것의 하나
部首(부수) 한자 사전에서 글자를 찾는 길잡이가 되는 한자의 한 부분

Q 그런 部類(부류)의 사람이라면 우리 회사에 채용할 수 없다.

丶 亠 产 产 咅 咅 咅' 咅" 部 部

邑 9 12 5급

도읍 도

英 city
中 都 (dū, dōu)

부수 : 邑
부수 뺀 획수 : 9
총획수 : 12
급수 : 5

❶ 도읍. 서울. 도회지 ❷ 모두

都邑(도읍) 서울
都合(도합) 모두 한데 합해서. 또는 그 셈
大都市(대도시) 지역이 넓고 인구가 많으며 대체로 정치적 · 경제적 · 문화적 활동의 중심이 되는 도시

Q 언덕 위에서 그 都市(도시)의 전경을 볼 수 있다.

一 十 土 耂 耂 者 者 者 者' 都 都

部 部 部   都 都 都

| 부수 : 邑 |
| 부수 뺀 획수 : 10 |
| 총획수 : 13 |
| 급수 : 4 |

시골 향

英 county
中 乡 (xiāng)

❶ 시골 ❷ 고향 ❸ 고장

鄕歌(향가) 신라 중엽에서 고려 초기에 민간에 널리 퍼졌던 우리 나라 고유의 시가. 모두 향찰로 기록되어 있으며 25수가 전해 옴

鄕愁(향수) 고향을 그리워하는 마음

故鄕(고향) ① 태어나서 자란 곳 ② 조상 때부터 대대로 살아 온 곳

 서울의 鄕土(향토)요리로는 설렁탕을 들 수 있다.

PLUS 漢字

나이를 나타내는 한자어

지우학(志于學) : 학문에 뜻을 두는 나이 → 15세

약관(弱冠) : 갓을 쓰는 나이, 즉 성인이 되는 나이 → 20세

이립(而立) : 인생관이 서는 나이 → 30세

불혹(不惑) : 유혹에 흔들리지 않는 나이 → 40세

지천명(知天命) : 천명을 알게 되는 나이 → 50세

이순(耳順) : 순리를 이해하게 되는 나이 → 60세

종심(從心) : 마음이 행하는 대로 따라도 욕됨이 없는 나이 → 70세

고희(古稀) : 두보의 시에서 유래한 것으로 70세까지 사는 일이 드물었다는 뜻 → 70세

희수(喜壽) : '喜'자의 초서체가 七十七과 비슷한 데서 유래함 → 77세

미수(米壽) : '米'자를 풀어 쓰면 八十八이 되는 데서 유래함 → 88세

졸수(卒壽) : '卒'의 초서체가 九十이 되는 데서 유래함 → 90세

백수(白壽) : 百(일백 백)에서 하나(一)를 빼면 99라는 데서 유래함 → 99세

희수, 미수, 졸수, 백수는 일본식 한자어들이고, 졸수의 경우는 '卒'에 '마치다'라는 뜻이 있어 '죽어야 할 나이'로 오해할 수 있으므로 바람직하다고 할 수는 없다.

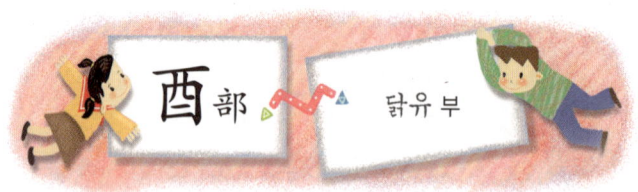

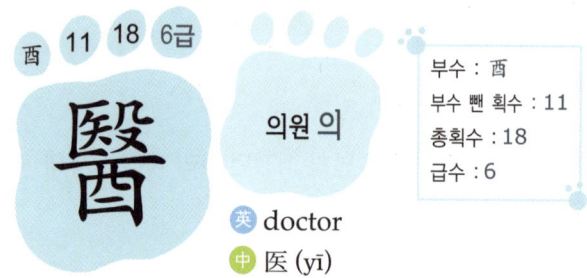

의원 의

英 doctor
中 医 (yī)

❶ 의원. 의사 ❷ 치료하다

醫術(의술) 병을 고치는 기술. 의학에 관한 기술
醫院(의원) 병자를 치료하는 특별한 시설을 갖추고 진료를 하는 곳
名醫(명의) 병을 잘 고치는 이름난 의사
韓醫師(한의사) 한방의 의술을 전문으로 하는 사람

약은 醫師(의사)의 처방 없이는 조제할 수 없다.

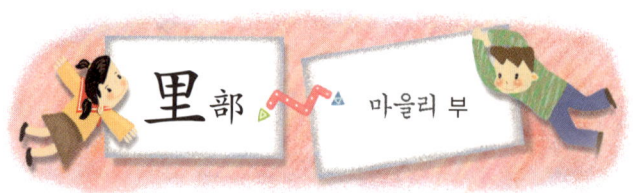

마을 리

英 village
中 里 (lǐ)

마을

一瀉千里(일사천리) ① 사물이 거침없이 진행됨 ② 글이나 말이 거침이 없음
海里(해리) 바다 위의 거리를 나타내는 단위. 1해리는 약 1,852m
鄕里(향리) 태어나서 자란 고향 마을

우리 마을의 里長(이장)님은 부지런하시다.

丨 口 日 日 甲 里 里

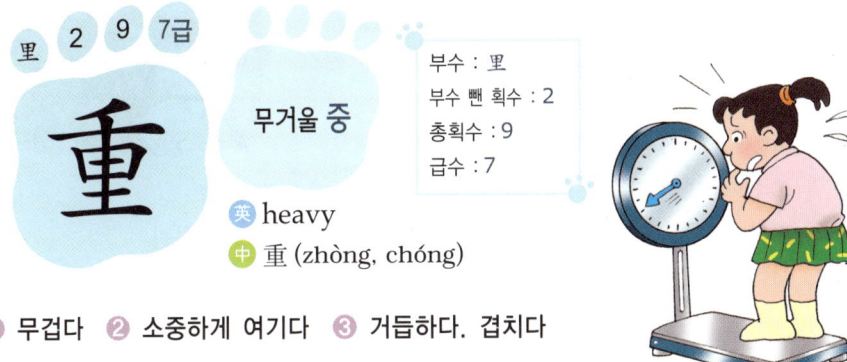

里 2 9 7급

重

무거울 중

부수 : 里
부수 뺀 획수 : 2
총획수 : 9
급수 : 7

英 heavy
中 重 (zhòng, chóng)

❶ 무겁다 ❷ 소중하게 여기다 ❸ 거듭하다. 겹치다

重大(중대) 매우 중요함
重力(중력) 지구가 표면의 물체를 지구 중심 쪽으로 잡아당기는 힘
重傷(중상) 심한 부상
嚴重(엄중) ① 엄격하고 정중함 ② 몹시 엄함

아버지는 어머니가 준 편지를 所重(소중)하게 간직하고 계셨다.

丿 二 千 千 斤 斤 舌 重 重

 STORY 漢字

권토중래(捲土重來) : 한번 싸움에 패하였다가 다시 힘을 길러 쳐들어오는 일. 또는 어떤 일에 실패한 뒤 다시 힘을 쌓아 그 일에 재차 착수하는 일. 중국 한(漢)나라를 세운 유방에게 패해 고향으로 도망가던 항우는 오강에서 스스로 목숨을 끊었다. 천 년 뒤 오강을 지나던 두목이 항우의 자살을 애석하게 여겨 지은 시에서 비롯된 말이다. "싸움에서 이기고 지는 것은 전쟁에서 싸우는 사람도 알 수가 없는 것, 부끄러운 것을 참을 줄 아는 것이 사나이라. 강동의 자제들 중에는 뛰어난 인물이 많으니, 흙먼지를 일으키며 다시 쳐들어왔으면 알 수 없었을 것을."

捲 주먹 권   土 흙 토   重 거듭 중   來 올 래

里部 · 野 量

里 4 11 6급

野

들 야

부수 : 里
부수 뺀 획수 : 4
총획수 : 11
급수 : 6

英 field
中 野 (yě)

❶ 들. 민간 ❷ 질박하다. 촌스럽다

野球(야구) 각각 9명으로 짜여진 두 팀이 교대로 공격과 수비의 위치에 서서, 공을 쳐 득점을 겨루는 경기. 베이스볼

野望(야망) 좀처럼 이루기 힘든 희망

野獸(야수) 야생의 짐승. 산이나 들에서 자라 길들지 않은 짐승

分野(분야) 사물을 어떤 기준에 따라 구분한 각각의 영역 또는 범위

Q 그 사람의 행동은 너무 野卑(야비)해서 볼 수가 없다.

丿 口 日 旦 里 里 里 野 野

里 5 12 5급

量

헤아릴 량

부수 : 里
부수 뺀 획수 : 5
총획수 : 12
급수 : 5

英 measure
中 量 (liàng, liáng)

❶ 헤아리다 ❷ 양. 용량. 분량

計量(계량) 분량이나 무게 등을 잼

分量(분량) 무게 · 부피 · 수량 등의 많고 적음과 크고 작은 정도

雅量(아량) 깊고 너그러운 마음씨

Q 선생님에 대한 감사한 마음을 이루 測量(측량)할 수 없다.

丿 口 日 旦 昌 昌 昌 昌 量 量

野 野 野　　　　量 量 量

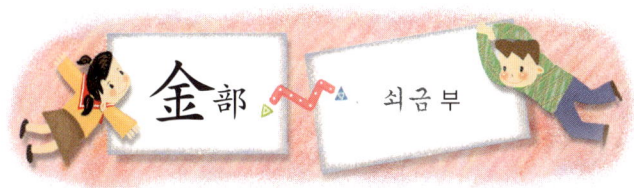

金 ❶ 8 8급

쇠 금
성 김

부수 : 金
부수 뺀 획수 : 0
총획수 : 8
급수 : 8

英 gold
中 金 (jīn)

❶ 쇠. 금. 돈   ❷ 성(姓)

金權(금권) 돈의 위력. 재산의 힘
金一封(금일봉) 돈의 액수를 밝히지 않고 주는
    상금·기부금 따위
金字塔(금자탑) 영원히 전해질 만한 가치가 있
    는 업적

 그 은행의 金庫(금고)에는 최신형 경보기가 설치되어 있다.

STORY 漢字

오월동주(吳越同舟) : 원수 사이인 오나라 군사와 월나라 군사가 같은 배를 타게 되었다는 이야기에서 유래한 것으로, 서로 적의를 품고 있는 사람이 같은 곳에 있거나 같은 처지를 당함을 이름. 중국의 유명한 병법서인 '손자병법'에 이런 구절이 있다. "오나라 사람과 월나라 사람은 서로 미워하지만 같은 배를 타고 가다가 거센 바람을 만나게 되면 왼손과 오른손처럼 서로를 돕는다."

吳 오나라 오   越 월나라 월   同 같을 동   舟 배 주

金 金 金

- 부수 : 金
- 부수 뺀 획수 : 6
- 총획수 : 14
- 급수 : 6

英 silver
中 银 (yín)

❶ 은. 은빛 ❷ 돈

銀幕(은막) ① 영사막 ② 영화계를 뜻함
銀粧刀(은장도) 노리개의 하나. 칼집 있는 작은 칼로, 은으로 만들었음
銀行(은행) 여러 사람의 돈을 맡기도 하고, 그것을 필요로 하는 사람에게 빌려 주기도 하는 일 등을 업무로 하는 대표적인 금융 기관

❓ 銀(은)은 가공성이 좋아서 공업용 및 공예품, 화폐 제조 등에도 쓰인다.

丿 𠂉 𠂊 𠂋 牟 牟 𠂎 金 釒 釒 釔 鈤
鈪 銀

- 부수 : 金
- 부수 뺀 획수 : 13
- 총획수 : 21
- 급수 : 5

英 iron
中 铁 (tiě)

❶ 쇠 ❷ 굳고 변하지 않음

鐵甲(철갑) 쇠로 만든 갑옷
鐵器(철기) 쇠로 만든 그릇
鐵則(철칙) 고치거나 어길 수 없는 굳은 규칙
製鐵(제철) 철광석을 녹여서 무쇠를 만들어 냄

❓ 고속 鐵道(철도)의 개통은 전국을 2시간대 생활권으로 연결시켜 주었다.

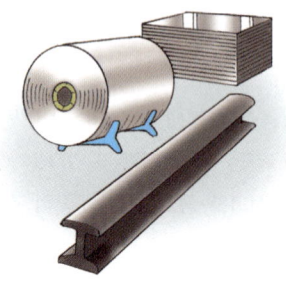

丿 𠂉 𠂊 𠂋 牟 牟 𠂎 金 金 鈩 鈩
鉎 鈷 銈 鋅 鐅 鐵 鐵

銀 銀 銀   鐵 鐵 鐵

長 ⓞ ⑧ 8급

長

긴 장

- 부수 : 長
- 부수 뺀 획수 : 0
- 총획수 : 8
- 급수 : 8

英 long
中 长 (zhǎng, cháng)

❶ 길다. 길이 ❷ 낫다 ❸ 맏이. 어른 ❹ 우두머리

長久(장구) 길고 오램
長技(장기) 가장 잘하는 재주. 특별히 뛰어난 재주
家長(가장) 집안의 어른

Q. 長期間(장기간)에 걸친 노사간의 싸움이 원만하게 해결되었다.

丨 丆 F F 乕 長 長 長

PLUS 漢字

속담과 맞아떨어지는 한자성어

감탄고토(甘呑苦吐) : 달면 삼키고, 쓰면 뱉는다
교각살우(矯角殺牛) : 빈대 잡으려다 초가삼간 다 태운다
동가홍상(同價紅裳) : 같은 값이면 다홍치마
등고자비(登高自卑) : 천 리 길도 한 걸음부터
등하불명(燈下不明) : 등잔 밑이 어둡다
목불식정(目不識丁) : 낫 놓고 기역자도 모른다
묘두현령(猫頭縣鈴) : 고양이 목에 방울 달기
오비이락(烏飛梨落) : 까마귀 날자 배 떨어진다
우이독경(牛耳讀經) : 쇠귀에 경 읽기
주마간산(走馬看山) : 수박 겉 핥기

門部·門 間

門 0 8 8급

門
문 문

부수 : 門
부수 뺀 획수 : 0
총획수 : 8
급수 : 8

英 gate
中 门 (mén)

❶ 문 ❷ 집안. 지체

門閥(문벌) 대대로 이어 내려 오는 그 집안의 신분과 지위
門下生(문하생) 스승의 집에 드나들며 가르침을 받는 제자
名門(명문) ① 훌륭한 가문 ② 그 방면에서 유서가 깊고 손꼽히는 존재

Q 미술에 門外漢(문외한)인 나의 눈에도 그 그림은 좋아 보였다.

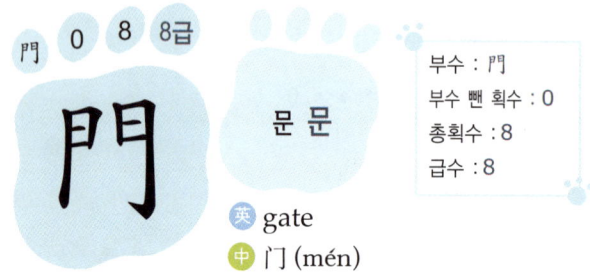

門 4 12 7급

間
사이 간

부수 : 門
부수 뺀 획수 : 4
총획수 : 12
급수 : 7

英 interval
中 间 (jiàn, jiān)

❶ 사이. 틈 ❷ 때 ❸ 이간하다. 엿보다

間隔(간격) ① 물건 사이의 거리 ② 시간과 시간의 동안
間食(간식) 세 끼니 외에 과일이나 과자 따위의 음식을 먹음. 또는 그 음식
間或(간혹) 이따금. 어쩌다가

Q 그 사건 이후로 巷間(항간)에 구구한 억측이 나돌고 있다.

부수 : 門
부수 뺀 획수 : 4
총획수 : 12
급수 : 6

- 英 open
- 中 开(kāi)

① 열다. 열리다 ② 피다. 풀다

開講(개강) 강좌·강의 따위를 시작함
開校(개교) 새로 세운 학교에서 처음으로 수업을 시작함
開國(개국) ① 나라를 새로 세움 ② 다른 나라와 관계를 가지기 시작함

그 식당이 내일부터 開業(개업)한다니 모두 가서 축하해 주자.

丨 丨 丨 丨 門 門 門 門 問 問 開 開

부수 : 門
부수 뺀 획수 : 11
총획수 : 19
급수 : 5

관계할 관

- 英 relate
- 中 关(guān)

① 관계하다 ② 잠그다 ③ 관문 ④ 문빗장

關係(관계) ① 둘 이상이 서로 걸림 ② 어떠한 일에 상관함
關門(관문) ① 국경이나 요새의 성문 ② 난관 ③ 어떤 곳을 드나드는 중요한 곳
關心(관심) 어떤 일에 마음이 끌려 흥미를 가짐. 마음에 두고 잊지 아니 함

난 그 옷 모두 맘에 들어. 아무 것이나 相關(상관) 없어.

丨 丨 丨 丨 門 門 門 門 門 門 門
關 關 關 關 關 關

阜部·防 限

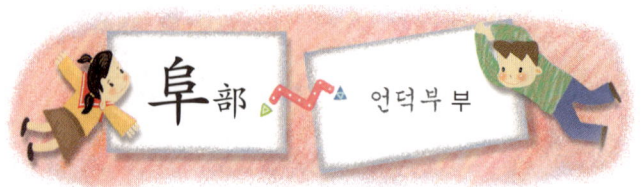

'阜'가 한자의 왼쪽에 쓰일 때는 'ㅓ'의 형태를 취한다.

阜 4 7 4급

막을 방

부수 : 阜
부수 뺀 획수 : 4
총획수 : 7
급수 : 4

英 protect
中 防 (fáng)

❶ 막다 ❷ 둑

防水(방수) 물이 넘쳐 흐르거나 스며드는 것을 막음
防波堤(방파제) 거친 파도를 막기 위해서 쌓은 둑
豫防(예방) 무슨 일이나 탈이 나기 전에 미리 막음
Q 저 防波堤(방파제)는 태풍에도 끄떡없다.

` ㄱ ㄹ 阝 阝 广 防 防

阜 6 9 4급

한할 한

부수 : 阜
부수 뺀 획수 : 6
총획수 : 9
급수 : 4

英 limit
中 限 (xiàn)

❶ 한하다 ❷ 한정

限界(한계) 정해 놓은 범위. 할 수 있는 범위
限定(한정) 일정한 범위로 제한하여 정함
期限(기한) 미리 정해 놓은 일정한 시기
Q 공항 근처는 소음의 허용 限度(한도)를 넘어선다.

` ㄱ ㄹ 阝 阝 阝 阝 阝 限 限

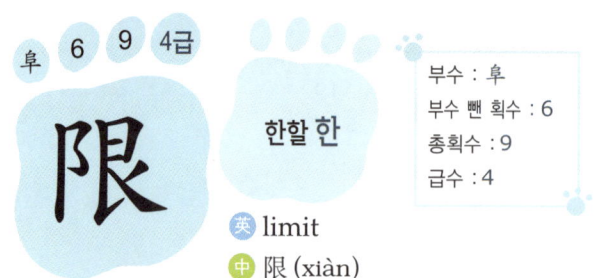

阜 7 10 5급

院

집 원

英 house
中 院 (yuàn)

부수 : 阜
부수 뺀 획수 : 7
총획수 : 10
급수 : 5

❶ 집 ❷ 담. 뜰 ❸ 관청 ❹ 학교

院內(원내) '원' 자가 붙은 각종 기관의 내부. 학원, 병원 등
法院(법원) 법관이 법률에 따라 옳고 그른 것을 가려 재판하는 기관
養老院(양로원) 의지할 곳 없는 노인들을 돌보아 주는 사회 복지 시설
院長(원장) 선생님께서는 생일을 맞은 아이들을 위해 파티를 열어 주셨다.

`' 3 阝 阝' 阝' 阝宀 阝宁 阝户 院`

阜 8 11 5급

陸

뭍 륙

英 land
中 陆 (lù)

부수 : 阜
부수 뺀 획수 : 8
총획수 : 11
급수 : 5

❶ 뭍. 육지 ❷ 언덕

陸橋(육교) 교통이 번잡한 도로·철로 위에 건너
　　　　　질러 놓은 다리
陸軍(육군) 육지에서의 전투를 임무로 하는 군대
陸地(육지) 물에 덮이지 않은 땅덩어리
離陸(이륙) 비행기 따위가 땅에서 떠오름
大陸(대륙)의 천연 자원은 곧, 그 대륙의 생명이다.

`' 3 阝 阝' 阝+ 阝+ 阝+ 阝圭 陸 陸`

阜 8 11 4급

그늘 음

英 shade
中 阴 (yīn)

부수 : 阜
부수 뺀 획수 : 8
총획수 : 11
급수 : 4

❶ 그늘. 음지 ❷ 흐리다 ❸ 세월 ❹ 몰래

陰刻(음각) 평면에 그림이나 글씨 따위를 옴폭하게 새김. 또는 그런 조각
陰數(음수) 0보다 작은 수. 마이너스의 수. -1, -2, -3 …….
綠陰(녹음) 푸른 잎이 우거진 나무의 그늘

Q 陰謀(음모)를 꾸미다가 결국 덜미를 잡히고 말았다.

阜 9 12 6급

볕 양

英 sun
中 阳 (yáng)

부수 : 阜
부수 뺀 획수 : 9
총획수 : 12
급수 : 6

❶ 볕. 햇빛. 양지 ❷ 양기

陽刻(양각) 글이나 그림 따위를 도드라지게 새김
陽傘(양산) 볕을 가리기 위하여 쓰는 우산같이 만든 물건. 파라솔
陽地(양지) 햇볕이 잘 드는 땅

Q 내 생일은 陽曆(양력) 8월 29일이야.

陰 陰 陰   陽 陽 陽

佳 4 12 5급

雄

수컷 웅

부수 : 佳
부수 뺀 획수 : 4
총획수 : 12
급수 : 5

英 male
中 雄 (xióng)

❶ 수컷 ❷ 굳세다. 씩씩하다 ❸ 뛰어나다

雄辯(웅변) 힘차고 거침없이 잘 하는 말
雄飛(웅비) 기운차고 씩씩하게 활동함
雄壯(웅장) 규모가 으리으리하게 큼
英雄(영웅) 재주나 용맹이 뛰어나 위대한 일을 해낸 사람

백두산 천지의 雄壯(웅장)한 모습을 보니 가슴이 벅차다.

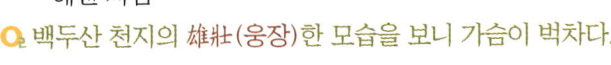

 STORY 漢字

음덕양보(陰德陽報) : 남이 모르게 덕행을 쌓은 사람에게 반드시 그 보답이 있음을 이르는 말. 중국 춘추 전국 시대 초나라의 재상이던 손숙오(孫叔敖)가 어렸을 때의 일이다. 하루는 밖에서 놀다가 들어와 끼니도 거른 채 고민을 하고 있자 어머니가 그 까닭을 물었다. "제가 아까 밖에서 놀다가 머리가 둘 달린 뱀을 보았습니다. 그런데 머리 둘 달린 뱀을 보면 죽는다고 하니 저는 오래 살지 못할 것 같습니다." 그러자 어머니가 "지금 그 뱀은 어디 있느냐?"라고 물었다. 그러자 손숙오가 "다른 사람이 또 그 뱀을 보고 죽을까 봐 제가 뱀을 죽여 묻어 버렸습니다."라고 대답하였다. 이에 어머니가 "예로부터 남모르게 덕행을 쌓은 사람은 반드시 그 보답을 받는다고 하였는데, 네가 다른 사람을 위해 그 뱀을 죽였으니 네 선한 마음 덕분에 죽지 않을 것이다."라고 말해 주었다.

陰 그늘 음   德 덕 덕   陽 볕 양   報 갚을 보

集

隹 4 12 6급

모을 집

부수 : 隹
부수 뺀 획수 : 4
총획수 : 12
급수 : 6

英 gather
中 集 (jí)

❶ 모으다. 모이다 ❷ 이루다

集計(집계) 한데 모아서 계산함. 또는 그 합계
集大成(집대성) 여럿을 모아 하나의 정리된 것으로 완성함
詩集(시집) 여러 편의 시를 모아 엮은 책

Q 갑작스러운 集中(집중) 호우로 산사태가 일어났다.

ノ 亻 亻 广 扩 件 佳 隹 隹 隼 集 集

難

隹 11 19 4급

어려울 난

부수 : 隹
부수 뺀 획수 : 11
총획수 : 19
급수 : 4

英 difficult
中 难 (nàn, nán)

❶ 어렵다 ❷ 고생하다 ❸ 나무라다 ❹ 난리

難民(난민) 전쟁이나 천재지변 따위로 어려움을 겪는 사람
難治(난치) 병이나 나쁜 버릇을 고치기 어려움
困難(곤란) ① 처리하기 어려움 ② 생활이 어려움 ③ 괴로움

Q 학원 측의 요구 사항에 대하여 재단 이사장은 難色(난색)을 보였다.

一 十 廾 艹 꺄 꺕 끔 끌 끌 堇 堇 堇
剪 剪 剪 剪 剪 難 難

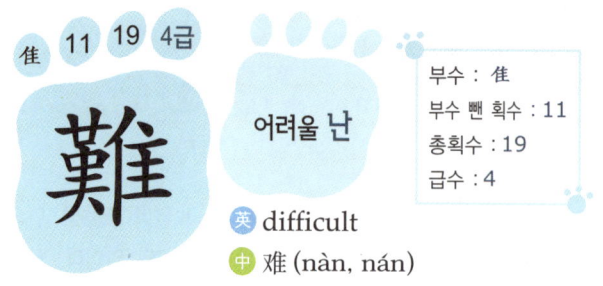

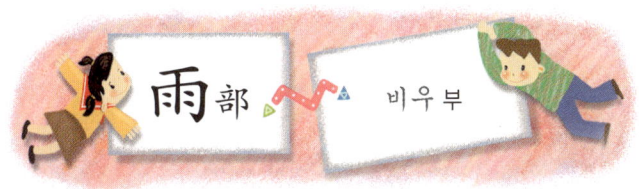

부수 : 雨
부수 뺀 획수 : 0
총획수 : 8
급수 : 5

英 rain
中 雨 (yǔ)

❶ 비 ❷ 비가 오다

雨傘(우산) 펴고 접을 수 있게 만들어 비가 올 때 머리 위에 받쳐서 비를 가리는 물건

測雨器(측우기) 조선 세종 때 장영실이 발명한 것으로 비 온 분량을 재는 기구

暴雨(폭우) 갑자기 많이 쏟아지는 비

豪雨(호우) 주의보는 하루 강우량이 80mm 이상 예상될 때 발표한다.

一 厂 厅 雨 雨 雨 雨 雨

STORY 漢字

난형난제(難兄難弟) : 누구를 형이라 해야 하고, 누구를 아우라 해야 할지 분간하기 어렵다는 말로, 누가 더 낫다고 할 수 없을 정도로 둘이 서로 비슷하다는 뜻. 중국 후한 말의 학자 진식은 덕망이 매우 높았다. 그래서 그의 아들 진기, 진심과 더불어 삼군자로 불렸다. 진기의 아들 진군도 역시 뛰어난 인물로 재상의 자리에 올랐었다. 진군이 어렸을 때 진심의 아들 진충과 놀다가 서로 자기 아버지의 공적과 덕행을 논하였는데 둘 다 자기 아버지가 낫다고 하여 결말을 짓지 못하였다. 그래서 할아버지인 진식에게 물으니, "형이 낫다고 하기도 어렵고, 아우가 낫다고 하기도 어렵구나."라고 대답하였다.

難 어려울 난   兄 형 형   弟 아우 제

```
진식
 ↙   ↘
진기   진심
 ↓     ↓
진군   진충
```

雨 雨 雨

| 부수 : 雨 |
| 부수 뺀 획수 : 3 |
| 총획수 : 11 |
| 급수 : 6 |

英 snow
中 雪 (xuě)

❶ 눈 ❷ 씻다

雪景(설경) 눈이 내리는 경치. 눈에 덮인 경치
雪糖(설탕) 사탕수수·사탕무 등을 원료로 하여 만든, 맛이 달고 물에 잘 녹는 흰 가루
大雪(대설) ① 많이 내린 눈 ② 24절기의 하나

이번 경기에서는 지난번의 패배를 기어코 雪辱(설욕)하겠다.

一 一 一 戸 币 币 両 雨 雪 雪 雪

| 부수 : 雨 |
| 부수 뺀 획수 : 4 |
| 총획수 : 12 |
| 급수 : 5 |

英 cloud
中 云 (yún)

구름

雲量(운량) 구름의 양
雲集(운집) 구름 떼처럼 많이 모임
雲海(운해) 산꼭대기나 비행기 따위에서 내려다본, 바다처럼 구름이 널리 깔린 경치를 이름

青雲(청운)의 뜻을 품고 유학을 떠났다.

一 一 一 戸 币 币 両 雨 雲 雲 雲 雲

雨部・電

雨 5 13 7급

電

번개 전

英 lightning
中 电 (diàn)

부수 : 雨
부수 뺀 획수 : 5
총획수 : 13
급수 : 7

❶ 번개 ❷ 전기

電氣(전기) 빛과 열을 내며 기계를 움직이는 에너지

電話(전화) ① '전화기'의 준말 ② 전화기로 말을 주고받는 일

發電所(발전소) 전기를 일으키는 곳. 수력·화력·원자력 발전소 등이 있음

 거실등의 電球(전구) 하나가 나가서 새 것으로 바꾸었다.

一 厂 戶 帀 币 币 雨 雨 雷 雷 雷 雷 電

 STORY 漢字

형설지공(螢雪之功) : 반딧불과 눈으로 이룬 성과라는 뜻으로, 고생하면서도 꾸준히 학문을 닦은 보람을 말함. 중국에 손강(孫康)이라는 사람이 있었는데 기름을 살 돈이 없어 밤에는 불을 밝힐 수가 없었다. 그래서 눈이 오면 눈빛에 책을 비추어 글을 읽었다. 그렇게 공부하여 나중에 어사대부라는 벼슬에 올랐다. 또 중국 진나라 때 차윤(車胤)이라는 사람도 집이 몹시 가난하여 기름을 구하지 못해 등불을 켤 수가 없었다. 그래서 여름이면 수십 마리의 개똥벌레를 잡아 주머니에 넣어서 그 빛으로 책을 읽었고, 마침내 이부상서라는 벼슬에 올랐다.

螢 개똥벌레 형   雪 눈 설   之 어조사 지   功 공 공

電 電 電

367

青 0 8 8급

푸를 청

부수 : 青
부수 뺀 획수 : 0
총획수 : 8
급수 : 8

英 blue
中 青 (qīng)

❶ 푸르다 ❷ 젊다

青銅(청동) 구리와 주석을 녹여서 만든 금속

青信號(청신호) ① 교차로에서 푸른 등을 달아 진행을 표시하는 교통 신호 ② 앞일에 대한 순조로운 조짐을 비유하여 이르는 말

丹青(단청) 궁궐·절 등의 벽이나 기둥·천장 등에 여러 가지 고운 빛깔로 그림과 무늬를 그림. 또는 그 그림이나 무늬

그는 장래가 촉망되는 믿음직한 青年(청년)이다.

一 二 キ 主 丰 青 青 青

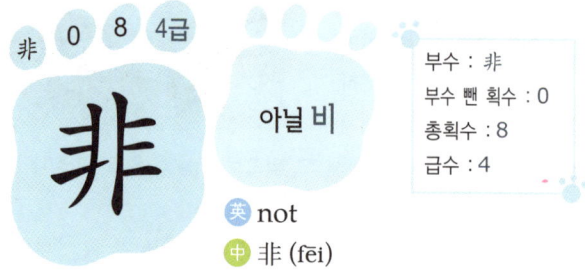

非 0 8 4급

아닐 비

부수 : 非
부수 뺀 획수 : 0
총획수 : 8
급수 : 4

英 not
中 非 (fēi)

❶ 아니다 ❷ 어긋나다 ❸ 나무라다

非難(비난) 남의 잘못을 들어 나무람
非理(비리) 도리나 이치에 어그러짐
非賣品(비매품) 팔지 아니하는 물건
非凡(비범) 평범하지 아니함. 보통이 아니고 매우 뛰어남
非行(비행) 도리나 도덕 또는 법에 어긋나는 행위. 나쁜 행동

고위 공직자의 非理(비리)를 언론에 폭로하여 세상이 시끄럽다.

丿 亅 ㅋ ㅋ 非 非 非 非

面部 · 낯면 부

面 0 9 7급

낯 면

부수 : 面
부수 뺀 획수 : 0
총획수 : 9
급수 : 7

英 face
中 面 (miàn)

❶ 낯. 얼굴 ❷ 탈 ❸ 만나다 ❹ 면. 겉

面談(면담) 서로 만나서 이야기 함
面刀(면도) 얼굴에 난 잔털이나 수염을 깎는 일
面目(면목) ① 얼굴의 생김새 ② 체면. 명예 ③ 일의 모양이나 상태
畫面(화면) ① 그림의 겉면 ② 영사막·텔레비전 브라운관 따위에 비친 사진의 면

손전등으로 顔面(안면)을 비추는 것은 실례다.

一 一 一 一 面 面 面 面 面

面 面 面

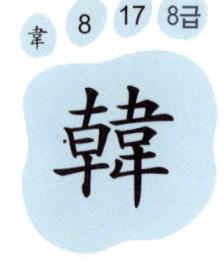

韓 8 17 8급

한국 한

英 korea
中 韩 (hán)

부수 : 韋
부수 뺀 획수 : 8
총획수 : 17
급수 : 8

한국(나라 이름)

韓服(한복) 한국 고유의 의복

韓族(한족) 한반도를 중심으로 남만주 등지에 걸쳐 사는 종족. 한민족

三韓(삼한) 삼국 시대 이전에 우리 나라 남쪽에 위치해 있던 마한·진한·변한의 세 나라

ㄹ 미술 시간에 韓紙(한지) 공예를 배웠는데 무척 어려웠다.

一 十 十 古 吉 音 훝 훝 훝' 훝 훝
훝 훝 훝 훝 韓

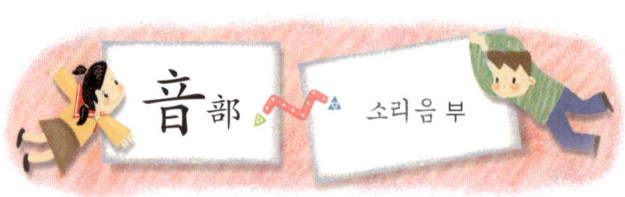

音 0 9 6급

소리 음

英 sound
中 音 (yīn)

부수 : 音
부수 뺀 획수 : 0
총획수 : 9
급수 : 6

❶ 소리 ❷ 음악

音階(음계) 음의 높이를 차례대로 늘어놓은 것
音聲(음성) 목소리
音樂(음악) 소리의 가락으로 나타내는 예술
音癡(음치) 음에 대한 감각이 둔하고 목소리의 가락이나 높낮이・박자 따위를 분별
　　　하지 못하는 일. 또는 그런 사람
🔍 합창 연습을 했지만 박자나 音程(음정)이 전혀 맞지 않았다.

丶 亠 <i>立</i> 立 产 音 音 音 音

英 gentle
中 順 (shùn)

❶ 순하다 ❷ 좇다 ❸ 따르다 ❹ 차례

順理(순리) 도리를 좇음. 예법을 따름
順應(순응) ① 순순히 잘 따름 ② 경우에 따라 그것에 잘 적응함
順從(순종) 온순하게 복종함
逆順(역순) 거꾸로 된 순서
🔍 順調(순조)롭게 이야기가 진행되어 나도 깜짝 놀랐다.

丿 丿丨 丿丨丨 丿丨丨 丿丨丨一 川頁 川頁 順 順 順

順 順 順

頁 5　14　5급

거느릴 령

英 command
中 领 (lǐng)

❶ 거느리다　❷ 다스리다　❸ 받다　❹ 옷깃

領空(영공) 한 나라의 영해와 영토의 상공으로 그 나라의 주권이 미치는 공간
領域(영역) 차지하고 있는 범위
大統領(대통령) 공화국의 원수. 국민이 직접·간접으로 선출하며, 정해진 임기 동안 나라 전체의 모든 일을 맡아 보고, 국가를 대표함
Q 물건을 사고 領收證(영수증)을 꼭 받아 오라고 하셨어.

丿 𠂉 𠂊 𠂊 令 令 領 領 領 領 領
領 領

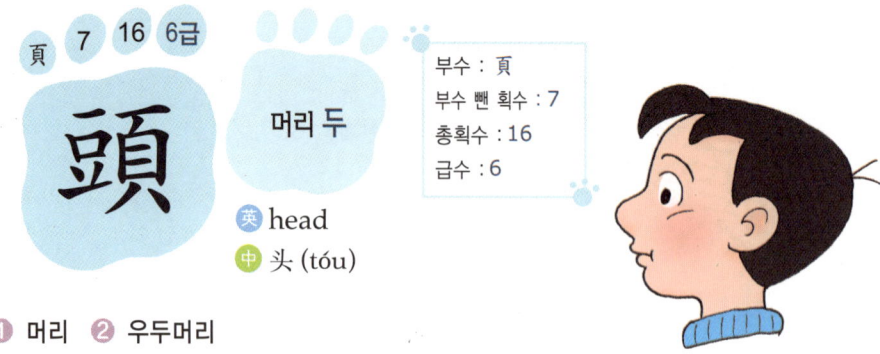

頁 7　16　6급

머리 두

英 head
中 头 (tóu)

❶ 머리　❷ 우두머리

頭巾(두건) 상중(喪中)에 남자 상제가 머리에 쓰는 베로 만든 물건
頭腦(두뇌) ① 뇌 ② 사물을 판단하는 슬기
街頭(가두) 거리. 시가지의 길거리
口頭(구두) 마주 대하여 입으로 하는 말
Q 아버지는 밤낮으로 사고를 치고 다니는 동생 때문에 頭痛(두통)을 앓고 계시다.

一 ㄷ 豆 豆 豆 豆 豆 豆 豆ㄱ 豆ㄱ 頭 頭
頭 頭 頭 頭

題 제목 제

- 부수 : 頁
- 부수 뺀 획수 : 9
- 총획수 : 18
- 급수 : 6

英 subject
中 题 (tí)

❶ 제목 ❷ 이마 ❸ 글제 ❹ 품평

題目(제목) ① 겉장에 쓴 책의 이름 ② 글이나 그림·노래 등의 이름
題材(제재) 예술 작품·학술 연구 등의 주된 재료
問題(문제) ① 해답을 필요로 하는 물음 ② 연구하거나 해결해야 할 사항 ③ 성가신 일이나 논쟁이 될 만한 일 ④ 세상의 이목이 쏠리는 것

🔍 세 개의 의안을 일괄하여 議題(의제)로 했다.

丶 冂 日 日 旦 早 昃 昰 是 是 是 題
題 題 題 題 題

類 무리 류

- 부수 : 頁
- 부수 뺀 획수 : 10
- 총획수 : 19
- 급수 : 5

英 class
中 类 (lèi)

❶ 무리 ❷ 종류 ❸ 비슷하다

類例(유례) 같거나 비슷한 예
類似(유사) 서로 비슷함
類推(유추) 서로 비슷한 점을 이용하여 같은 조건의 다른 사물을 미루어 헤아리는 일

🔍 개미의 種類(종류)를 알아보는 것이 여름 방학 숙제다.

丶 丷 半 米 米 米 米 米 類 類
類 類 類 類 類 類

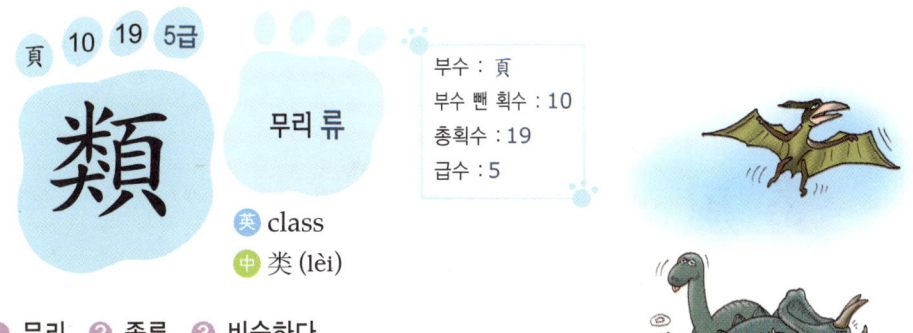

題 題   類 類

頁 10 19 5급

원할 원

부수 : 頁
부수 뺀 획수 : 10
총획수 : 19
급수 : 5

英 want
中 愿 (yuàn)

❶ 원하다. 바라다 ❷ 소원. 소망

願書(원서) 시험에 응시하거나 허가를 얻기 위하여 내는 서류

民願(민원) ① 주민이 행정 기관에 대하여 어떤 행정 처리를 요구하는 일 ② 국민의 소원이나 청원

所願(소원) 무슨 일이 이루어지기를 바람. 또는 바라는 바

학교의 무궁한 발전을 祈願(기원)합니다.

一 厂 厂 厂 所 所 所 原 原 原 原
原 願 願 願 願 願 願

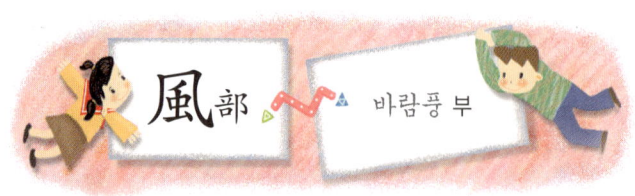

風部 ▷ 바람풍 부

風 0 9 6급

바람 풍

부수 : 風
부수 뺀 획수 : 0
총획수 : 9
급수 : 6

英 wind
中 风 (fēng)

❶ 바람 ❷ 바람이 불다 ❸ 풍속

風琴(풍금) 페달을 밟아 바람을 불어 넣어 소리를 내는 건반 악기
風霜(풍상) ① 바람과 서리 ② 많이 겪은 세상의 어려움과 고생
風前燈火(풍전등화) 바람 앞에 놓인 등불이란 뜻으로, 매우 위태로운 상태에 놓여 있음을 가리키는 말

Q 이 바위들은 수세기 동안 風化(풍화)되어 왔다.

丿 几 凡 凡 凨 鳳 風 風 風

飛部 · 날비 부

飛 0 9 4급

날 비

부수 : 飛
부수 뺀 획수 : 0
총획수 : 9
급수 : 4

英 fly
中 飞 (fēi)

❶ 날다 ❷ 빠르다 ❸ 높다

飛翔(비상) 공중을 날아다님
飛躍(비약) ① 높이 뛰어오름 ② 급격히 발전하거나 향상됨 ③ 이론이나 말이나 생각 따위가 밟아야 할 단계나 순서를 거치지 않고 앞으로 나아감

飛虎(비호) ① 나는 듯이 빨리 달리는 범 ② 매우 용맹스럽고 날랜 행동을 비유하는 말
烏飛梨落(오비이락) 까마귀 날자 배 떨어진다는 뜻으로, 우연한 일치로 남의 의심을 받게 됨을 이르는 말

Q 그 다음 날 우리는 북쪽을 향해 飛行(비행)하게 되었다.

乙 飞 飞 飞 飞 飛 飛 飛

飛 飛 飛

食 ⓪ 9 7급

밥 식

부수 : 食
부수 뺀 획수 : 0
총획수 : 9
급수 : 7

英 food
中 食 (shí)

❶ 밥 ❷ 먹다

食口(식구) 한 집안에서 같이 살며 끼니를 함께 하는 사람
食堂(식당) ① 음식을 먹을 수 있도록 마련한 방 ② 음식을 만들어 파는 집
食事(식사) 음식을 먹는 일. 또는 그 음식

Q. 많은 飮食(음식) 앞에서 뭘 먹을지 몰라 잠시 망설였다.

食 ④ 13 6급

마실 음

부수 : 食
부수 뺀 획수 : 4
총획수 : 13
급수 : 6

英 drink
中 饮 (yǐn, yìn)

❶ 마시다 ❷ 마실 것

飮料水(음료수) 마시는 것을 통틀어 이르는 말. 물·
　　　　　　　　차·주스 등
飮福(음복) 제사를 지내고 난 뒤에 제상에 놓인 술이

나 기타 음식을 나누어 먹음
飮食物(음식물) 사람이 먹고 마시는 것
Q. 많은 사람들이 우리 회사에서 새로 나온 음료수 試飮(시음)에 참여했다.

丿 𠂉 𠂉 𠂉 𠂉 𠂉 𠂉 食 食 飮 飮 飮 飮

食 6 15 5급

養

기를 양

英 bring up
中 养 (yǎng)

부수 : 食
부수 뺀 획수 : 6
총획수 : 15
급수 : 5

❶ 기르다 ❷ 봉양하다

養鷄(양계) 닭을 기름
養分(양분) 영양이 되는 성분
敎養(교양) 사회 생활이나 학식을 바탕으로 이루어지는 품행과 문화에 대한 지식

Q. 너는 아직 修養(수양)이 부족하니 수련을 게을리 하지 말아라.

養 養 養

 STORY 漢字

사후약방문(死後藥方文) : 병이 나서 이미 죽은 뒤에 약을 짓는다는 말로, 시기를 놓친 것을 뜻함. 사후약방문은 조선 인조(仁祖) 때, 학자 홍만종(洪萬宗)의 '순오지(旬五志)'에 나오는 말로 굿이 끝난 뒤에 장구를 치는 것은 모든 일이 끝난 뒤에 쓸데없는 짓을 하는 것과 같고, 말을 잃어버린 후에는 마구간을 고쳐도 소용 없다는 뜻이다. 사람이 죽은 후에는 아무리 좋은 약을 써도 소용이 없으니, 어떤 일이 일어나기 전에 미리미리 근본적인 대책을 세울 줄 아는 현명한 사람이 되어야 한다는 말이다.

死 죽을 사   後 뒤 후   藥 약 약   方 모 방   文 글월 문

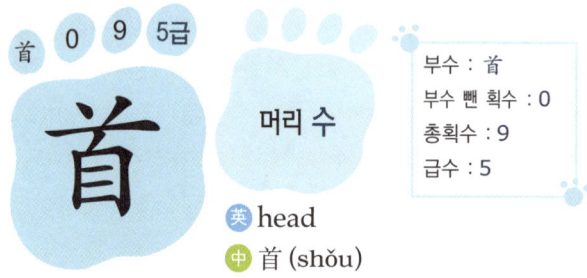

머리 수

英 head
中 首 (shǒu)

❶ 머리　❷ 우두머리　❸ 첫째. 처음　❹ 자백하다

首肯(수긍) 그러하다고 고개를 끄덕임. 찬성함
首都(수도) 한 나라의 중앙 정부가 있는 도시
首弟子(수제자) 여러 제자들 중에서 가장 뛰어난 제자
自首(자수) 죄를 지은 사람이 스스로 경찰 등에게 잘못을 알림

아니, 그 말썽꾸러기가 首席(수석) 합격이라니.

丶 丷 䒑 亼 首 首 首 首

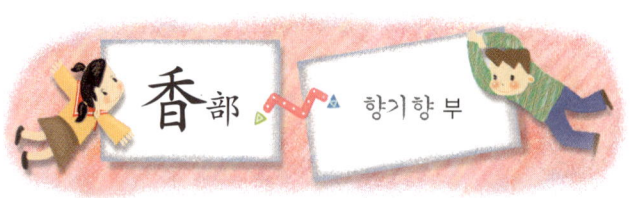

향기 향

英 perfume
中 香 (xiāng)

❶ 향기. 향내 ❷ 향기롭다

香氣(향기) 좋은 느낌을 주는 냄새
香水(향수) 향료를 용해시켜서 만든 화장품의 한 가지
芳香劑(방향제) 좋은 향이 있어 기분을 상쾌하게 하는 약제
Q 香水(향수)를 너무 진하게 뿌리면 오히려 불쾌감을 줄 수 있다.

一 二 千 千 禾 禾 香 香 香

英 horse
中 马 (mǎ)

부수 : 馬
부수 뺀 획수 : 0
총획수 : 10
급수 : 5

❶ 말 ❷ 성

馬力(마력) 기계가 일정 시간 안에 일하는 능률의 단위. 1초 동안에 75kg의 무게를 1m 움직이는 일의 양. HP
馬夫(마부) 말을 부리는 사람
乘馬(승마) 말을 탐
Q 암행어사가 출두할 때는 역졸이 馬牌(마패)를 들고 '암행어사 출두' 를 외쳤다.

丨 厂 F F 甲 馬 馬 馬 馬

馬 馬 馬

骨 13 23 6급

體

몸 체

英 body
中 体(tǐ)

부수 : 骨
부수 뺀 획수 : 13
총획수 : 23
급수 : 6

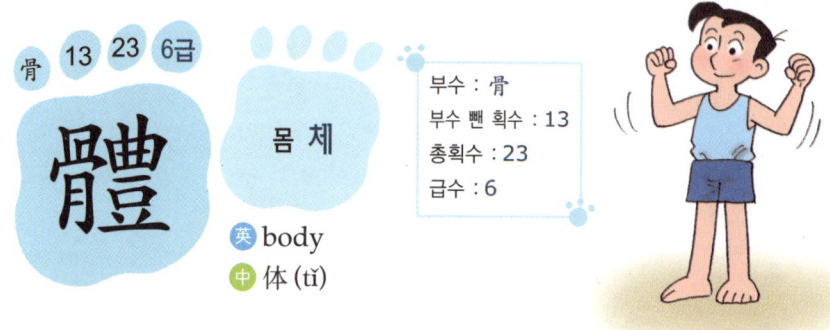

❶ 몸. 신체 ❷ 바탕. 모양 ❸ 물건. 물질

體格(체격) ① 몸의 골격 ② 근육·골격·영양 상태로 나타나는 몸의 생김새

個體(개체) ① 따로따로 떨어진 낱낱의 물체 ② 하나의 생물로서 완전한 기능을 갖는 최소의 단위

書體(서체) 글씨의 모양

그 體力(체력)으로 호동이와 맞서다니, 어림없는 일이다.

丨 冂 冃 円 冎 咼 呙 骨 骨 骨 骨
骨 骨 骨 骨 骨 骨 骨 體 體 體 體

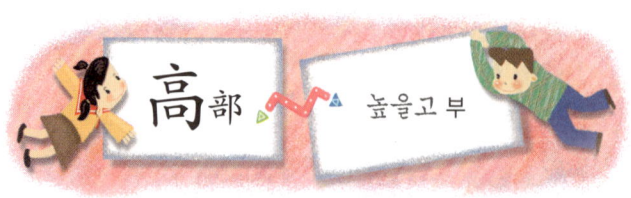

高 0 10 6급

高

높을 고

英 high
中 高(gāo)

부수 : 高
부수 뺀 획수 : 0
총획수 : 10
급수 : 6

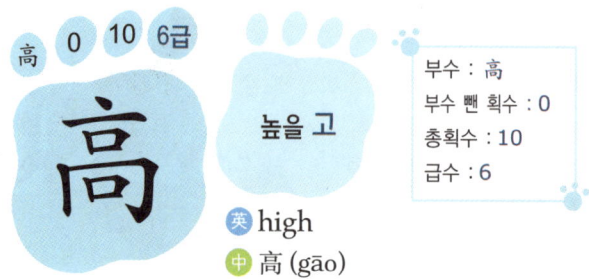

❶ 높다. 훌륭하다 ❷ 높아지다. 쌓아지다

高見(고견) ① 뛰어난 의견 ② 남의 의견의 높임말
高貴(고귀) 훌륭하고 귀중함
高調(고조) ① 높은 가락 ② 의기를 돋움 ③ 시·노래로 흥겨움이 크게 일어나는 일
崇高(숭고) 훌륭하고 높음

경주에 가보면 高度(고도)의 문화 수준을 느낄 수 있다.

丶 亠 宀 吂 咅 高 高 高 高

부수 : 魚
부수 뺀 획수 : 0
총획수 : 11
급수 : 5

英 fish
中 鱼 (yú)

물고기. 고기

魚頭肉尾(어두육미) 물고기는 대가리 쪽이, 짐승의 고기는 꼬리 쪽이 맛있다는 말
魚類(어류) 물고기를 통틀어 이르는 말. 지느러미가 있으며, 물 속에서 아가미로 호흡함
乾魚物(건어물) 말린 물고기
養魚場(양어장) 물고기를 길러서 번식시키는 곳

나는 아버지와 바다 낚시를 가서 大魚(대어)를 낚았다.

丿 ⺈ 乃 乃 角 角 魚 魚 魚 魚

魚 魚 魚

魚 6 17 5급

鮮

고울 선

英 fresh
中 鲜 (xiān)

부수 : 魚
부수 뺀 획수 : 6
총획수 : 17
급수 : 5

❶ 곱다 ❷ 신선하다 ❸ 깨끗하다. 새롭다 ❹ 생선

鮮度(선도) 어육이나 채소 등의 신선한 정도
鮮明(선명) 산뜻하고 밝음. 깨끗함
鮮紅色(선홍색) 산뜻하고 밝은 홍색
生鮮(생선) 말리거나 소금에 절이지 아니한 물고기

Q. 아침에 일어나면 창문을 열고 新鮮(신선)한 공기를 마음껏 들이마셔라.

丿 ク 夕 各 各 角 角 魚 魚 魚
鮮 鮮 鮮 鮮 鮮

鳥部　　새조부

鳥 0 11 4급

鳥

새 조

英 bird
中 鸟 (niǎo)

부수 : 鳥
부수 뺀 획수 : 0
총획수 : 11
급수 : 4

새

鳥瞰圖(조감도) 높은 곳에서 아래를 내려다본 것처럼 그린 그림
鳥足之血(조족지혈) 새 발의 피라는 뜻으로, 아주 적은 분량을 비유하여 이르는 말
鳥銃(조총) ① 새를 잡는 데 쓰는 공기총. 새총 ② 화승총의 옛 이름

白鳥(백조) 오릿과 물새의 하나. 온몸이 희고 다리는 검음. 떼지어 해안 · 연못에 사는데, 날개 길이는 50~55cm임. 겨울에 시베리아에서 날아옴

Q. 까마귀는 우리 나라에서는 흉조지만 일본에서는 吉鳥(길조)라고 한다.

丿 亻 宀 宀 户 自 鸟 鳥 鳥 鳥 鳥

鳴 울 명

英 crow
中 鸣 (míng)

부수 : 鳥
부수 뺀 획수 : 3
총획수 : 14
급수 : 4

❶ 울다   ❷ 새가 울다

鳴鼓(명고) 북을 울림

孤掌難鳴(고장난명) 외손뼉은 울릴 수 없다는 뜻으로, '혼자서는 일을 이루지 못함'을 이르는 말. 또는 '맞서는 사람이 없으면 싸움이 되지 않음'을 이르는 말

悲鳴(비명) 몹시 놀라거나 괴롭거나 다급할 때에 지르는 외마디 소리

Q. 오늘 아침에도 自鳴鐘(자명종) 시계가 나를 깨웠다.

丨 口 口 口' 口' 吖 吖 咁 咱 哨 鳴 鳴 鳴

鳴 鳴

STORY 漢字

동병상련(同病相憐) : 같은 병을 앓고 있기 때문에 서로를 가엽게 여긴다는 말로, 어려운 처지에 있는 사람끼리 서로 딱하게 여겨 돕는다는 말. 옛날 한 재상이 어떤 사람을 추천하여 벼슬에 오르게 하였다. 사람들이 "그의 눈길은 매와 같고 걸음걸이는 호랑이와 같으니, 이것은 분명히 좋지 못한 관상입니다. 그런데 어째서 그런 인물을 추천하셨습니까?"라고 하자, "별다른 이유는 없소. 단지 예전의 나와 같은 처지에 있는 사람이라 걱정해 주고 도와 주는 것뿐이오."라고 말하였다.

| 同 한가지 동 | 病 병 병 | 相 서로 상 | 憐 불쌍히 여길 련 |

鳴 鳴 鳴

黃 0 12 6급

누를 황

英 yellow
中 黃 (huáng)

부수 : 黃
부수 뺀 획수 : 0
총획수 : 12
급수 : 6

❶ 누렇다　❷ 노래지다　❸ 황금

黃金(황금) ① 금. 순금 ② 돈
黃土(황토) 누르고 거무스름한 흙
黃昏(황혼) ① 해가 지고 어둑어둑할 때 ② 한창인 고비를 지나 마지막에 이른 때
고비 사막으로부터 불어온 黃砂(황사)는 우리 나라까지 뒤덮는다.

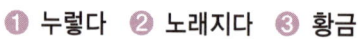

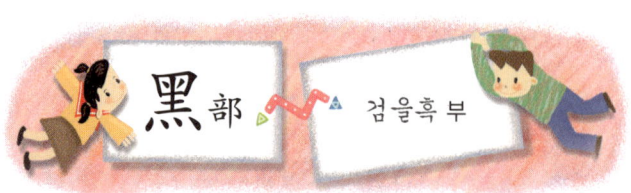

黑 0 12 5급

검을 흑

英 black
中 黑 (hēi)

부수 : 黑
부수 뺀 획수 : 0
총획수 : 12
급수 : 5

❶ 검다 ❷ 어둡다

黑幕(흑막) ① 검은 장막 ② 겉으로 드러나지 않은 음흉한 속셈

黑色宣傳(흑색선전) 근거 없는 사실을 꾸며 상대방을 헐뜯고 그 내부를 어지럽게 하는 정치 계책

黑鉛(흑연) 연필의 심에 쓰이는 탄소로 된 광물

Q 협상할 때 가장 경계해야 할 요소는 黑白(흑백) 논리다.

丶 冂 冂 甲 甲 里 里 黑 黑 黑

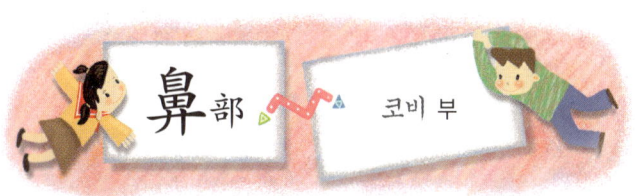

鼻 0 14 5급

코 비

부수 : 鼻
부수 뺀 획수 : 0
총획수 : 14
급수 : 5

英 nose
中 鼻 (bí)

❶ 코 ❷ 시초

鼻腔(비강) 코 안. 콧속

鼻音(비음) 입 안의 통로를 막고 코로 공기를 내보내면서 내는 소리. ㄴ·ㅁ·ㅇ.

鼻祖(비조) 어떤 일을 가장 먼저 시작한 사람. 원조(元祖). 사람은 태내(胎內)에서 맨 먼저 코부터 모양을 이룬다는 설(說)에서 비롯된 말

Q 나는 감기에 걸려서 엄마와 耳鼻咽喉科(이비인후과) 병원에 다녀왔다.

丿 丨 冂 白 白 自 自 鼻 鼻 鼻 鼻 鼻 鼻

齒部・齒

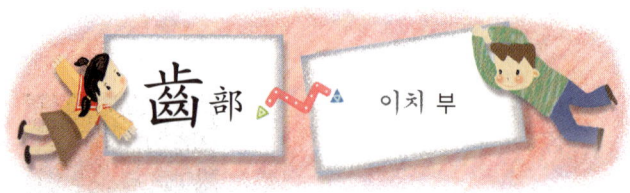

齒 0 15 4급

齒

이 치

부수 : 齒
부수 뺀 획수 : 0
총획수 : 15
급수 : 4

英 tooth
中 齿 (chǐ)

❶ 이 ❷ 나이

齒科(치과) 이를 전문적으로 치료·교정하는 의학의
　　　한 분야
齒藥(치약) 이를 닦는 데 쓰는 약
齒牙(치아) 사람의 이를 점잖게 이르는 말
幼齒(유치) 젖먹이 때 나서 아직 갈지 않은 이
 내 동생은 齒列(치열)이 고르지 못해서 치아 교정을 하고 있다.

丨 卜 止 止 步 步 齒 齒 齒 齒 齒

齒 齒 齒

PLUS 漢字

우리 나라가 한자를 쓰게 된 이유

고대에는 우리 나라에 고유의 문자가 없었기 때문에, 삼국 시대 이전부터 이웃해 있는 중국으로부터 문자나 문장, 곧 한자(漢字)·한문(漢文)을 빌려 쓰게 되었다. 조선 시대에 이르러 우리의 문자인 훈민정음(訓民正音)을 창제(1443년)하고 반포(1446년)하기에 이르렀지만 그 이후에도 오랫동안 한자·한문을 문자 생활의 주요 수단으로 사용하여 왔기 때문에 조선 시대까지도 중요한 기록은 거의 모두 한문으로 기록되었다. 그뿐만 아니라 중국을 통해 학문·사상·기술 등을 도입했는데, 이들은 모두가 한문으로 기록된 것이다. 그래서 현재 국어사전 어휘 중 한자어(漢字語 : 한자로 이루어진 낱말)는 70~80%에 달하고 있다.

한자성어

급수별 한자표

총획색인

자음색인

한자성어(漢字成語)

가담항설(街談巷說)	길거리의 일반 사람들 사이에 떠도는 이야기
가렴주구(苛斂誅求)	세금을 심하게 거두며 강제로 재물을 빼앗음
각골난망(刻骨難忘)	은혜를 입어 고마운 마음을 뼛속까지 새겨 잊을 수 없음
각주구검(刻舟求劍)	칼을 강물에 떨어뜨리자 뱃머리에 표시를 했다가 나중에 그 칼을 찾으려 함. 어리석어 세상 물정에 어둡거나 완고함
간담상조(肝膽相照)	서로 간과 쓸개를 꺼내 보임. 서로 진심을 터놓고 사귐
감언이설(甘言利說)	남의 비위에 맞도록 꾸민 달콤하고 이로운 조건의 말
감탄고토(甘呑苦吐)	달면 삼키고 쓰면 뱉음. 자기 비위에 맞으면 취하고 싫으면 버림
갑남을녀(甲男乙女)	갑이라는 남자와 을이라는 여자. 특별히 이름이 알려지지 않은 평범한 사람.
개과천선(改過遷善)	잘못한 일을 고치고 착하게 됨
거재두량(車載斗量)	물건을 수레에 싣고 양을 말로 셈. 너무 흔해서 별로 귀하지 않음
견강부회(牽強附會)	말을 억지로 끌어 붙여 자기가 주장하는 조건에 맞도록 함
견문발검(見蚊拔劍)	모기를 보고 칼을 뽑음. 하찮은 일에 크게 화를 냄
견물생심(見物生心)	물건을 보면 마음에서 욕심이 생김
결초보은(結草報恩)	풀을 묶어 은혜를 갚음. 받은 은혜를 잊지 않고 나중에 갚음
계란유골(鷄卵有骨)	달걀에 뼈가 있음. 우연히도 좋은 기회를 가졌으나 일이 잘 안 됨
계륵(鷄肋)	닭의 갈비. 먹으려고 하나 먹을 것이 별로 없고 버리자니 아까운 것. 쓸모는 별로 없지만 버리기는 아까운 것
고육지책(苦肉之策)	적을 속이기 위하여 자신의 괴로움을 무릅쓰고 꾸미는 계책
고침안면(高枕安眠)	베개를 높이 하여 편히 잠을 잠. 근심 없이 편히 잠을 잘 잠

공수래공수거 (空手來空手去)	빈손으로 왔다가 빈손으로 감. 세상을 살면서 재물에 대한 욕심을 부릴 필요가 없음
과유불급(過猶不及)	정도를 지나침은 미치지 못한 것과 같음
관포지교(管鮑之交)	관중(管仲)과 포숙아(鮑淑牙)라는 두 친구의 사귐. 아주 친한 친구 사이의 다정한 사귐
괄목상대(刮目相對)	눈을 비비고 다시 봄. 예전에 비해 다른 사람의 학식이나 재주가 몰라보게 발전함
교언영색(巧言令色)	남의 환심을 사려고 아첨하는 교묘한 말과 보기 좋게 꾸미는 얼굴빛
군계일학(群鷄一鶴)	닭의 무리 가운데 한 마리의 학. 변변하지 못한 사람들 중에 섞여 있는, 남과 달리 뛰어난 사람
군자삼락(君子三樂)	군자의 세 가지 즐거움. 첫째는 양친이 다 살아 계시고 형제가 아무 탈이 없는 것, 둘째는 하늘에 부끄러움이 없고 사람들에게 부끄럽지 않은 것, 셋째는 천하의 영재를 얻어서 가르치는 것
권선징악(勸善懲惡)	착한 일을 권하고 나쁜 일을 벌함
권토중래(捲土重來)	한 번 실패하고 세력을 회복하여 다시 쳐들어옴
근묵자흑(近墨者黑)	먹을 가까이 하면 검어짐. 나쁜 사람과 사귀면 물들기 쉬움
금상첨화(錦上添花)	비단 위에 꽃을 더함. 좋은 일에 또 좋은 일을 더함
금의야행(錦衣夜行)	비단옷을 입고 밤길을 감. 아무 보람 없는 행동을 함
금지옥엽(金枝玉葉)	임금의 자손이나 집안. 혹은 귀여운 자손

난공불락(難攻不落)	공격하기 어려워 쉽게 함락되지 않음
난형난제(難兄難弟)	누구를 형이라 하고 누구를 아우라 하기가 어려움. 서로 실력이 비슷비슷함

남가일몽(南柯一夢)	남쪽 나뭇가지의 꿈. 꿈과 같이 헛된 한때의 부귀와 영화
낭중지추(囊中之錐)	주머니 속에 든 송곳이 뾰족하여 주머니를 뚫고 나오듯 재능이 뛰어난 사람은 숨어 있어도 남의 눈에 드러나게 됨
내우외환(內憂外患)	나라의 안과 밖의 근심 걱정
노심초사(勞心焦思)	매우 마음을 쓰며 초조하게 생각함
노익장(老益壯)	늙을수록 더욱 기운이 좋아짐
녹의홍상(綠衣紅裳)	연두색 저고리와 다홍치마. 젊은 여자의 곱게 꾸민 옷차림을 이름
누란지위(累卵之危)	달걀을 쌓아 놓은 것처럼 위태로운 모양
능서불택필 (能書不擇筆)	글씨를 잘 쓰는 사람은 붓을 가리지 않음. 곧 진정한 실력가는 종이나 붓 등의 재료를 두고 트집을 잡지 않는다는 말

다기망양(多岐亡羊)	달아난 양을 찾는데 길이 여러 갈래로 갈려 양을 잃어버림. 학문의 길도 이와 같아서 진리를 찾기 어려움
다다익선(多多益善)	많으면 많을수록 더욱 좋음
단도직입(單刀直入)	혼자서 칼을 휘두르며 거침없이 적진으로 뛰어들어감. 요점으로 바로 들어감
대기만성(大器晩成)	큰 그릇은 늦게 만들어짐. 크게 될 사람은 늦게 이루어짐
도원결의(桃園結義)	복숭아나무가 있는 정원에서 의형제를 맺음. 뜻이 맞는 사람끼리 한 목적을 위해 행동을 같이 할 것을 약속함
독서망양(讀書亡羊)	책을 읽다가 양을 잃어버림. 다른 일에 정신을 쏟아 중요한 일을 소홀히 함
독서백편의자현 (讀書百遍義自見)	같은 책을 백 번 정도 반복해서 읽으면 저절로 그 뜻을 알게 됨. 학문을 열심히 탐구하면 뜻한 바를 이룰 수 있음

동고동락(同苦同樂)　함께 괴로워하고 함께 즐거워함

동문서답(東問西答)　묻는 말에 대하여 아주 엉뚱한 대답을 함

동병상련(同病相憐)　같은 병을 앓는 사람끼리 서로 가엾게 여김. 어려운 처지에 있는 사람끼리는 서로를 동정하고 도움

동분서주(東奔西走)　이리저리 바쁘게 돌아다님

두문불출(杜門不出)　집 안에 들어앉아 문 밖으로 나가지 않음

등용문(登龍門)　용문(龍門)에 오름. 용문은 황허강 상류에 있는 급류로, 잉어가 거기에 올라가서 용이 된다는 전설이 있음. 출세하기 위해 반드시 지나야 하는 곳

등하불명(燈下不明)　등잔 밑이 어두움. 가까이 있는 것을 오히려 잘 모름

마이동풍(馬耳東風)　말의 귀에 스쳐 가는 동풍. 남이 하는 말을 귀담아 듣지 않고 곧 흘려 버림

막역지우(莫逆之友)　서로 거스르지 않는 친구. 허물없이 지내는 친한 벗

맥수지탄(麥秀之歎)　보리만 무성하게 자란 것을 탄식함. 고국의 멸망을 한탄함

맹모삼천지교(孟母三遷之敎)　맹자의 어머니가 맹자의 교육을 위해 세 번 이사함. 교육 환경이 좋은 곳으로 이사함

명경지수(明鏡止水)　맑을 거울과 조용한 물. 맑고 고요한 마음 상태

모순(矛盾)　창과 방패. 말이나 행동 또는 사실의 앞뒤가 서로 맞지 않음

목불식정(目不識丁)　낫 놓고 기역자도 모름. 아주 무식함

목불인견(目不忍見)　눈으로 차마 볼 수 없음

무위도식(無爲徒食)　아무 하는 것도 없이 먹기만 함

문경지교(刎頸之交)	목숨을 대신 바칠 수 있을 정도로 친한 벗의 사귐
문방사우(文房四友)	서재에 있는 네 가지 벗. 종이·붓·벼루·먹
문일지십(聞一知十)	한 가지를 들으면 열을 미루어 앎
문전성시(門前成市)	문 앞이 시장터를 이룸. 권력이 있는 집안이나 부잣집 문 앞에 찾아오는 사람이 많음
미생지신(尾生之信)	미생(尾生)이라는 사람의 믿음. 융통성 없이 지키기 어려운 약속도 굳게 지킴

반포지효(反哺之孝)	까마귀 새끼가 자란 후 늙은 어미에게 먹을 것을 물어다 주는 효. 어버이의 은혜에 대한 자식의 지극한 효를 뜻함
방약무인(傍若無人)	곁에 사람이 없는 것처럼 행동함. 주위에 다른 사람이 있는데 제멋대로 행동함
백골난망(白骨難忘)	죽어도 잊지 못할 큰 은혜를 입음
백년해로(百年偕老)	남편과 아내가 오래도록 같이 늙음
백문불여일견(百聞不如一見)	백 번 듣는 것이 한 번 보는 것보다 못함. 직접 경험해야 확실히 알 수 있음
백미(白眉)	흰 눈썹. 흰 눈썹을 가진 사람이 가장 뛰어남. 여러 사람 가운데 가장 뛰어난 사람이나 물건
백발백중(百發百中)	백 번 쏘면 모두 명중함. 무슨 일이든 생각하는 대로 다 맞음
백아절현(伯牙絕絃)	백아라는 사람이 거문고의 줄을 끊음. 서로 마음이 통하던 친구의 죽음을 슬퍼함
백의종군(白衣從軍)	벼슬이 없는 몸으로 군대를 따라 싸움터로 나감
부창부수(夫唱婦隨)	남편이 부르면 아내가 따름. 남편이 주장하고 아내가 잘 따름
분골쇄신(粉骨碎身)	목숨을 아끼지 않고 있는 힘을 다함

분서갱유(焚書坑儒)	책을 불태우고 선비를 산 채로 묻음. 진(秦)나라 시황제(始皇帝) 때의 가혹한 탄압 정치
불치하문(不恥下問)	자기보다 아랫사람에게 묻는 것을 부끄럽게 여기지 않음
빈천지교(貧賤之交)	가난할 때 사귄 벗

사고무친(四顧無親)	사방을 둘러보아도 친족이 하나도 없음. 주위에 의지할 곳이 없음
사면초가(四面楚歌)	사방에서 들려 오는 초(楚)나라 노랫소리. 사방이 모두 적에게 포위되거나 고립됨
사상누각(沙上樓閣)	모래 위에 지은 집. 기초가 약해 언제 쓰러질지 모르는 헛된 것
사필귀정(事必歸正)	모든 일은 반드시 바른 길로 돌아감
사족(蛇足)	뱀을 그리는데 발도 그림. 쓸데없는 것을 가져다 붙임
사지(四知)	하늘과 땅, 그리고 나와 당신 네 명이 앎. 세상에는 비밀이 없음
사후약방문(死後藥方文)	죽은 뒤 약방문을 씀. 이미 때가 지난 후에 아무리 뉘우쳐도 이미 늦음. 소 잃고 외양간 고친다
산전수전(山戰水戰)	세상을 살면서 온갖 일을 다 겪어 봄
살신성인(殺身成仁)	자신의 몸을 희생하여 어진 일을 함. 큰 뜻을 위해 목숨을 버림
삼고초려(三顧草廬)	초가집을 세 번 찾아감. 훌륭한 인재를 얻기 위해 참을성을 가지고 노력함
상가지구(喪家之狗)	초상집의 개. 먹을 것이 없어 이곳 저곳을 어슬렁거리는 사람
상전벽해(桑田碧海)	뽕나무 밭이 변하여 푸른 바다가 됨. 세상 변하는 것이 매우 심함
새옹지마(塞翁之馬)	변방에 사는 노인의 말. 세상 모든 것이 변화가 심하여 앞날의 좋고 나쁨을 미리 알 수 없음
선견지명(先見之明)	다가올 일을 미리 짐작하는 밝은 지혜

설상가상(雪上加霜)	눈 위에 또 서리가 더함. 난처한 일이나 불행이 잇따라 발생함
성동격서(聲東擊西)	동쪽을 칠 듯이 하다가 서쪽을 침. 꾀를 내어 적을 공격함
세월부대인(歲月不待人)	흐르는 세월은 사람을 기다려 주지 않음. 짧은 시간이라도 소중히 아껴야 함
수구초심(首邱初心)	여우도 죽을 때는 머리를 자기가 살던 쪽으로 돌림. 고향을 그리워하는 마음
수불석권(手不釋卷)	손에서 책을 놓지 않음. 늘 책을 가까이하여 학문을 열심히 함
수어지교(水魚之交)	물과 물고기의 사귐. 임금과 신하 사이의 두터운 교분. 부부의 친밀함. 아주 친밀하여 떨어질 수 없는 사이
수주대토(守株待兔)	나무그루에서 토끼가 오기를 기다림. 옛 것만을 굳게 지키어 발전이 없음
순망치한(脣亡齒寒)	입술이 없으면 이가 시림. 서로 도와야 하는, 떨어질 수 없는 밀접한 관계
식언(食言)	예전에 한 약속이나 말을 어기거나 다르게 얘기함
식자우환(識字憂患)	글자를 아는 것이 근심이 됨. 아는 게 병
신언서판(身言書判)	관리가 되기 위한 네 가지 조건. 신수·말씨·문필·판단력
십시일반(十匙一飯)	열 사람이 밥 한 술씩 보태면 한 사람 먹을 양의 밥이 됨. 여러 사람이 힘을 합하여 한 사람을 도움

아전인수(我田引水)	자기 논으로 물을 댐. 자기에게만 이롭게 하려고 함
암중모색(暗中摸索)	어두운 가운데 손으로 더듬어 찾음. 확실한 방법은 모른 채 해결 방법을 찾으려고 애씀
야단법석(野壇法席)	여러 사람이 모여 서로 떠들고 시끄러운 판. 석가가 야외에 단을 펴고 설법을 할 때 사람이 무려 300만 명이나 모였다고 하는데,

	그 시끌벅적하고 어수선한 모습을 가리켜 비유적으로 쓰는 말
양금택목(良禽擇木)	훌륭한 새는 둥지를 만들 나무를 가림. 현명한 사람은 자기 능력을 알아주는 사람을 가려서 섬김
양상군자(梁上君子)	대들보 위의 군자. 집 안에 들어온 도둑을 가리키는 말
양약고어구 (良藥苦於口)	좋은 약은 입에 씀. 정말 도움이 될 만한 말은 귀에 거슬림. 〔충언역어이(忠言逆於耳)〕와 짝을 이루어 쓰임
양호유환(養虎遺患)	호랑이를 길러 근심을 남김. 화의 불씨를 길러 나중에 화를 당하게 됨
어부지리(漁父之利)	어부의 이익. 둘이 다투는 사이 다른 사람이 이익을 모두 챙김
어불성설(語不成說)	말이 조금도 이치에 맞지 않음
언행일치(言行一致)	말과 행동이 서로 일치함. 말한 대로 실천에 옮김
연목구어(緣木求魚)	나무에 올라가 물고기를 구함. 잘못된 방법을 써서 목적을 이루려고 함
오리무중(五里霧中)	5리에 걸쳐 짙은 안개가 덮여 있음. 무슨 일이나 무엇에 대하여 자세한 상황이나 상태를 알 수 없음
오비이락(烏飛梨落)	까마귀 날자 배 떨어진다. 우연한 일치로 남의 의심을 받게 됨
오십보백보 (五十步百步)	오십 보 도망친 사람이 백 보 도망친 사람을 비웃음. 조금의 차이는 있지만 근본적으로는 같음
오월동주(吳越同舟)	서로 사이가 좋지 않은 오(吳)나라와 월(越)나라 사람이 같은 배를 탐. 서로 사이가 좋지 않지만 필요한 경우에는 서로 도움
오합지졸(烏合之卒)	까마귀 떼처럼 아무렇게나 질서 없이 모인 병졸 혹은 군중
온고지신(溫故知新)	옛 것을 연구해서 새 지식을 찾아냄
요동시(遼東豕)	요동(遼東)의 돼지. 견문이 좁고 혼자 잘난 체 하는 사람
용두사미(龍頭蛇尾)	머리는 용, 꼬리는 뱀. 처음 시작은 좋으나 끝은 흐지부지됨
우공이산(愚公移山)	우공(愚公)이 산을 옮김. 아무리 힘든 일이라도 끊임없이 노력하면 이룰 수 있음

우이독경(牛耳讀經)	쇠귀에 경 읽기. 아무리 가르쳐도 알아듣지 못함
유구무언(有口無言)	입이 있어도 할 말이 없음. 변명할 말이 없음
유비무환(有備無患)	미리 준비가 되어 있으면 근심이 없음
유언비어(流言蜚語)	떠돌아다니는 말
유유상종(類類相從)	같은 무리끼리 서로 왔다갔다하며 사귐
음덕양보(陰德陽報)	남 모르게 덕을 쌓으면 나중에 보답을 받음
이심전심(以心傳心)	말이나 글이 아닌 마음에서 마음으로 전달됨
이하부정관 (李下不整冠)	자두나무 밑에서 갓을 고쳐 쓰지 마라. 남에게 의심받을 행동은 하지 마라.
인지상정(人之常情)	사람이라면 누구나 가지고 있는 보통의 마음
일거양득(一擧兩得)	한 가지 일을 해서 두 가지 이익을 얻음
일망타진(一網打盡)	한 번 그물을 쳐서 다 잡음. 한꺼번에 모조리 다 잡음
일사천리(一瀉千里)	강물이 거침없이 흘러 천 리 밖에 다다름. 어떤 일이 막힘 없이 진행됨
일장일단(一長一短)	사람이나 사물에는 장점도 있고 단점도 있음
일취월장(日就月將)	날로 달로 자라거나 발전함
임기응변(臨機應變)	그때 그때의 형편에 따라 알맞게 일을 처리함
임전무퇴(臨戰無退)	싸움에 나가면 물러서지 않음
입신양명(立身揚名)	출세·성공하여 세상에 널리 이름을 날림

자수성가(自手成家)	물려받은 재산 없이 자기 손으로 재산을 모아 한 살림을 이룸
자아성찰(自我省察)	자기의 마음을 반성하여 살핌

자업자득(自業自得)	자기가 저지른 일의 나쁜 결과가 자기 자신에게 돌아옴
자초지종(自初至終)	처음부터 끝까지 이르는 동안. 또는 그 사실
자포자기(自暴自棄)	스스로 자신을 포기하고 돌보지 않음
자화자찬(自畫自讚)	자기가 한 일을 자기가 칭찬함
장삼이사(張三李四)	장씨의 셋째 아들, 이씨의 넷째 아들. 평범한 사람
적반하장(賊反荷杖)	도둑이 도리어 매를 듦. 잘못한 사람이 오히려 잘한 사람을 꾸짖음
전화위복(轉禍爲福)	해로운 일이 바뀌어 오히려 이로운 것이 됨
절차탁마(切磋琢磨)	옥·돌 따위를 갈고 깎음. 학문을 힘써 갈고 닦음
정문일침(頂門一針)	정수리에 침을 놓음. 따끔한 충고
정중지와(井中之蛙)	우물 안 개구리. 경험이나 아는 것이 적어 세상의 물정을 잘 모르는 사람
조령모개(朝令暮改)	아침에 명령하고 저녁에 고침. 법령을 자주 바꿈
조삼모사(朝三暮四)	아침에 세 개, 저녁에 네 개. 약은 꾀를 부려 남을 속임
주경야독(晝耕夜讀)	낮에는 밭을 갈고 밤에는 책을 읽음. 어렵게 공부함
주마간산(走馬看山)	말을 달리면서 산을 봄. 바빠서 자세히 볼 수 없어 대충 보고 지나침
죽마고우(竹馬故友)	어릴 때 죽마(대말)를 같이 타고 놀던 벗. 어렸을 때부터 같이 지낸 오랜 친구
중과부적(衆寡不敵)	적은 수로 많은 수를 상대할 수 없음
지기지우(知己之友)	자기의 속마음을 알아주는 친구
지록위마(指鹿爲馬)	사슴을 가리키고 말이라고 말함. 윗사람을 좌지우지하여 권력을 마음대로 휘두름
진수성찬(珍羞盛饌)	맛이 좋고 잘 차린 음식

천고마비(天高馬肥)	하늘은 높고 말은 살찜. 하늘은 맑고 온갖 곡식이 무르익는 가을. 누구나 활동하기 좋은 계절
천려일실(千慮一失)	지혜로운 사람이라도 여러 생각을 하다 보면 때로는 실수를 할 수 있음
천재일우(千載一遇)	천 년에 한 번 만날 수 있는 기회. 인생에서 쉽게 얻기 어려운 기회
천편일률(千篇一律)	변함없이 모든 사물이 똑같음
철중쟁쟁(鐵中錚錚)	같은 무리 가운데서 가장 뛰어난 사람
청천벽력(靑天霹靂)	맑게 갠 하늘의 벼락. 뜻밖에 갑자기 일어난 큰 사건
청출어람(靑出於藍)	쪽에서 나온 푸른 물감이 쪽빛보다 더 푸름. 제자가 스승보다 실력이 더 뛰어남
추풍낙엽(秋風落葉)	가을 바람에 떨어지는 나뭇잎. 세력 등이 낙엽처럼 시들어 떨어짐
칠전팔기(七顚八起)	일곱 번 넘어지고 여덟 번 일어남. 많은 실패에도 좌절하지 않고 다시 시작함

타산지석(他山之石)	다른 산의 돌. 다른 산의 하찮은 나쁜 돌도 자기의 구슬을 가는 데 쓰는 유용한 돌이 될 수 있음
타초경사(打草驚蛇)	풀을 쳐서 뱀을 놀라게 함. 간접적으로 다른 사람을 혼내 또다른 사람에게 자극을 줌
토사구팽(兎死狗烹)	쫓던 토끼가 죽으면 사냥개는 더 이상 필요가 없으므로 삶아 먹음. 필요할 때는 잘 쓰다가 필요가 없어지면 버림

퇴고(推敲)	시문(詩文)을 지을 때 자구(字句)를 여러 번 생각하여 고침을 이르는 말

파안대소(破顔大笑)	얼굴에 매우 즐거운 표정을 지어 크게 한바탕 웃음
파죽지세(破竹之勢)	대나무를 쪼개는 기세. 상대할 적이 없을 만큼 기세가 사나움
풍수지탄(風樹之嘆)	부모가 일찍 돌아가셔서 효도를 할 기회가 없음을 한탄함
풍전등화(風前燈火)	바람 앞의 등불. 매우 위급한 경우에 놓여 있음

한단지몽(邯鄲之夢)	인생과 부귀영화의 덧없음
학수고대(鶴首苦待)	학처럼 목을 빼고 기다림. 몹시 애타게 기다림
형설지공(螢雪之功)	반딧불과 눈 빛으로 이룬 업적. 고생을 하면서 공부하여 얻은 보람
호가호위(狐假虎威)	여우가 호랑이 위세를 빌림. 남의 권세를 이용하여 위세를 부림
호구지책(糊口之策)	겨우 먹고 살아가는 방법
호사다마(好事多魔)	좋은 일에는 흔히 방해가 되는 일이 많음
호연지기(浩然之氣)	하늘과 땅 사이에 넘치게 가득 찬, 넓고 큰 기운
홍익인간(弘益人間)	널리 인간 사회를 이롭게 함
홍일점(紅一點)	여럿 가운데 다른 하나. 많은 남자들 사이에 있는 한 명의 여자
화룡점정(畫龍點睛)	용을 그리는데 눈동자를 그려 넣음. 어떤 일에 있어서 가장 중요한 마지막 부분을 완성함. 끝손질을 함
후생가외(後生可畏)	젊은 후배들은 두려워할 만함. 젊은 후배들은 나중에 어떤 훌륭한 인물이 될지 모르기 때문에 두려움

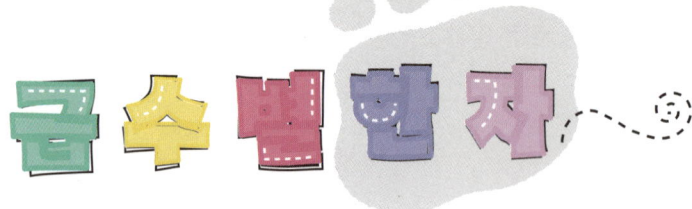

급수별 한자

| 8급 | 7급 | 6급 | 5급 | 준4급 |

가	假 거짓 (가)	價 값 (가)	加 더할 (가)	可 옳을 (가)	家 집 (가)	歌 노래 (가)	街 거리 (가)	各 각각 (각)	角 뿔 (각)
間 사이 (간)	感 느낄 (감)	減 덜 (감)	監 볼 (감)	康 편안 (강)	強 강할 (강)	江 강 (강)	講 욀 (강)	個 낱 (개)	改 고칠 (개)
開 열 (개)	客 손 (객)	去 갈 (거)	擧 들 (거)	車 수레 (거)	件 물건 (건)	健 굳셀 (건)	建 세울 (건)	檢 검사할 (검)	格 격식 (격)
見 볼 (견)	決 결단할 (결)	潔 깨끗할 (결)	結 맺을 (결)	缺 이지러질 (결)	京 서울 (경)	境 지경 (경)	慶 경사 (경)	敬 공경 (경)	景 볕 (경)
競 다툴 (경)	經 글 (경)	警 경계할 (경)	輕 가벼울 (경)	係 맬 (계)	界 지경 (계)	計 셀 (계)	古 예 (고)	告 고할 (고)	固 굳을 (고)
故 연고 (고)	考 생각할 (고)	苦 쓸 (고)	高 높을 (고)	曲 굽을 (곡)	公 공평할 (공)	共 한가지 (공)	功 공 (공)	工 장인 (공)	攻 칠 (공)
空 빌 (공)	果 실과 (과)	科 과목 (과)	課 과할 (과)	過 지날 (과)	官 벼슬 (관)	觀 볼 (관)	關 관계할 (관)	光 빛 (광)	廣 넓을 (광)
交 사귈 (교)	敎 가르칠 (교)	校 학교 (교)	橋 다리 (교)	九 아홉 (구)	具 갖출 (구)	區 구분할 (구)	口 입 (구)	句 글귀 (구)	救 구원할 (구)
求 구할 (구)	球 공 (구)	究 연구할 (구)	舊 예 (구)	國 나라 (국)	局 판 (국)	軍 군사 (군)	郡 고을 (군)	宮 집 (궁)	權 권세 (권)
貴 귀할 (귀)	規 법 (규)	極 다할 (극)	根 뿌리 (근)	近 가까울 (근)	今 이제 (금)	禁 금할 (금)	金 쇠 (금)	急 급할 (급)	級 등급 (급)
給 줄 (급)	器 그릇 (기)	基 터 (기)	己 몸 (기)	技 재주 (기)	旗 기 (기)	期 기약할 (기)	汽 물끓는김 (기)	氣 기운 (기)	記 기록할 (기)
起 일어날 (기)	吉 길할 (길)	나	暖 따뜻할 (난)	難 어려울 (난)	南 남녘 (남)	男 사내 (남)	內 안 (내)	女 계집 (녀)	

年 해 (년)	念 생각 (념)	努 힘쓸 (노)	怒 성낼 (노)	農 농사 (농)	能 능할 (능)	다	多 많을 (다)	單 홑 (단)	團 둥글 (단)
壇 단 (단)	短 짧을 (단)	斷 끊을 (단)	檀 박달나무 (단)	端 끝 (단)	達 통달할 (달)	談 말씀 (담)	擔 멜 (담)	答 대답 (답)	堂 집 (당)
當 마땅 (당)	黨 무리 (당)	代 대신 (대)	大 큰 (대)	對 대할 (대)	待 기다릴 (대)	帶 띠 (대)	隊 무리 (대)	德 큰 (덕)	到 이를 (도)
圖 그림 (도)	導 인도할 (도)	島 섬 (도)	度 법도 (도)	道 길 (도)	都 도읍 (도)	毒 독 (독)	獨 홀로 (독)	讀 읽을 (독)	督 감독할 (독)
冬 겨울 (동)	動 움직일 (동)	同 한가지 (동)	東 동녘 (동)	洞 골 (동)	童 아이 (동)	銅 구리 (동)	斗 말 (두)	豆 콩 (두)	頭 머리 (두)
得 얻을 (득)	燈 등 (등)	登 오를 (등)	等 무리 (등)	라	羅 벌일 (라)	樂 즐길 (락)	落 떨어질 (락)	朗 밝을 (랑)	來 올 (래)
冷 찰 (랭)	兩 두 (량)	良 어질 (량)	量 헤아릴 (량)	旅 나그네 (려)	麗 고울 (려)	力 힘 (력)	歷 지날 (력)	練 익힐 (련)	連 이을 (련)
列 벌일 (렬)	令 하여금 (령)	領 거느릴 (령)	例 법식 (례)	禮 예도 (례)	勞 수고로울 (로)	老 늙을 (로)	路 길 (로)	綠 푸를 (록)	錄 기록할 (록)
論 논할 (론)	料 헤아릴 (료)	流 흐를 (류)	留 머무를 (류)	類 무리 (류)	六 여섯 (륙)	陸 뭍 (륙)	律 법칙 (률)	利 이할 (리)	李 오얏 (리)
理 다스릴 (리)	里 마을 (리)	林 수풀 (림)	立 설 (립)	마	馬 말 (마)	滿 찰 (만)	萬 일만 (만)	末 끝 (말)	亡 망할 (망)
望 바랄 (망)	每 매양 (매)	買 살 (매)	賣 팔 (매)	脈 줄기 (맥)	面 낯 (면)	名 이름 (명)	命 목숨 (명)	明 밝을 (명)	母 어미 (모)
毛 터럭 (모)	木 나무 (목)	牧 칠 (목)	目 눈 (목)	務 힘쓸 (무)	武 호반 (무)	無 없을 (무)	問 물을 (문)	文 글월 (문)	聞 들을 (문)
門 문 (문)	物 물건 (물)	味 맛 (미)	未 아닐 (미)	米 쌀 (미)	美 아름다울 (미)	民 백성 (민)	密 빽빽할 (밀)	바	

401

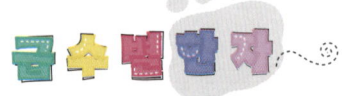

博 넓을 (박)	朴 성 (박)	半 반 (반)	反 돌이킬 (반)	班 나눌 (반)	發 필 (발)	房 방 (방)	放 놓을 (방)	方 모 (방)	訪 찾을 (방)
防 막을 (방)	倍 곱 (배)	拜 절 (배)	背 등 (배)	配 나눌 (배)	白 흰 (백)	百 일백 (백)	番 차례 (번)	伐 칠 (벌)	罰 벌할 (벌)
法 법 (법)	壁 벽 (벽)	變 변할 (변)	邊 가 (변)	別 다를 (별)	兵 병사 (병)	病 병 (병)	保 지킬 (보)	報 갚을 (보)	寶 보배 (보)
步 걸음 (보)	復 회복할 (복)	服 옷 (복)	福 복 (복)	本 근본 (본)	奉 받들 (봉)	副 버금 (부)	富 부자 (부)	夫 지아비 (부)	婦 며느리 (부)
府 마을 (부)	父 아비 (부)	部 떼 (부)	北 북녘 (북)	分 나눌 (분)	不 아닐 (불)	佛 부처 (불)	備 갖출 (비)	悲 슬플 (비)	比 견줄 (비)
費 쓸 (비)	非 아닐 (비)	飛 날 (비)	鼻 코 (비)	貧 가난할 (빈)	氷 얼음 (빙)	사	事 일 (사)	仕 섬길 (사)	使 하여금 (사)
史 사기 (사)	四 넉 (사)	士 선비 (사)	寫 베낄 (사)	寺 절 (사)	師 스승 (사)	思 생각 (사)	査 조사할 (사)	死 죽을 (사)	社 모일 (사)
舍 집 (사)	謝 사례할 (사)	山 메 (산)	産 낳을 (산)	算 셈 (산)	殺 죽일 (살)	三 석 (삼)	上 윗 (상)	商 장사 (상)	常 떳떳할 (상)
床 상 (상)	狀 형상 (상)	想 생각 (상)	相 서로 (상)	賞 상줄 (상)	色 빛 (색)	生 날 (생)	序 차례 (서)	書 글 (서)	西 서녘 (서)
夕 저녁 (석)	席 자리 (석)	石 돌 (석)	仙 신선 (선)	先 먼저 (선)	善 착할 (선)	線 줄 (선)	船 배 (선)	選 가릴 (선)	鮮 고울 (선)
設 베풀 (설)	說 말씀 (설)	雪 눈 (설)	城 재 (성)	姓 성 (성)	性 성품 (성)	成 이룰 (성)	星 별 (성)	盛 성할 (성)	省 살필 (성)
聖 성인 (성)	聲 소리 (성)	誠 정성 (성)	世 인간 (세)	勢 형세 (세)	歲 해 (세)	洗 씻을 (세)	稅 세금 (세)	細 가늘 (세)	小 작을 (소)
少 적을 (소)	所 바 (소)	消 사라질 (소)	掃 쓸 (소)	笑 웃음 (소)	素 흴 (소)	俗 풍속 (속)	束 묶을 (속)	續 이을 (속)	

速 빠를 (속)	孫 손자 (손)	送 보낼 (송)	修 닦을 (수)	受 받을 (수)	守 지킬 (수)	手 손 (수)	授 줄 (수)	收 거둘 (수)	數 셈 (수)
樹 나무 (수)	水 물 (수)	首 머리 (수)	宿 잘 (숙)	純 순수할 (순)	順 순할 (순)	術 재주 (술)	習 익힐 (습)	勝 이길 (승)	承 이을 (승)
始 비로소 (시)	市 저자 (시)	施 베풀 (시)	是 이 (시)	時 때 (시)	示 보일 (시)	視 볼 (시)	詩 시 (시)	試 시험 (시)	式 법 (식)
息 쉴 (식)	植 심을 (식)	識 알 (식)	食 밥 (식)	信 믿을 (신)	新 새 (신)	申 납 (신)	神 귀신 (신)	臣 신하 (신)	身 몸 (신)
失 잃을 (실)	室 집 (실)	實 열매 (실)	心 마음 (심)	深 깊을 (심)	十 열 (십)	아	兒 아이 (아)	惡 악할 (악)	安 편안 (안)
案 책상 (안)	眼 눈 (안)	暗 어두울 (암)	壓 누를 (압)	愛 사랑 (애)	液 진 (액)	夜 밤 (야)	野 들 (야)	弱 약할 (약)	約 맺을 (약)
藥 약 (약)	洋 큰바다 (양)	羊 양 (양)	陽 볕 (양)	養 기를 (양)	漁 고기잡을 (어)	語 말씀 (어)	魚 고기 (어)	億 억 (억)	言 말씀 (언)
業 업 (업)	如 같을 (여)	餘 남을 (여)	逆 거스릴 (역)	演 펼 (연)	然 그럴 (연)	煙 연기 (연)	硏 갈 (연)	熱 더울 (열)	葉 잎 (엽)
榮 영화 (영)	永 길 (영)	英 꽃부리 (영)	藝 재주 (예)	五 다섯 (오)	午 낮 (오)	誤 그르칠 (오)	屋 집 (옥)	玉 구슬 (옥)	溫 따뜻할 (온)
完 완전할 (완)	往 갈 (왕)	王 임금 (왕)	外 바깥 (외)	曜 빛날 (요)	要 요긴할 (요)	謠 노래 (요)	浴 목욕할 (욕)	勇 날랠 (용)	容 얼굴 (용)
用 쓸 (용)	友 벗 (우)	右 오른 (우)	牛 소 (우)	雨 비 (우)	運 옮길 (운)	雲 구름 (운)	雄 수컷 (웅)	元 으뜸 (원)	原 언덕 (원)
員 인원 (원)	圓 둥글 (원)	園 동산 (원)	遠 멀 (원)	院 집 (원)	願 원할 (원)	月 달 (월)	位 자리 (위)	偉 클 (위)	爲 할 (위)
衛 지킬 (위)	有 있을 (유)	油 기름 (유)	由 말미암을 (유)	肉 고기 (육)	育 기를 (육)	恩 은혜 (은)	銀 은 (은)	陰 그늘 (음)	

급수별한자

音 소리 (음)	飲 마실 (음)	邑 고을 (읍)	應 응할 (응)	意 뜻 (의)	義 옳을 (의)	衣 옷 (의)	議 의논할 (의)	醫 의원 (의)	二 두 (이)
以 써 (이)	移 옮길 (이)	耳 귀 (이)	益 더할 (익)	人 사람 (인)	印 도장 (인)	因 인할 (인)	引 끌 (인)	認 알 (인)	一 한 (일)
日 날 (일)	任 맡길 (임)	入 들 (입)	자	子 아들 (자)	字 글자 (자)	者 놈 (자)	自 스스로 (자)	作 지을 (작)	昨 어제 (작)
場 마당 (장)	將 장수 (장)	章 글 (장)	長 긴 (장)	障 막을 (장)	再 두 (재)	在 있을 (재)	才 재주 (재)	材 재목 (재)	災 재앙 (재)
財 재물 (재)	爭 다툴 (쟁)	低 낮을 (저)	貯 쌓을 (저)	敵 대적할 (적)	的 과녁 (적)	赤 붉을 (적)	傳 전할 (전)	全 온전 (전)	典 법 (전)
前 앞 (전)	展 펼 (전)	戰 싸움 (전)	田 밭 (전)	電 번개 (전)	切 끊을 (절)	節 마디 (절)	絶 끊을 (절)	店 가게 (점)	接 이을 (접)
停 머무를 (정)	定 정할 (정)	庭 뜰 (정)	情 뜻 (정)	政 정사 (정)	正 바를 (정)	程 길 (정)	精 정할 (정)	制 절제할 (제)	弟 아우 (제)
提 끌 (제)	濟 건널 (제)	祭 제사 (제)	第 차례 (제)	製 지을 (제)	除 덜 (제)	際 즈음 (제)	題 제목 (제)	助 도울 (조)	操 잡을 (조)
早 이를 (조)	朝 아침 (조)	祖 할아비 (조)	調 고를 (조)	造 지을 (조)	鳥 새 (조)	族 겨레 (족)	足 발 (족)	尊 높을 (존)	卒 마칠 (졸)
宗 마루 (종)	種 씨 (종)	終 마칠 (종)	左 왼쪽 (좌)	罪 허물 (죄)	主 주인 (주)	住 살 (주)	州 고을 (주)	晝 낮 (주)	注 부을 (주)
走 달릴 (주)	週 주일 (주)	竹 대 (죽)	準 준할 (준)	中 가운데 (중)	衆 무리 (중)	重 무거울 (중)	增 더할 (증)	地 땅 (지)	志 뜻 (지)
指 가리킬 (지)	止 그칠 (지)	支 지탱할 (지)	知 알 (지)	紙 종이 (지)	至 이를 (지)	直 곧을 (직)	職 직분 (직)	眞 참 (진)	進 나아갈 (진)
質 바탕 (질)	集 모을 (집)	차	次 버금 (차)	着 붙을 (착)	察 살필 (찰)	參 참여할 (참)	創 비롯할 (창)	唱 부를 (창)	

급수별 한자

窓 창(창)	責 꾸짖을(책)	處 곳(처)	千 일천(천)	天 하늘(천)	川 내(천)	鐵 쇠(철)	淸 맑을(청)	請 청할(청)	靑 푸를(청)
體 몸(체)	初 처음(초)	草 풀(초)	寸 마디(촌)	村 마을(촌)	總 다(총)	銃 총(총)	最 가장(최)	秋 가을(추)	祝 빌(축)
築 쌓을(축)	蓄 모을(축)	春 봄(춘)	出 날(출)	充 채울(충)	忠 충성(충)	蟲 벌레(충)	取 가질(취)	測 헤아릴(측)	治 다스릴(치)
置 둘(치)	致 이를(치)	齒 이(치)	則 법칙(칙)	親 친할(친)	七 일곱(칠)	侵 침노할(침)	카	快 쾌할(쾌)	타
他 다를(타)	打 칠(타)	卓 높을(탁)	炭 숯(탄)	太 클(태)	態 모습(태)	宅 집(택)	土 흙(토)	統 거느릴(통)	通 통할(통)
退 물러날(퇴)	特 특별할(특)	파	波 물결(파)	破 깨뜨릴(파)	板 널(판)	八 여덟(팔)	敗 패할(패)	便 편할(편)	平 평평할(평)
包 쌀(포)	布 베(포)	砲 대포(포)	暴 사나울(폭)	票 표(표)	表 겉(표)	品 물건(품)	豊 풍년(풍)	風 바람(풍)	必 반드시(필)
筆 붓(필)	하	下 아래(하)	夏 여름(하)	河 물(하)	學 배울(학)	寒 찰(한)	漢 한수(한)	韓 한국(한)	限 한할(한)
合 합할(합)	港 항구(항)	航 배(항)	害 해할(해)	海 바다(해)	解 풀(해)	幸 다행(행)	行 다닐(행)	向 향할(향)	鄕 시골(향)
香 향기(향)	虛 빌(허)	許 허락(허)	驗 시험할(험)	現 나타날(현)	賢 어질(현)	血 피(혈)	協 화할(협)	兄 형(형)	形 모양(형)
惠 은혜(혜)	呼 부를(호)	戶 집(호)	湖 호수(호)	號 이름(호)	護 도울(호)	化 될(화)	和 화할(화)	火 불(화)	畫 그림(화)
花 꽃(화)	話 말씀(화)	貨 재물(화)	確 굳을(확)	患 근심(환)	活 살(활)	黃 누를(황)	回 돌아올(회)	會 모일(회)	孝 효도(효)
效 본받을(효)	後 뒤(후)	訓 가르칠(훈)	休 쉴(휴)	凶 흉할(흉)	黑 검을(흑)	吸 마실(흡)	興 일(흥)	希 바랄(희)	

405

1획

| 一 한 일 | 8 |

2획

七 일곱 칠	8
九 아홉 구	13
二 두 이	14
人 사람 인	18
入 들 입	38
八 여덟 팔	40
力 힘 력	52
十 열 십	60

3획

三 석 삼	9
上 위 상	10
下 아래 하	10
亡 망할 망	16
千 일천 천	60
口 입 구	68
土 흙 토	86
士 선비 사	91
夕 저녁 석	92
大 큰 대	95
女 계집 녀	98
子 아들 자	102
寸 마디 촌	116
小 작을 소	118
山 메 산	121
川 내 천	122
工 장인 공	123
己 몸 기	124

| 才 재주 재 | 157 |

4획

不 아닐 불	11
中 가운데 중	12
五 다섯 오	15
今 이제 금	18
仁 어질 인	19
元 으뜸 원	35
內 안 내	39
公 공평할 공	41
六 여섯 륙	41
凶 흉할 흉	46
分 나눌 분	47
切 끊을 절	47
化 될 화	58
午 낮 오	61
反 돌이킬 반	66
友 벗 우	66
夫 지아비 부	96
天 하늘 천	96
太 클 태	97
少 적을 소	118
引 끌 인	134
心 마음 심	142
戶 집 호	155
手 손 수	157
文 글월 문	170
方 모 방	172
日 날 일	175
月 달 월	184
木 나무 목	188

止 그칠 지	203
比 견줄 비	209
毛 터럭 모	210
水 물 수	212
火 불 화	228
父 아비 부	232
牛 소 우	232
王 임금 왕	235

5획

世 인간 세	11
主 주인 주	12
代 대신 대	19
令 명령할 령	20
仕 벼슬 사	20
仙 신선 선	21
以 써 이	21
他 다를 타	22
兄 형 형	36
冬 겨울 동	44
出 날 출	46
加 더할 가	52
功 공 공	53
北 북녘 북	58
半 반 반	61
去 갈 거	64
可 옳을 가	69
古 예 고	69
句 글귀 구	70
史 역사 사	70
右 오른쪽 우	71
四 넉 사	81

406

外 바깥 외	93	任 맡길 임	23	曲 굽을 곡	182
失 잃을 실	97	休 쉴 휴	24	有 있을 유	184
巨 클 거	123	光 빛 광	36	朴 성 박	190
左 왼쪽 좌	124	先 먼저 선	37	次 버금 차	202
市 저자 시	125	充 가득할 충	37	死 죽을 사	206
布 베 포	126	全 온전할 전	39	江 강 강	214
平 평평할 평	128	共 함께 공	42	百 일백 백	248
必 반드시 필	142	再 두 재	44	竹 대 죽	268
打 칠 타	158	列 벌일 렬	48	米 쌀 미	272
末 끝 말	188	各 각각 각	71	羊 양 양	282
未 아닐 미	189	吉 길할 길	72	老 늙을 로	285
本 근본 본	189	同 한가지 동	72	考 생각할 고	286
正 바를 정	204	名 이름 명	73	耳 귀 이	287
母 어미 모	208	合 합할 합	73	肉 고기 육	290
民 백성 민	210	向 향할 향	74	臣 신하 신	291
氷 얼음 빙	212	因 인할 인	82	自 스스로 자	292
永 길 영	213	回 돌아올 회	82	至 이를 지	292
玉 구슬 옥	236	在 있을 재	86	色 빛 색	296
生 날 생	238	地 땅 지	87	血 피 혈	304
用 쓸 용	240	多 많을 다	94	行 다닐 행	305
田 밭 전	240	如 같을 여	99	衣 옷 의	307
由 말미암을 유	241	好 좋을 호	99	西 서녘 서	309
白 흰 백	247	字 글자 자	102		
目 눈 목	250	存 있을 존	103	**7획**	
石 돌 석	254	守 지킬 수	106	位 자리 위	24
示 보일 시	255	安 편안 안	106	作 지을 작	25
立 설 립	266	宅 집 택	107	低 낮을 저	25
		寺 절 사	116	住 살 주	26
6획		年 해 년	129	兵 군사 병	42
交 사귈 교	16	式 법 식	134	冷 찰 랭	45
件 물건 건	22	收 거둘 수	162	利 이로울 리	48
伐 칠 벌	23	早 이를 조	176	別 다를 별	49

407

初	처음 초	49	言	말씀 언	314	夜	밤 야	94
助	도울 조	53	豆	콩 두	326	奉	받들 봉	98
告	고할 고	74	赤	붉을 적	334	姓	성 성	100
君	임금 군	75	走	달릴 주	334	始	비로소 시	100
孝	효도 효	103	足	발 족	336	季	계절 계	104
完	완전할 완	108	身	몸 신	337	官	벼슬 관	108
局	판 국	119	車	수레 거	338	定	정할 정	109
希	바랄 희	126	邑	고을 읍	349	宗	마루 종	109
序	차례 서	130	里	마을 리	352	幸	다행 행	129
弟	아우 제	135	防	막을 방	360	店	가게 점	130
形	모양 형	137				往	갈 왕	138
志	뜻 지	143		**8획**		念	생각 념	143
快	쾌할 쾌	144	事	일 사	14	忠	충성 충	144
成	이룰 성	154	京	서울 경	17	房	방 방	156
技	재주 기	158	來	올 래	26	所	바 소	156
改	고칠 개	163	例	법식 례	27	放	놓을 방	164
攻	칠 공	164	使	하여금 사	27	明	밝을 명	176
李	오얏 리	190	兒	아이 아	38	服	옷 복	185
束	묶을 속	191	兩	두 량	40	果	실과 과	192
材	재목 재	191	具	갖출 구	43	東	동녘 동	193
村	마을 촌	192	典	법 전	43	林	수풀 림	193
步	걸음 보	204	到	이를 도	50	板	널 판	194
每	매양 매	208	卒	군사 졸	62	武	호반 무	205
求	구할 구	214	卓	높을 탁	62	況	상황 황	215
決	결단할 결	215	協	화할 협	63	法	법 법	216
災	재앙 재	228	受	받을 수	67	油	기름 유	216
男	사내 남	242	取	가질 취	68	注	부을 주	217
私	사사 사	260	命	목숨 명	75	治	다스릴 치	217
究	궁구할 구	264	味	맛 미	76	波	물결 파	218
良	어질 량	296	呼	부를 호	76	河	물 하	218
見	볼 견	310	和	화할 화	77	爭	다툴 쟁	231
角	뿔 각	312	固	굳을 고	83	物	물건 물	233

的 과녁 적	248		待 기다릴 대	138		計 셈 계	314
直 곧을 직	250		律 법칙 률	139		軍 군사 군	338
知 알 지	253		後 뒤 후	140		重 무거울 중	353
社 모일 사	256		急 급할 급	145		限 한할 한	360
空 빌 공	264		怒 성낼 노	145		面 낯 면	369
育 기를 육	290		思 생각 사	146		音 소리 음	370
花 꽃 화	297		性 성품 성	146		風 바람 풍	374
表 겉 표	308		拜 절 배	159		飛 날 비	375
近 가까울 근	340		指 손가락 지	159		食 밥 식	376
金 쇠 금	355		故 연고 고	165		首 머리 수	378
長 긴 장	357		政 정사 정	165		香 향기 향	378
門 문 문	358		施 베풀 시	172			
雨 비 우	365		星 별 성	177		**10획**	
靑 푸를 청	368		是 이 시	177		個 낱 개	30
非 아닐 비	368		昨 어제 작	178		倍 곱 배	30
			春 봄 춘	178		修 닦을 수	31
9획			査 조사할 사	194		原 근원 원	64
保 지킬 보	28		洞 골 동	219		城 재 성	87
俗 풍속 속	28		洗 씻을 세	219		夏 여름 하	92
信 믿을 신	29		洋 큰바다 양	220		孫 손자 손	104
便 편할 편	29		活 살 활	220		家 집 가	111
前 앞 전	50		界 지경 계	242		容 얼굴 용	111
則 곧 즉	51		相 서로 상	251		害 해할 해	112
勉 힘쓸 면	54		省 살필 성	251		展 펼 전	120
勇 날랠 용	54		科 과목 과	260		島 섬 도	121
南 남녘 남	63		秋 가을 추	261		師 스승 사	127
品 물건 품	77		約 맺을 약	273		席 자리 석	127
客 손 객	110		美 아름다울 미	282		庭 뜰 정	132
室 집 실	110		者 놈 자	286		弱 약할 약	136
屋 집 옥	120		苦 쓸 고	298		恩 은혜 은	147
度 법도 도	131		英 꽃부리 영	298		效 본받을 효	166
建 세울 건	133		要 요긴할 요	309		料 헤아릴 료	170

旅 나그네 려	173	財 재물 재	327	患 근심 환	147
時 때 시	179	起 일어날 기	335	情 뜻 정	149
書 글 서	182	送 보낼 송	341	授 줄 수	160
校 학교 교	195	逆 거스를 역	342	接 이을 접	160
格 격식 격	195	退 물러날 퇴	342	敎 가르칠 교	166
根 뿌리 근	196	郡 고을 군	349	救 구원할 구	167
案 책상 안	196	院 집 원	361	敗 패할 패	167
氣 기운 기	211	馬 말 마	379	族 겨레 족	174
流 흐를 류	221	高 높을 고	380	晝 낮 주	179
消 사라질 소	221			朗 밝을 랑	186
浴 목욕할 욕	222	**11획**		望 바랄 망	186
海 바다 해	222	假 거짓 가	31	殺 죽일 살	207
烈 매울 렬	229	健 굳셀 건	32	深 깊을 심	223
特 특별할 특	234	偉 클 위	32	淸 맑을 청	223
班 나눌 반	236	停 머무를 정	33	混 섞을 혼	224
留 머무를 류	243	動 움직일 동	55	球 공 구	237
病 병 병	245	務 힘쓸 무	55	理 다스릴 리	237
益 더할 익	249	區 구분할 구	59	現 나타날 현	238
眞 참 진	252	參 석 삼	65	産 낳을 산	239
破 깨뜨릴 파	254	問 물을 문	78	眼 눈 안	252
神 귀신 신	256	商 장사 상	78	硏 갈 연	255
祖 할아비 조	257	唱 노래 창	79	移 옮길 이	262
祝 빌 축	257	國 나라 국	83	窓 창 창	265
笑 웃음 소	268	基 터 기	88	章 글 장	266
級 등급 급	274	堂 집 당	88	第 차례 제	269
素 흴 소	274	婦 며느리 부	101	細 가늘 세	275
紙 종이 지	275	婚 혼인할 혼	101	終 마칠 종	276
能 능할 능	291	密 빽빽할 밀	112	習 익힐 습	284
致 이를 치	293	宿 잘 숙	113	船 배 선	295
草 풀 초	299	常 떳떳할 상	128	處 곳 처	302
記 기록할 기	315	强 강할 강	136	術 재주 술	306
訓 가르칠 훈	315	得 얻을 득	140	規 법 규	310

410

訪 찾을 방	316		惡 악할 악	148		買 살 매	330
設 베풀 설	316		惠 은혜 혜	149		費 쓸 비	330
許 허락 허	317		景 볕 경	180		貯 쌓을 저	331
貧 가난할 빈	328		最 가장 최	183		進 나아갈 진	345
責 꾸짖을 책	328		期 기약할 기	187		都 도읍 도	350
貨 재물 화	329		朝 아침 조	187		量 헤아릴 량	354
連 이을 련	343		植 심을 식	197		間 사이 간	358
速 빠를 속	343		減 덜 감	224		開 열 개	359
造 지을 조	344		湖 호수 호	225		陽 볕 양	362
通 통할 통	344		無 없을 무	229		雄 수컷 웅	363
部 떼 부	350		然 그럴 연	230		集 모을 집	364
野 들 야	354		爲 할 위	231		雲 구름 운	366
陸 뭍 륙	361		番 차례 번	243		順 순할 순	371
陰 그늘 음	362		畫 그림 화	244		黃 누를 황	384
雪 눈 설	366		登 오를 등	246		黑 검을 흑	384
魚 고기 어	381		發 필 발	246			
鳥 새 조	382		短 짧을 단	253		**13획**	
			稅 세금 세	262		傳 전할 전	34
12획			童 아이 동	267		勤 부지런할 근	57
備 갖출 비	33		答 대답 답	269		勢 형세 세	57
勞 수고로울 로	56		等 무리 등	270		園 동산 원	84
勝 이길 승	56		筆 붓 필	270		感 느낄 감	150
單 홑 단	79		結 맺을 결	276		想 생각 상	150
善 착할 선	80		給 줄 급	277		愛 사랑 애	151
喜 기쁠 희	80		絶 끊을 절	277		意 뜻 의	151
報 갚을 보	89		統 거느릴 통	278		敬 공경 경	168
場 마당 장	89		着 붙을 착	283		新 새 신	171
富 부자 부	113		虛 빌 허	302		暖 따뜻할 난	180
寒 찰 한	114		衆 무리 중	304		暗 어두울 암	181
尊 높을 존	117		街 거리 가	306		會 모일 회	183
復 회복할 복	141		視 볼 시	311		極 다할 극	197
悲 슬플 비	148		貴 귀할 귀	329		業 업 업	198

歲 해 세	205	態 모습 태	152	慶 경사 경	152
溫 따뜻할 온	225	旗 기 기	174	數 셈 수	168
當 마땅 당	244	榮 영화 영	198	敵 대적할 적	169
禁 금할 금	258	歌 노래 가	202	暴 사나울 포	181
經 글 경	278	滿 찰 만	226	樂 즐길 락	199
罪 허물 죄	280	漁 고기잡을 어	226	潔 깨끗할 결	227
置 둘 치	281	漢 한수 한	227	熱 더울 열	230
義 옳을 의	284	福 복 복	258	節 마디 절	271
聖 성인 성	287	種 씨 종	263	練 익힐 련	279
落 떨어질 락	299	算 셈 산	271	線 줄 선	280
萬 일만 만	300	精 정할 정	272	課 과할 과	320
葉 잎 엽	300	綠 푸를 록	279	談 말씀 담	321
號 이름 호	303	聞 들을 문	288	論 논할 론	321
解 풀 해	313	製 지을 제	308	調 고를 조	322
試 시험 시	317	說 말씀 설	318	請 청할 청	322
話 말씀 화	318	誠 정성 성	319	賣 팔 매	331
路 길 로	336	語 말씀 어	319	賞 상줄 상	332
農 농사 농	340	認 알 인	320	質 바탕 질	332
過 지날 과	345	輕 가벼울 경	339	賢 어질 현	333
達 통달할 달	346	遠 멀 원	347	適 맞을 적	348
道 길 도	346	銀 은 은	356	養 기를 양	377
運 옮길 운	347	領 거느릴 령	372	齒 이 치	386
鄕 시골 향	351	鳴 울 명	383		
電 번개 전	367	鼻 코 비	385	**16획**	
飮 마실 음	376			壇 단 단	90
		15획		學 배울 학	105
14획		價 값 가	34	戰 싸움 전	154
團 둥글 단	84	億 억 억	35	操 잡을 조	161
圖 그림 도	85	增 더할 증	90	橋 다리 교	199
實 열매 실	114	寫 베낄 사	115	樹 나무 수	200
察 살필 찰	115	廣 넓을 광	132	歷 지날 력	206
對 대할 대	117	德 덕 덕	141	獨 홀로 독	234

412

興 일 흥	294
親 친할 친	311
選 가릴 선	348
頭 머리 두	372

17획

應 응할 응	153
檢 검사할 검	200
聲 소리 성	288
講 욀 강	323
韓 한국 한	370
鮮 고울 선	382

18획

擧 들 거	162
禮 예도 례	259
職 직분 직	289
舊 예 구	294
豐 풍년 풍	326
醫 의원 의	352
題 제목 제	373

19획

藥 약 약	301
藝 재주 예	301
識 알 식	323
關 관계할 관	359
難 어려울 난	364
類 무리 류	373
願 원할 원	374

20획

競 다툴 경	267
議 의논할 의	324

21획

鐵 쇠 철	356

22획

權 권세 권	201
讀 읽을 독	324

23획

變 변할 변	325
體 몸 체	380

25획

觀 볼 관	312

가
假	거짓		31
價	값		34
加	더하다		52
可	옳다		69
家	집		111
歌	노래		202
街	거리		306

각
各	각각		71
角	뿔		312

간
間	사이		358

감
感	느끼다		150
減	덜다		224

강
強	강하다		136
江	강		214
講	외다		323

개
個	낱		30
改	고치다		163
開	열다		359

객
客	손		110

거
去	가다		64
巨	크다		123
擧	들다		162
車	수레		338

건
件	물건		22
健	굳세다		32
建	세우다		133

검
檢	검사하다		200

격
格	격식		195

견
見	보다		310

결
決	결단하다		215
潔	깨끗하다		227
結	맺다		276

경
京	서울		17
慶	경사		152
敬	공경하다		168
景	볕		180
競	다투다		267
經	글		278
輕	가볍다		339

계
季	계절		104
界	지경		242
計	셈		314

고
古	예		69
告	알리다		74
固	굳다		83
故	연고		165
考	생각하다		286
苦	쓰다		298
高	높다		380

곡
曲	굽다		182

공
公	공평하다		41
共	함께		42
功	공		53
工	장인		123
攻	치다		164
空	비다		264

과
果	실과		192
科	과목		260
課	과하다		320
過	지나다		345

관
官	벼슬		108
觀	보다		312
關	관계하다		359

광
光	빛		36
廣	넓다		132

교
交	사귀다		16
教	가르치다		166
校	학교		195
橋	다리		199

구
九	아홉		13
具	갖추다		43
區	구분하다		59
口	입		68
句	글귀		70
救	구원하다		167
求	구하다		214
球	공		237
究	궁구하다		264
舊	예		294

국
國	나라		83
局	판		119

군
君	임금		75
軍	군사		338
郡	고을		349

권		
權	권세	201

귀		
貴	귀하다	329

규		
規	법	310

극		
極	다하다	197

근		
勤	부지런하다	57
根	뿌리	196
近	가깝다	340

금		
今	이제	18
禁	금하다	258
金	쇠	355

급		
急	급하다	145
級	등급	274
給	주다	277

기		
基	터	88
己	몸	124
技	재주	158
旗	기	174
期	기약하다	187
氣	기운	211
記	기록하다	315
起	일어나다	335

길		
吉	길하다	72

김		
金	성	355

난			
暖	따뜻하다	180
難	어렵다	364

남		
南	남녘	63
男	사내	242

내		
內	안	39

녀		
女	계집	98

년		
年	해	129

념		
念	생각	143

노		
怒	성내다	145

농		
農	농사	340

능		
能	능하다	291

다		
多	많다	94

단		
單	홀	79
團	둥글다	84
壇	단	90
短	짧다	253

달		
達	통달하다	346

담		
談	말씀	321

답		
答	대답	269

당		
堂	집	88
當	마땅	244

대		
代	대신하다	19
大	크다	95
對	대하다	117
待	기다리다	138

댁		
宅	집	107

덕		
德	덕	141

도		
到	이르다	50
圖	그림	85
島	섬	121
度	법도	131
道	길	346
都	도읍	350

독		
獨	홀로	234
讀	읽다	324

동		
冬	겨울	44
動	움직이다	55
同	한가지	72
東	동녘	193
洞	골	219
童	아이	267

두		
豆	콩	326
頭	머리	372

득		
得	얻다	140

등		

登	오르다	246
等	무리	270

락

樂	즐기다	199
落	떨어지다	299

랑

朗	밝다	186

래

來	오다	26

랭

冷	차다	45

량

兩	둘	40
良	어질다	296
量	헤아리다	354

려

旅	나그네	173

력

力	힘	52
歷	지나다	206

련

練	익히다	279
連	잇다	343

렬

列	벌이다	48
烈	맵다	229

령

令	명령하다	20
領	거느리다	372

례

例	법식	27
禮	예도	259

로

勞	수고롭다	56
老	늙다	285
路	길	336

록

綠	푸르다	279

론

論	논하다	321

료

料	헤아리다	170

류

流	흐르다	221
留	머무르다	243
類	무리	373

륙

六	여섯	41
陸	뭍	361

률

律	법칙	139

리

利	이롭다	48
李	오얏	190
理	다스리다	237
里	마을	352

림

林	수풀	193

립

立	서다	266

마

馬	말	379

만

滿	차다	226
萬	일만	300

말

末	끝	188

망

亡	망하다	16
望	바라다	186

매

每	매양	208
買	사다	330
賣	팔다	331

면

勉	힘쓰다	54
面	낯	369

명

名	이름	73
命	목숨	75
明	밝다	176
鳴	울다	383

모

母	어미	208
毛	터럭	210

목

木	나무	188
目	눈	250

무

務	힘쓰다	55
武	호반	205
無	없다	229

문

問	묻다	78
文	글월	170
聞	듣다	288
門	문	358

물

物	물건	233

미

味	맛	76

未	아니다	189
米	쌀	272
美	아름답다	282

민
| 民 | 백성 | 210 |

밀
| 密 | 빽빽하다 | 112 |

박
| 朴 | 성 | 190 |

반
半	반	61
反	돌이키다	66
班	나누다	236

발
| 發 | 피다 | 246 |

방
房	방	156
放	놓다	164
方	모	172
訪	찾다	316
防	막다	360

배
倍	곱	30
北	달아나다	58
拜	절	159

백
| 白 | 희다 | 247 |
| 百 | 일백 | 248 |

번
| 番 | 차례 | 243 |

벌
| 伐 | 치다 | 23 |

법
| 法 | 법 | 216 |

변
| 便 | 오줌 | 29 |
| 變 | 변하다 | 325 |

별
| 別 | 다르다 | 49 |

병
| 兵 | 군사 | 42 |
| 病 | 병 | 245 |

보
保	지키다	28
報	갚다	89
步	걸음	204

복
復	회복하다	141
服	옷	185
福	복	258

본
| 本 | 근본 | 189 |

봉
| 奉 | 받들다 | 98 |

부
夫	지아비	96
婦	며느리	101
富	부자	113
復	다시	141
父	아비	232
部	떼	350

북
| 北 | 북녘 | 58 |

분
| 分 | 나누다 | 47 |

불
| 不 | 아니다 | 11 |

비
備	갖추다	33
悲	슬프다	148
比	견주다	209
費	쓰다	330
非	아니다	368
飛	날다	375
鼻	코	385

빈
| 貧 | 가난하다 | 328 |

빙
| 氷 | 얼음 | 212 |

사
事	일	14
仕	벼슬	20
使	하여금	27
史	역사	70
四	넷	81
士	선비	91
寫	베끼다	115
寺	절	116
師	스승	127
思	생각	146
査	조사하다	194
死	죽다	206
社	모이다	256
私	사사	260

산
山	메	121
産	낳다	239
算	셈	271

살
| 殺 | 죽이다 | 207 |

삼
| 三 | 셋 | 9 |
| 參 | 셋 | 65 |

상

上	위	10	省	살피다	251	樹	나무	200
商	장사	78	聖	성인	287	水	물	212
常	항상	128	聲	소리	288	首	머리	378
想	생각	150	誠	정성	318			
相	서로	251				**수**		
賞	상주다	332	**세**			宿	자다	113
			世	인간	11			
색			勢	형세	57	**순**		
色	빛	296	歲	해	205	順	순하다	371
			洗	씻다	219			
생			稅	세금	262	**술**		
生	나다	238	細	가늘다	275	術	재주	306
省	덜다	251	說	달래다	318			
						습		
서			**소**			習	익히다	284
序	차례	130	小	작다	118			
書	글	182	少	적다	118	**승**		
西	서녘	309	所	바	156	勝	이기다	56
			消	사라지다	221			
석			笑	웃음	268	**시**		
夕	저녁	92	素	희다	274	始	비로소	100
席	자리	127				市	저자	125
石	돌	254	**속**			施	베풀다	172
			俗	풍속	28	是	이	177
선			束	묶다	191	時	때	179
仙	신선	21	速	빠르다	343	示	보이다	255
先	먼저	37				視	보다	311
善	착하다	80	**손**			試	시험	317
線	줄	280	孫	손자	104			
船	배	295				**식**		
選	가리다	348	**송**			式	법	134
鮮	곱다	382	送	보내다	341	植	심다	197
						識	알다	323
설			**쇄**			食	밥	376
設	베풀다	316	殺	덜다	207			
說	말씀	318				**신**		
雪	눈	366	**수**			信	믿다	29
			修	닦다	31	新	새	171
성			受	받다	67	神	귀신	256
城	재	87	守	지키다	106	臣	신하	291
姓	성	100	宿	별	113	身	몸	337
性	성품	146	手	손	157			
成	이루다	154	授	주다	160	**실**		
星	별	177	收	거두다	162	失	잃다	97
			數	셈	168	室	집	110

實	열매	114	魚	고기	381	**온**		
심			**억**			溫	따뜻하다	225
心	마음	142	億	억	35	**완**		
深	깊다	223	**언**			完	완전하다	108
십			言	말씀	314	**왕**		
十	열	60	**업**			往	가다	138
아			業	업	198	王	임금	235
兒	아이	38	**여**			**외**		
악			如	같다	99	外	바깥	93
惡	악하다	148	**역**			**요**		
樂	풍류	199	逆	거스르다	342	樂	좋아하다	199
안			**연**			要	요긴하다	309
安	편안	106	然	그러하다	230	**욕**		
案	책상	196	硏	갈다	255	浴	목욕하다	222
眼	눈	252	**열**			**용**		
암			熱	덥다	230	勇	날래다	54
暗	어둡다	181	**엽**			容	얼굴	111
애			葉	잎	300	用	쓰다	240
愛	사랑	151	**영**			**우**		
야			榮	영화	198	友	벗	66
夜	밤	94	永	길	213	右	오른쪽	71
野	들	354	英	꽃부리	298	牛	소	232
약			**예**			雨	비	365
弱	약하다	136	藝	재주	301	**운**		
約	맺다	273	**오**			運	옮기다	347
藥	약	301	五	다섯	15	雲	구름	366
양			午	낮	61	**웅**		
洋	큰바다	220	惡	미워하다	148	雄	수컷	363
羊	양	282	**옥**			**원**		
陽	볕	362	屋	집	120	元	으뜸	35
養	기르다	377	玉	구슬	236	原	근원	64
어						園	동산	84
漁	고기잡다	226				遠	멀다	347
語	말씀	319				院	집	361

419

원			이			쟁		
願	원하다	374	耳	귀	287	爭	다투다	231
월			익			저		
月	달	184	益	더하다	249	低	낮다	25
위			인			貯	쌓다	331
位	자리	24	人	사람	18	적		
偉	크다	32	仁	어질다	19	敵	대적하다	169
爲	하다	231	因	인하다	82	的	과녁	248
유			引	끌다	134	赤	붉다	334
有	있다	184	認	알다	320	適	맞다	348
油	기름	216	일			전		
由	말미암다	241	一	하나	8	傳	전하다	34
육			日	날	175	全	온전하다	39
肉	고기	290	임			典	법	43
育	기르다	290	任	맡기다	23	前	앞	50
은			입			展	펴다	120
恩	은혜	147	入	들다	38	戰	싸움	154
銀	은	356	자			田	밭	240
음			子	아들	102	電	번개	367
陰	그늘	362	字	글자	102	절		
音	소리	370	者	놈	286	切	끊다	47
飮	마시다	376	自	스스로	292	節	마디	271
읍			작			絶	끊다	277
邑	고을	349	作	짓다	25	점		
응			昨	어제	178	店	가게	130
應	응하다	153	장			접		
의			場	마당	89	接	잇다	160
意	뜻	151	章	글	266	정		
義	옳다	284	長	길다	357	停	머무르다	33
衣	옷	307	재			定	정하다	109
議	의논하다	324	再	둘	44	庭	뜰	132
醫	의원	352	在	있다	86	情	뜻	149
이			才	재주	157	政	정사	165
二	둘	14	材	재목	191	正	바르다	204
以	써	21	災	재앙	228	精	정하다	272
移	옮기다	262	財	재물	327	제		

弟	아우	135	**죽**			**찰**		
第	차례	269	竹	대	268	察	살피다	115
製	짓다	308	**중**			**참**		
題	제목	373	中	가운데	12	參	참여하다	65
조			衆	무리	304	**창**		
助	돕다	53	重	무겁다	353	唱	노래	79
操	잡다	161	**즉**			窓	창	265
早	이르다	176	則	곧	51	**책**		
朝	아침	187	**증**			責	꾸짖다	328
祖	할아비	257	增	더하다	90	**처**		
調	고르다	322	**지**			處	곳	302
造	짓다	344	地	땅	87	**천**		
鳥	새	382	志	뜻	143	千	일천	60
족			指	손가락	159	天	하늘	96
族	겨레	174	止	그치다	203	川	내	122
足	발	336	知	알다	253	**철**		
존			紙	종이	275	鐵	쇠	356
存	있다	103	至	이르다	292	**청**		
尊	높다	117	識	적다	323	淸	맑다	223
졸			**직**			請	청하다	322
卒	군사	62	直	곧다	250	靑	푸르다	368
종			職	직분	289	**체**		
宗	마루	109	**진**			切	온통	47
種	씨	263	眞	참	252	體	몸	380
終	마치다	276	進	나아가다	345	**초**		
좌			**집**			初	처음	49
左	왼쪽	124	集	모으다	364	草	풀	299
죄			**질**			**촌**		
罪	허물	280	質	바탕	332	寸	마디	116
주			**차**			村	마을	192
主	주인	12	次	버금	202	**최**		
住	살다	26	車	수레	338	最	가장	183
晝	낮	179	**착**					
注	붓다	217	着	붙다	283			
走	달리다	334						

추	秋	가을	261	태	太	크다	97	폭	
					態	모습	152	暴	쬐다	181

음	한자	뜻	쪽
추	秋	가을	261
추	祝	빌다	257
춘	春	봄	178
출	出	나다	46
충	充	가득하다	37
	忠	충성	144
취	取	가지다	68
치	治	다스리다	217
	置	두다	281
	致	이르다	293
	齒	이	386
칙	則	법	51
친	親	친하다	311
칠	七	일곱	8
쾌	快	쾌하다	144
타	他	다르다	22
	打	치다	158
탁	卓	높다	62
	度	헤아리다	131
태	太	크다	97
	態	모습	152
택	宅	집	107
토	土	흙	86
통	洞	꿰뚫다	219
	統	거느리다	278
	通	통하다	344
퇴	退	물러나다	342
특	特	특별하다	234
파	波	물결	218
	破	깨뜨리다	254
판	板	널	194
팔	八	여덟	40
패	敗	패하다	167
편	便	편하다	29
평	平	평평하다	128
포	布	베	126
	暴	사납다	181
폭	暴	쬐다	181
표	表	겉	308
품	品	물건	77
풍	豊	풍년	326
	風	바람	374
필	必	반드시	142
	筆	붓	270
하	下	아래	10
	夏	여름	92
	河	물	218
학	學	배우다	105
한	寒	차다	114
	漢	한수	227
	限	한하다	360
	韓	한국	370
합	合	합하다	73
항	行	항렬	305
해	害	해하다	112
	海	바다	222
	解	풀다	313
행	幸	다행	129

行	다니다	305	好	좋다	99	**획**		
			戶	집	155	畫	가르다	244
향			湖	호수	225			
向	향하다	74	號	이름	303	**효**		
鄉	시골	351				孝	효도	103
香	향기	378	**혼**			效	본받다	166
			婚	혼인하다	101			
허			混	섞다	224	**후**		
虛	비다	302				後	뒤	140
許	허락	317	**화**					
			化	되다	58	**훈**		
현			和	화하다	77	訓	가르치다	315
現	나타나다	238	火	불	228			
見	뵈다	310	畫	그림	244	**휴**		
賢	어질다	333	花	꽃	297	休	쉬다	24
			話	말씀	318			
혈			貨	재물	329	**흉**		
血	피	304				凶	흉하다	46
			환					
협			患	근심	147	**흑**		
協	화하다	63				黑	검다	384
			활					
형			活	살다	220	**흥**		
兄	형	36				興	일다	294
形	모양	137	**황**					
			況	상황	215	**희**		
혜			黃	누렇다	384	喜	기쁘다	80
惠	은혜	149				希	바라다	126
			회					
호			回	돌아오다	82			
呼	부르다	76	會	모이다	183			

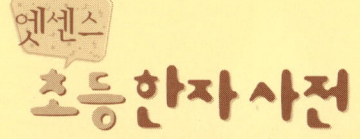 

엣센스 초등한자사전

2005년 1월 10일 초 판 발행
2016년 1월 10일 초 판 제13쇄 발행

엮은이 　 민중서림 초등한자교육연구회
펴낸이 　 김 　 철 　 환
펴낸곳 　 사전전문 민 중 서 림

(10881) 경기도 파주시 회동길 37-29
　　　　 (파주출판문화정보산업단지)
Tel _ 영업 : 031) 955-6500~6 　 편집 : 031) 955-6507
Fax _ 영업 : 031) 955-6525 　 　 편집 : 031) 955-6527
http://www.minjungdic.co.kr
등록 _ 1979. 7. 23. 제2-61호

ⓒ Minjungseorim Co. 2016
ISBN 978-89-387-0140-4 　 　 정가 20,000원

＊파본은 교환해 드립니다.
＊상호(商號)에 대한 주의 요망＊
　사전의 명문 민중서림은 유사 민중○○들과
　다른 회사입니다. 구매에 착오 없으시기 바랍니다.